李覯政治思想研究
儒家功利學派在宋代的發展

張春貴 編著

U0075409

崧燁文化

目錄

第八章 結語

後記

序

　　李覯是北宋著名思想家、政治家、教育家，是北宋儒家功利派的開創性人物。公元一九八〇年，我在《李覯集》前言中寫道：「李覯的思想，不僅是當時社會條件的產物，而且還有源遠流長的歷史根源。李覯多方面地汲取了前人的思想，具體說，其倫理觀，主要是繼承了儒家的綱常名教觀念。其經濟思想，則是以《周禮》為思想資料，並雜糅管子、商鞅、韓非等富國強兵、重農抑商的主張。在軍事上，除改造《周禮》外，還從《孫子》、《管子》、《商君書》、《司馬法》以及歷代實邊政策中攝取營養。其法學觀點，則繼承了韓非、商鞅『刑無等級』（《商君書·賞刑》）、『刑過不避大臣，賞善不遺匹夫』《韓非子·有度》）等思想。其哲學思想則是以《周易》為資料，以王弼《周易》注為基礎而加以改造，從客觀唯心主義轉向了樸素的唯物主義。其無神論觀點不僅繼承了荀況等對於鬼神卜相等迷信說教的批判，而且直接吸取了韓愈排斥佛教的思想。當然，所謂吸取繼承，並不是依樣照搬，而是結合現實有所改造，有所豐富，因而具有求實的特點和強烈的針對性，散發著時代的氣息。」

　　後來我在《李覯思想定位與歷史定位》一文中進一步指出：「這段話不僅道出了李覯思想的多源性，而且說出李覯基本是個儒家，這是從核心價值上說的。其思想特點是求實和針對性。我認為儒學發展中有一個功利學派，比較重視義理與功利的結合，重視社會實際，竭力批判社會現實，力圖革新社會，在北宋李覯是代表人物或開創人物。此後王安石、陳亮、葉適、辛棄疾多屬於這派人物，明末清初的經世致用派即實學都和這派有關聯。這需要有志之士做深入探索。」

　　張春貴博士對李覯思想進行過長期研究，所以我的一些觀點得到張春貴博士積極回應。他的《李覯政治思想研究》副標題是「儒家功利派在宋代的的發展」，這讓我十分驚嘆和欣喜。驚嘆的是他深厚的積累、廣泛地閱讀，以及對各種研究結果的深入思索和評論。欣喜的是儒家功利派的研究獲得如此值得稱道的精緻成果，應該說這是對思想史研究的一項不小的貢獻。同時也欣賞作者深入淺出的寫作才華、開闊的視野、高度的探索能力。這使他的大作既具有深入的學術性，也具有大眾的可讀性。所以當張春貴博士讓我為他的大作寫個小序時，我扶病命筆，樂從其命。

王國軒

第一章 導言

▌第一節 「一個不曾得君行道的王安石」

李覯（公元一〇〇九至一〇五九年）是北宋著名的思想家、教育家、文學家[1]。《宋史·儒林傳》對他的生平有個簡短的記載：

李覯，字泰伯，建昌軍南城人。俊辯能文，舉茂才異等不中。親老，以教授自資，學者常數十百人。皇佑初，范仲淹薦為試太學助教，上《明堂定制圖序》。……嘉祐中，用國子監奏，召為海門主簿、太學說書而卒。[2]

李覯年輕時，以康國濟民為意，精心撰寫文章，希望引起朝廷主政者的注意。因科場不利，自三十五歲便退居家鄉，專事寫作和教育，成為當時江南著名學者。朝廷在授予他通州海門縣主簿的告詞中，對他的評價是：

爾醇明茂美，通於經術，東南士人，推以為冠。[3]

可見李覯生前是個活躍、頗有影響力的人物。但自南宋以後，李覯除不時被小說家（筆記小說）和同鄉的士人（如明代的左贊等）提起和關注外，幾乎聲名不彰近八百年。公元一九二二年胡適先生偶讀《直講李先生文集》，發現了李覯思想的卓越之處，遂寫下《記李覯的學說》一文，把李覯稱為「一個不曾得君行道的王安石」，並指出：

李覯是北宋的一個大思想家。他的大膽，他的見識，他的條理，在北宋的學者中，幾乎沒有一個對手！……近來讀他的全集，才知道他是江西學派的一個極重要的代表，是王安石的先導，是兩宋哲學的一個開山大師。因此，我現在熱心的介紹他給國中研究思想史的人們。[4]

胡適先生可謂李覯的知音。儘管他沒再繼續深入研究李覯的思想，但這一段話為後來的學者指示了方向，上面所引的這段話亦屢被近年來研究李覯的文章引用。

究竟李覯說了些什麼引得胡適先生如此褒揚？胡適先生的褒揚是否誇大其詞了呢？如果李覯真的具有胡氏所言的成就，又為什麼會被埋沒如此之久呢？

　　在搜集相關材料的過程中，筆者發現近三十年來李覯研究頗為繁盛。李覯的著述所涉及的各個方面，如哲學、政治、經濟、法學、文學、教育、軍事、管理等，都有了不少研究成果，因此筆者一度對這個選題有所猶豫。不過，隨著閱讀的深入，特別是對宋代儒學發展有了一些認識之後，覺得李覯研究還是可以再深入一些的。對筆者啟發最大的是鄧廣銘、漆俠、陳植鍔三位先生關於宋學的研究。

　　「宋學」原本是一個使用較為隨意，其內涵也較為複雜的詞。有時它指的是一種學術方法，如《四庫全書總目》（以下均簡稱《總目》）總結兩千年來經學發展之八變，最後將之歸結為：

　　要其歸宿，則不過漢學、宋學兩家互為勝負。夫漢學具有根柢，講學者以淺陋輕之，不足服漢儒也。宋學具有精微，讀書者以空疏薄之，亦不足服宋儒也。消融門戶之見而各取所長，則私心袪而公理出，公理出而經義明矣。[5]

　　就是說，宋學是漢代訓詁考證之學的對立面，即義理之學。方法與內容是一體之兩面，所以「宋學」一詞的含義也就很自然地擴大為宋代的學術上來。日本學者島田虔次即在此含義上使用「宋學」一詞，並將其劃分為狹義和廣義兩個方面。狹義的宋學僅指理學（或稱道學，下同）：

　　所謂狹義宋學，……就是人們所熟知的周、程、張、朱之學，英語稱之為「Neo-Confucianism（新儒學）」，幾乎就是朱子學的同義語，其實有時候也將陸王包含在其中了。[6]

　　廣義的宋學，則泛指宋代的一切學問，囊括了各家學說在內。這種用法在中國古已有之，如明代唐樞著的《宋學商求》一書，不僅將「橫渠之學」、「明道之學」、「伊川之學」列入宋學，「涑水之學」、「魏公之學」、「乖崖之學」、「希夷之學」、「雲溪（種放）之學」也統統被包羅進來。既有哲學、政治學，也有史學、文學；既有儒家，也有道家。可見，廣義的宋學因沒有嚴格的遴選標準而顯得過於寬泛了。

　　現代學者對於「宋學」一詞的用法也不甚嚴格。陳寅恪先生提出了建立「新宋學」的說法，但他並未明確界定宋學的內涵。錢穆先生經常談到宋學，也未予明確界定。或許他們認為這是個不言而喻的問題吧。

　　一九八〇年代，鄧廣銘先生首次給宋學下了個明確的定義。在《略談宋學》一文中，他指出：

如果把萌興於唐代後期而大盛於北宋建國以後的那個新儒家學派稱之為宋學，我以為是比較合適的。[7]

以此他糾正了自己以前對宋代思想史的看法。他曾參與撰寫一九六二年出版的《中國史綱要》一書，其中《兩宋的哲學思想》一節是他寫的。那時他認為：

支配兩宋三百多年的哲學思想，是理學。兩宋理學是佛教哲學和道家思想滲透到儒家哲學以後出現的一個新儒家學派。[8]

其實這也是以前筆者對宋代思想史的一個模糊印象。鄧先生指出，這是完全說錯了的，亟應加以糾正。他認為理學只是宋學中的一個支派。理學在學術界取得支配地位的時間較晚。不僅北宋時期理學沒有顯赫地位，即使到南宋朱、陸兩位大師生活的時代，理學在思想界也沒有壓倒性的優勢。

陳植鍔先生是鄧廣銘先生的博士研究生（公元一九八七年畢業），其博士論文《北宋文化史述論》一書出版於一九九二年。陳先生發揮師說，進一步突出了宋學的概念，以「宋學」一詞概括兩宋儒學思想流派之全部。該書以學術思潮為線索，詳盡描述了宋學興起的時代背景、宋學發展的諸階段，歸納出了宋學的主題及其精神，闡明了宋學與佛老之關係，及其對宋代文化其他方面的影響。

漆俠先生是鄧廣銘先生最早的研究生（公元一九五一年研究生肄業）。他從一九九四年開始，以古稀之齡撰寫《宋學的發展和演變》一書，惜未完成即離世，遺稿於二〇〇二年出版。該書也發揮師說，以「宋學」指稱宋代儒學思潮整體，又將宋學細化為荊公學派、溫公學派、蘇蜀學派、洛學、關學、理學、事功學派等許多流派，按照宋學形成、發展、演變三個階段，分析各個學派的興衰承遞。與《述論》相比，此書的寫作以人物為中心，並以唐宋之際社會經濟的變革為宋學的基礎，把宋學形成的背景往上推至唐代中葉。

鄧廣銘先生重新界定的宋學概念為我們觀察宋代儒學發展提供了一個新視角。儒學復興並重新取得意識形態的主導地位，這是宋代思想文化領域最為引人矚目的事件。這不是一個直線發展、直奔理學主題的簡單過程。筆者認為，以「無事袖手談心性」、「存天理，滅人欲」、「以理殺人」等簡單化、公式化的描述來認識宋明理學，這是一種片面；以宋明理學之重心性來認識古代儒學，則是另一種片面；而把程、朱、陸等人的理學思想視作宋代儒學的主流，還是算不得全面。

理學是宋代儒學復興的重要成就，但絕不是唯一成就。我們在承認理學是最主要成果的同時，也應該對那些在宋代思想文化發展史上起到過非常重要作用、而又獨立於新儒學（Neo-Confucianism）的其他學派，如北宋的荊公學派、溫公學派、蘇蜀學派、南宋的永嘉學派等予以客觀的評價和研究，只有這樣才能全面認識、客觀評價宋代儒學的發展。這就要求我們有一個更為寬廣的視野來觀察宋代儒學復興，「宋學」一詞庶幾能滿足這一需要。

此外，給宋學一個較為明確的界定也為避免語詞的濫用。以「宋學」指稱一種學術方法，過於專用，茲不論。以「宋學」來指稱一切宋人的學問，也就失去了宋學一詞的意義了。此外，雖然程、朱、陸等各家學說最能體現宋代儒學復興的成就和宋人的學術精神，但程、朱、陸之學已有「理學」、「道學」以及「新儒學」這些術語。再以「宋學」名之，則不免疊床架屋，徒然造成語詞的混亂。

筆者採用鄧先生對「宋學」一詞的定義，並以之為視角（關於以宋學為視角，下文還有進一步的闡述）來認識宋代儒學的復興，也重新審視了李覯的政治思想。這就為李覯研究提出了許多新的問題：作為宋學開創初期的人物，李覯的學術方法與政治思想對於儒學的復興起到了什麼樣的作用？如果說宋代政治思想大致可分為「理學」與「功利」兩大傾向（蕭公權語）的話，那麼這種分流在宋初思想界的幾位重要人物那裡造成了什麼樣的分歧呢？特別是李覯的思想，與另幾家的分歧何在？對於相同的時代問題，是什麼使得他們提出了不同的解決方式，而這對於他們的學術研究又有什麼影響？筆者認為，這些問題具有非常重要的理論意義和現實意義。首先，這是深入了解和客觀評價李覯政治思想的需要。

研究古人的思想，我們不僅要用現代學術語言系統地梳理其理論體系，還應該置身於思想家的歷史環境，盡可能地還原思想家建構與完善其思想體系的動態過程，這樣才能比較透徹地了解和客觀地評價其思想。

趙宋王朝在列國紛爭中崛起，立國三百餘年，始終有強敵環伺，因而以富國強兵為主要內容的功利學說是其思想的主流。正如蕭公權先生在《中國政治思想史》一書中指出的：

宋代政治思想的重心，不在理學，而在與理學相反抗之功利思想。[9]

功利學派的思想最終被理學的光芒壓倒，像李覯這樣主張富國強兵、倡導事功的思想家逐漸被擠出了人們的視野。但今人欲述宋代的政治思想，不得不述其功利思想；而欲述其功利思想，則不得不自李覯始。

目前，從政治學角度對李覯思想的研究已有不少的論文。但從宋學興起和學術變革的角度，深入探究李覯政治思想的發展與完善的研究尚不多見。筆者認為，如果不能將李覯的政治思想置於宋學的背景中，肯定其作為儒學重建的一種努力，那麼李覯的所有理論設想就不過是一種智力的遊戲和倉促的應對措施而已，不能充分說明其價值所在。

因此，筆者對李覯政治思想的考察，不僅以宋代社會政治危機與變革為背景，也以宋學興起為背景。對其思想資源進行梳理時，不僅仔細檢視了李覯對前人思想資源的利用，也突出了他在構建起理論體系的過程中所實現的學術方法變革。希望筆者的研究可以對李覯政治思想，乃至整個宋代政治思想史的研究都有所裨益。

其次，深入研究李覯的政治思想，不僅是政治學科研究之要求，對於把握古代儒學發展之全貌，亦有其重要意義。

理學取得了儒學正宗的地位後，學者們往往忽視了儒學發展中的另外一些流派（或稱思想脈絡），故對儒學發展的研究不免有以偏概全之憾。當代已有一些學者對此提出不滿，要求更全面地看待、研究儒學的發展。如張汝倫先生指出：

中國古代哲學的基本傾向和基本特質是實踐哲學，……將心性論闡釋為中國傳統思想的主流和正宗，恰恰會使中國傳統思想中真正有普遍而永恆價值的東西湮沒不彰。[10]

雖然這裡是就古代哲學整體而言的，但以之描述儒學的發展亦無不妥。蔣慶先生則用「政治儒學」一詞來說明與宋明理學不同的儒家思想脈系。他認為，中國儒學傳統中有一個「政治儒學」的傳統，此傳統與宋明心性之學為代表的「生命儒學」傳統不同。「生命儒學」也被稱為「心性儒學」，他指出：

宋明以降，心性儒學偏勝，政治儒學式微，……現代新儒家遙承生命儒學餘緒將心性儒學推向高潮，把儒學改造成了一種系統的生命形上學。[11]

筆者並不完全認同蔣慶先生最後的結論，即主張以政治儒學「回應當今中國學術問題、政治問題、制度問題、中西文化衝突問題及儒學未來複雜問題」[12]。但從宏觀角度言，「政治儒學」和「心性儒學」的提法，確實能在一定程度上體現儒學內部關於政治建設的不同思路和趨勢。但以「政治儒學」來命名儒學中與理學不同的派系，且如此嚴整的一分為二，也有些勉強。儒家學說本質上就是積極入世、注重實踐的政治學說，社會政治制度建設是其關注的焦點，扶危救亡、富國強兵亦是其題中應有之意。宋明理學亦是如此，只不過其所採取的政治建設路徑與其他各派不同而已，謂之「心性儒學」也有以偏概全之嫌。

筆者並不打算對儒家思想流派進行全面的梳理、甄別工作。本文強調的是，在儒學史上確實存在著一些和宋明理學家有著不同的精神氣質的儒者，他們也前後呼應、繼承，形成一個可以辨識的思想脈絡。他們都追求事功、功利，故可稱之為功利主義學派。《李覯集》的整理者王國軒先生指出：

李覯基本是個儒家，其思想特點是求實和針對性。我認為在儒學發展中有個功利學派，比較重視義理與功利的結合，重社會實際，竭力批判社會現實，力圖革新社會，在北宋李覯是個代表人物或開創人物。此後王安石、陳亮、葉適、辛棄疾多屬這派人物，明末清初的經世致用派（即實學）都和這派有關聯。[13]

以往研究者多不加區分地以「功利主義」來描述這些儒家學者的功利思想與法家、墨家的功利思想，但它們之間是有著本質不同的。儒家功利學派的學者們是在儒家基本價值體系下發揮功利主義的，故有必要以「儒家功利主義」來命名突出這一思想傳統。

李覯是宋代儒家功利學派的代表，主張義利統一、義利並行是其思想的特色和長處。實際上正是李覯重建了儒家功利主義傳統，這是他對儒家思想的主要貢獻。認識到這一點，可以使我們更全面地認識儒家思想。

其三，李覯義利統一、義利並行的主張，對於當下中國社會的道德文明建設，也具有重要的啟示意義。

宋代儒學復興初期的學者們充分發揮了儒學傳統中的事功和義理兩個方面。在宋學的早期開創者（如范仲淹、胡瑗、孫復、石介、李覯等人）那裡，注重事功、功利和發揮心性、義理並不衝突。心性和事功都是儒學之內的東西，只是在具體的

每個學者那裡強調的重點有所不同。李覯注重事功，但他的名篇《袁州學記》中也有「為臣死忠，為子死孝」這樣道學味很濃的話。王安石是講求功利的儒學大家，但他也是宋代探討心性問題的始作俑者。被推崇為道學開創者的張載、程顥、程頤等人，也非不重視事功。他們都是社會生活的積極參與者，只是他們對心性、義理強調得多一些罷了。

隨著學術探討的深入，心性與事功這兩個方面被對立起來了。「重義輕利」的傳統被理學家們進一步發展，提出了「存天理，滅人欲」的口號。這個提法，聯繫其具體語境和時代氛圍，自有其合理性。但後來宋明理學成為官方意識形態，被推向了神壇。理論變成了教條，主張簡化為口號，宋明理學不免被發展到「重義非利」的地步，成為「以理殺人」的教化工具了。儒家功利主義學派則被排斥和忽視了。其流弊則是，學者只談心性，不談事功。明末、清末國運艱難之際，學者們對此體會更深。

「重義輕利」或「重義非利」的傳統牢固地支配了中國人的思維模式。筆者認為，實際上直到一九八〇年代前，中國人都沒走出這個傳統。「文革」時代，儘管人們宣稱「與一切傳統實行最徹底地決裂」，但其行動背後的思維方式，則未能脫離此道。在筆者看來，所謂「靈魂深處爆發革命」、「狠鬥私字一閃念」、「寧要社會主義的草，不要資本主義的苗」、「貧窮的社會主義」等提法，與「存天理、滅人欲」的理學思想是一脈相承的。

一九七八年以來，中國社會發展以經濟建設為中心，社會風氣亦隨之轉向。實用主義、物質主義大行其道，中國人不再恥於言利。在經濟建設高速發展的同時，社會風氣每況愈下。道德滑坡成為當今社會最嚴重的問題之一，重建社會道德成為刻不容緩的要求。我們既不能回到「重義非利」的傳統，也不能容忍「見利忘義」之風的蔓延。對當代中國社會而言，遵循「義利統一」、「義利並行」的原則，謀求社會的公平正義和經濟發展同步進行才是正道。

鑑古知今。回顧前賢得失，可為今日中華文明復興之借鑑。嘗讀陳寅恪先生為鄧廣銘《〈宋史·職官志〉考證》作的序文，其文曰：

吾國近年之學術，如考古歷史文藝及思想史等，以世局激盪及外緣薰習之故，咸有顯著之變遷。將來所止之境，今固未敢斷論。唯可一言以蔽之曰，宋代學術之

復興，或新宋學之建立是已。華夏民族之文化，歷數千載之演進，造極於趙宋之世。後漸衰微，終必復振。[14]

今日中國思想界之情勢，頗似宋代以前：魏晉以降，儒學不再獨尊，與釋、道相競，幾度衰微。數百年間，三家學說相互碰撞、借鑑、融合。待趙宋王朝崛起後，優容士大夫，文化氛圍頗為寬鬆。學者得以兼收並蓄，競造新說，最終經由朱熹等人之手，將傳統思想文化推向其演進的頂峰，故曰「造極於趙宋之世」。或許陳先生之意為：中華民族文化的復興，必須以思想學術的自由研究為前提，以各種學說的充分發揮為基礎，最終摶成一種全新的文化形態，即是「新宋學」之建立。

在此過程中，對民族文化傳統的充分研究與發揚必不可少。若民族固有文化無存，何來復興？筆者認為，或許這就是今日研究古代思想之價值所在。

▌第二節 李覯研究文獻綜述

李覯研究並非顯學，還有可能對現代學者研究李覯的文獻進行近乎全面的搜集。根據胡文豐[15]先生編訂的《李覯研究論著目錄》，從公元一九〇八年至本文定稿，國內外學者共發表了兩百四十七篇研究李覯的專題文章（扣除重複發表的篇目）、四部專著及碩博論文。下面先對百年來李覯研究的情況做一個大致的數量分析。

從地域分布上看，目前筆者所見到的公元一九四九年以前，現代中國學者研究李覯的文章有六篇；一九四九年至今，大陸學者發表了兩百〇五篇論文，臺灣學者有二十二篇。外國學者的研究論文共有十四篇，以日本學者居多，目前可知至少有七篇日文專題論文。此外還有德國、韓國、新加坡等國學者研究李覯的文章七篇。

專著及碩博論文中，有二十部是大陸學者出版的，臺灣學者有三部。國外研究專著則僅有謝善元先生（謝先生是臺灣籍華人，因其著作在美國寫成並於當地發表，所以將他歸在外國部分）於一九七二年撰寫的博士論文 The Life and Thought of Li Kou 1009-1059。

從時間分布上看，臺灣和外國學者對李覯的研究，數量不多，分布較均勻。大陸學界在公元一九四九年至一九七九年間對李覯的研究近乎空白。從一九八〇年開始，李覯研究有了較快的發展，三十多年間總共發表了兩百〇五篇論文，以上提到的二十部專著、碩博論文也都是在此期間完成的。

這裡應指出，江西省有關單位先後舉辦了兩次李覯思想研討會，這對李覯研究起到了很大的推動作用。第一次是公元二○○二年十一月三十日至十二月一日，由南昌大學哲學與公共管理學院主辦的中國首屆李覯思想學術研討會。據會議資料稱，自從上世紀初胡適先生提倡研究李覯思想至二○○二年近九十年間，共發表了論文五十篇，著作四部，而這次會議就發表了四十餘篇。彼時筆者尚未涉足這個領域，未能躬逢其盛。第二次是公元二○○九年十一月二十九日至三十日，由江西省資溪縣主辦的紀念李覯誕辰千年學術研討會，會議又收到論文三十四篇。筆者有幸參加，收獲頗豐。

從公元一九八○年至今，以二○○一年為界，之前共有論文六十三篇，專著、碩博論文四部。二○○二年至今，則有論文一百四十二篇，專著、碩博論文十六部。官方提倡對於學術繁榮之刺激力量，可見一斑。

從研究的內容上看，中國學者的兩百三十三篇論文的分布為：政法（包括政治、法律、軍事、管理）類四十四篇，哲學類三十七篇，文學類三十三篇，經濟類三十二篇，綜合介紹類二十六篇，史實考證十九篇，學術思想類十五篇，教育類十三篇，宗教類八篇，其他方面六篇。

專著、碩博論文內容的分布為：綜合研究五部，經濟學五部，政治學四部，文學三部，倫理學一部，資料集及通俗讀物六部。

哲學、政法、經濟、文學是研究者關注最多的領域，這也符合李覯思想的基本內容。下面對部分李覯思想研究的文獻進行分析，因篇幅所限，僅限於和本文寫作相關且較有代表性的文章。

一、專題論文

上文已述，胡適先生介紹李覯的文章影響很大，當代論者多以胡適為現代人研究李覯的開端。實際上進入二十世紀以來，最早以現代人眼光研究李覯的文章，當屬黃節的《李覯傳》。該文著重介紹了李覯的平土、均產思想，認為李覯的學說「務排抑君權，恢擴民義」，「若折衷三代，恢擴民義，乃自李覯始」[16]。此文當是寄託作者反清、革命主張之作，故應歸為現代文獻範疇。但今天看來，這個評價雖高，卻不甚準確。李覯何曾抑君權？而恢擴民義，究竟指民主還是民本？若指民主，則

李覯不曾有；若民本則古已有之，非從李覯始。加之該文以文言文、傳記文體寫成，故影響不大。

此後還有署名大痴的《李覯的社會文學》[17]、鄒枋的《李覯的土地經濟論綱領》[18]、譚丕模的《李覯、王安石與北宋的小地主階級解放運動》[19]、漆俠的《論李覯與孟子》[20]。大痴的文章很短，盛讚李覯是「白樂天第二」，因為他和白居易一樣，「專替我們平民說話」。鄒枋的文章較長。作者從國用、富國、安民、強兵等幾個方面，詳細分析了李覯的土地經濟綱領，認為：

有宋一代，言土地經濟政策，則自當推王荊公；如言土地經濟思想，則唯有李覯一人。[21]

譚丕模的文章以階級鬥爭理論分析李覯和王安石的理論，認為北宋時期存在著「在經濟領域已占優勢的小地主階級與殘存的大地主尖銳的對立」，「李覯是北宋小地主解放運動的理論大家，王安石是北宋小地主解放運動的前衛戰士代表」[22]，並指李覯為「素樸的唯物論者」[23]。漆俠的文章則簡要描述了李覯和王安石對待孟子的不同態度，考察了李覯對孟子的矛盾態度，但此文並未深入分析何以李覯如此對待孟子。

公元一九四九年以後（至一九八〇年），大陸學者對李覯的研究基本中斷。在此期間，臺灣學者發表過三篇論文[24]，其中有韋政通先生的《宋朝思想家李覯的思想》一文。韋先生在文中指出，李覯的思想「不屬於孔孟的傳統，他實是繼承了荀子的思想進路，作了一次高明的發揮」[25]。繼胡適之後，他再次呼籲學界重視李覯的思想。後來韋先生在一九七九年出版的《中國思想史》一書中，進一步強調了李覯對荀子的繼承，指出對中國思想史中荀學系統的研究大有必要。

從公元一九八七至一九九〇年，夏長樸先生先後寫過五篇關於李覯的文章[26]，分別討論了李覯的非孟思想、李覯的實用思想、李覯與荀子的關係、李覯與王安石的關係、李覯與范仲淹關係等問題。其中四篇收在其文集《李覯與王安石研究》一書中。

在《李覯的重禮思想及其與荀子的關係》一文中，夏先生梳理了李覯的禮論並對比了他和荀子的相同之處，指出荀子是李覯關於禮的觀點的重要來源，但李覯的

文集中提到更多的是《禮記》、《周禮》、《易》、《左傳》等典籍，卻很少提及荀子，這是個值得重視的一個現象。

在《論李覯的實用思想》一文中，指出李覯的實用思想有幾個特色，即「重視人事，強調有為」；反對棄人事，將福禍委之於天命；「重視時變，主張行權」。他指出，李覯思想所表現出來的實用色彩，「正是先秦以來儒者重視事功的傳統」[27]，這和後來理學家重視心性之學的學風是各異其趣的。

《李覯的非孟思想》一文梳理了李覯對孟子的批評。夏先生將其歸結為人性論、義利之辨、王霸之辨、不尊周四點。他指出，李覯在批評孟子不尊周的過程中，由於過於強調天子之不可廢，使得自己的觀點前後有些不一致的地方。

《李覯與王安石的關係》一文考察了李覯與王安石的異同。夏先生指出，兩人在重視人事、強調有為、重視學習與教化、實用主義、理財富國以及許多具體的治國措施方面有著相同之處。

《李覯與王安石研究》一書中還收有《李覯與北宋前期學者的排佛老思想》一文。該文考察了李覯和他同時代諸學者的排佛思想，認為李覯與歐陽脩是提出以恢復儒家傳統的禮教來對抗佛教的主張的先驅，並為李覯沒有在這方面進一步深入探討而感到遺憾。

臺灣淡江大學中文系魏明政先生於公元二〇〇七年發表了《李覯非孟思想中的義利問題》[28]。作者考察了前人關於李覯義利問題的研究，以「宋朝積弱不振的反動」、「『排佛風潮』與對荀子的承繼」、他的出身背景、對法家思想的認同等因素，說明李覯「不恥言利」的義利觀的形成。作者認為，李覯對孟子的「義利之辨」的理解，實際上混淆了「價值層面」與「現實層面」的差異。孟子強調義，僅是就價值層面的優先性而言的，並未取消利。而李覯以「不恥言利」對孟子的批評，卻有可能引起負面因素，作者最後以此批評臺灣社會：

李覯「不恥言利」的義利觀，在宋朝也許未必能形成普遍的時代風潮。然而這樣的「不恥言利」，在今日的臺灣社會中，卻已是處處可見，令人憂心不已。問題是，「重利輕義」是導致一切「笑貧不笑娼」、「投機而不務實」、「黑金政權」、「腐敗社會」、「自然生態破壞」、「生活品質降低」的罪惡價值根源，因而令人不得不懷疑，這是否為我們想要的、李覯所追求的理想生活？[29]

對此觀點，筆者還要在後文進行回應。以上是公元一九四九年後臺灣學者的有代表性的相關論文。

大陸學者從公元一九八〇年重新開始李覯研究。姚家華先生的《論李覯的經濟思想》可能是這一時期最早的一篇論文。在文中，姚先生分析了李覯的利欲觀、財富觀、理財觀，指出：

李覯和同時代的一些儒家比較，確實是難能可貴的。他講求經世致用之學，重視現實社會經濟問題，並且提出了不少獨到的思想和主張，這在當時崇尚空談性理的儒家學者中，可稱是獨樹一幟。[30]

姜國柱先生在新時期較早投入李覯研究。他發表過《李覯的〈禮論〉思想》[31]、《論李覯的哲學思想》[32]、《李覯的政治和法治思想》[33]、《論李覯的經濟思想》[34]等文章（這些文章的內容，都被《李覯評傳》一書所吸納整合，故姜先生對李覯的研究放到下文相關部分）。較早對李覯進行研究的還有陳國鈞先生，他先後發表了《李覯哲學思想簡論》[35]、《簡論李覯的政治思想》[36]、《李覯及其哲學思想》[37]等文章。一九八六年，曹德本先生發表《李覯的功利主義思想及其哲學基礎》一文。曹先生指出：

李覯政治思想的核心是功利思想，其全部政治思想都是以功利思想為中心而展開的。[38]

曹先生認為，李覯功利思想以「唯物主義天道觀」和「禮本說」為哲學基礎，以「民唯邦本說」為出發點，以「富民說」為落腳點，以「義利統一說」為核心。他站在中小地主階級的立場上，主張抑制豪強兼併，有利於中小地主和廣大勞動人民，對社會的發展會起著積極的、進步的推動作用。

傅勝國、羅伽祿[39]在《李覯的禮》一文中指出，「對於『禮』的作用，李覯基本上沒有超出傳統的認識範圍。『禮』在李覯那裡既是人們的行為準則和規範，同時又是治理國家不可缺少的政治規範」[40]，並認為李覯企圖透過封建統治者本身建立「平土之法」，來解決土地兼併、以達到「禮」治的理想境界只是一種空想。

余敦康先生在《李覯的〈易論〉》一文中指出，要想深入了解李覯易學的思想實質及其所反映的時代風貌，有必要聯繫范仲淹及其門下諸子的共識作一番宏觀的

考察。他們都把弘揚易學看作是配合新政、復興儒學的一個重要組成部分,在宋代掀起了一個持久不衰的研究《周易》的高潮。他指出:

李覯《易論》作於前,《刪定易圖序論》作於後,《易論》多明人事,《刪定易圖序論》則從劉牧的象數之學中受到啟發,著重於援引天道來證明人事,總的都貫穿了一種明體達用的精神。[41]

賴井洋先生關注李覯十多年,先後發表了(包括與人合撰)十餘篇相關論文[42],全面探討了李覯的哲學、辯證法、禮論、與荀子的關係、經濟倫理、平土思想、氣本源論、認識論、功利主義、重農、富民等方面的思想。

鄭曉江先生對於李覯的人生觀與人生踐履有著獨到的理解,寫過論李覯人生觀、生死觀的文章多篇[43]。他對於李覯的看法,可以他為羅伽祿著《北宋名儒李覯》所寫的序言《草民思想家李覯的不朽之路》為總括。他將李覯一生事跡總結為「四嘆」:嘆其本是「江南賤夫」(李覯自稱),卻以政論名世;嘆其無科舉功名,卻成為一代儒宗;嘆其歿後九百年而研究者眾多;嘆其後裔及遺存事跡之不清。他認為:李覯是一位傑出的社會批評家、教育家,也是一個有獨創性思想的學者,同時,李覯可以說也是一個落魄的文人。這四種人生定位構成了完整的『另類的李覯』。[44]

賴功歐先生發表過《一代通儒李覯論》等研究文章,他將李覯稱為「一代通儒」,並主張重新評價李覯的歷史地位:

李覯對理學與實學的巨大影響,早已證實其作為一代通儒的思想史意義,然而對其思想的深度發掘,仍有待理論界的工作;不過值得提出的是,對李覯的歷史地位,在新的時代條件下,我們是否有重新評價之需要?[45]

顧厚順與吳小龍合撰的《李覯對中國傳統哲學「道」範疇的繼承和發展》一文認為,李覯對「道」範疇的闡述是對中國傳統哲學的繼承和發展,其內涵主要表現為,李覯「把『道』看成是自然規律和道德規律;是常與權的統一;是一與不一的統一;是無不至,無不通」[46]。

公元二〇〇八年出現了三篇針對李覯的學術研究的文章,即夏微的《李覯〈周禮〉學述論》,饒國賓的《師古以用今:李覯對儒家經典的解讀》,劉越峰的《論李覯以人為本的經學思想》。夏微先生分析了李覯對《周禮》的認識、詮釋《周禮》的方法、詮釋《周禮》的旨歸後指出:

　　李覯雖持傳統之見，承認《周禮》為周公致太平之書，但他在《周禮》本經的詮釋上獨樹一幟，不僅以己意裁斷鄭《注》，還以議論解經的方式抒發經世之思開啟了宋代以議論解《周禮》的研究新風，從而變漢唐諸儒詮釋《周禮》的考證之學為論辯之學，對此後宋人的《周禮》研究產生深遠影響。李覯的《周禮》學在宋代《周禮》學史上有著不可替代的開先之功，是研究宋代《周禮》學不容忽略的重要環節。[47]饒國賓先生認為，「李覯如何在解讀儒家經典的基礎上闡述自己對現實問題的解決方案，是拓展李覯現實主義思想特徵研究的重要內容」，他以「師古以用今」作為李覯學術思想的特徵，認為：

　　「以康國濟民為意」，可謂師古以用今之情懷；「道不以權，弗能相濟也」，乃李覯對《易》之解讀；「捃其大略而述之」，體現了《周禮》的回歸及對現實的思考。[48]劉越峰分析了李覯的經學研究「上溯陰陽二氣，下重衣食住行」、「以禮為綱，眾生平等」、「強調禍福由人，發揮主觀能動性」等方面後，指出：

　　（李覯）從重民生、求平等、發揮主觀能動性等方面系統、深刻地闡述了其「以人為本」的經學思想，這是對北宋初期「重人事」經學思想的深入探討，為以後經學進一步明確了方向。因此，我們可以認定，在宋代慶曆前後的思想家中，李覯是頗具見地的。[49]

　　王國軒先生在為公元一九八一年版的《李覯集》寫的《前言》中概括介紹了李覯的經濟、政治、法學、軍事、哲學等思想，指出李覯是「一位樸素唯物主義傾向的思想家，是『慶曆新政』理論上的支持者」[50]。在二〇〇九年紀念李覯誕辰一千周年學術研討會上，王先生又提交了《李覯的歷史及思想定位》一文。該文以詳實的歷史資料為依據，重新對李覯進行了定位，認為他是北宋著名的思想家、教育家、文學家。王先生還從儒家思想的歷史發展角度，肯定了李覯對儒家學說的歷史貢獻，否定了一些對李覯的錯誤定位。王先生關於儒家功利學派的論述對筆者啟發很大。

　　日本學者的研究文章，諸橋轍次寫於公元一九二六年的《儒學史上に於ける李泰伯の特殊地位》（《論李泰伯在儒學史上的特殊地位》）可能是最早的一篇。作者分析了宋代社會危機對儒學的刺激，認為宋代儒學的目的分化為修養、正名、經綸三派，李覯是儒學目的分化的前導，與之相應的是朱熹是儒學分化的最後成果、集大成者。他在文中探討了李覯的經世思想、排佛老、與王安石的關係、非孟等問題，指出李覯的著述對於了解宋代社會具有重要價值：

李覯是儒學史上不可或缺的思想家，他的著述中所包含的一些思想、理念的確在儒學史上獨放異彩。[51]

市川安市寫於公元一九五五年的《朱子文集に見ゑる李覯常語について——宋儒孟子觀の一斑》[52]（《論〈朱子文集〉所見李覯的〈常語〉——宋儒孟子觀之一斑》）一文，對《常語》做了一番考證，分析了李覯以其名分論對孟子的批評，以及朱熹對李覯的名分論的回應。作者認為，按照李覯的名分論，君主和臣下的關係是永恆存在、不容顛覆的；朱熹則強調，內在的、超越的理才是天命，人事的興亡是永恆存在的，君主要常懷有對天命的畏懼之心，以歷代興亡為鏡鑑，不斷進行反思。

本田濟寫於公元一九五八年的《李覯について》[53]（《關於李覯》），討論李覯的禮論、經濟思想、經學主張，重點分析了李覯排佛主張。他注意到李覯對宗教的矛盾態度，如他關於五通神的文章，指出中國古代的知識分子（如蘇軾等）在理性的知識體系中，往往混雜一些卑俗的民間迷信思想。他以西方宗教的經驗解釋這種現象，指出西方在泛靈論、巫術的階段之後，經歷了一個排他的、要求所有人對之膜拜的人格神階段，並對精靈、巫術等進行了驅逐；而中國人則由泛神論、巫術直接超越人格神階段，發展出以萬物有靈的泛神論為特徵的無神論自然哲學。由於沒有經歷以驅除巫術、神靈的階段，自然科學又不發達，所以許多巫術的要素就被完整保存下來了。謝善元先生認為，這是他所看到的最好的一篇關於李覯的文章[54]。

小口彥太寫於公元一九七五年的《李覯の思想の一側面》[55]，以唐宋之間的社會變革為背景，探討了宋代社會經濟制度的變化，分析了李覯關於土地制度、君主權力的觀點。作者認為，以佃戶制為基礎的地主土地所有制與君主獨裁制之間有衝突，但兩者在李覯的思想中得到統一，故他以二元論為李覯思想的一個特點。

以上是筆者所見到的中國內外學者關於李覯研究的一些有代表性的論文，下面是對相關專著和碩、博論文的概述。

二、專著、碩博論文

目前來看，最早的李覯研究專著當屬謝善元先生的博士論文 The Life and Thought of Li Kou 1009-1059（公元一九七二年）。該論文先是於一九七九年由美國舊金山中國資料中心出版，後又翻譯成漢語，一九八七年以《李覯之生平及思想》於大陸發行，一九九一年又以《李覯》為名在臺灣發行。

該書總共寫了九章。第一章是導言，介紹了寫作的緣起、文獻資料、著作的精華等內容。據作者自述，在他確定此論文的選題時（公元一九六八年），已有的研究文章（當時他僅找到十三篇文章）都不曾深入研究李覯的生平及思想，所以他決心對李覯做一番深入研究。第二章介紹時代背景。作者指出，李覯生活在「一個充滿希望但又有隱伏問題的時代裡」[56]。在真宗、仁宗兩位皇帝的治理下，宋朝社會有其光明的一面，但也潛伏著種種危機，如皇帝的性格、政府官吏、軍事、財政經濟等方面的問題。第三章介紹了李覯的生平，指出李覯「基本上是一位壯志未酬的學者」，是當時「考試制度下的犧牲品」，「如果說他在世時曾對他當時所處的社會有貢獻，則這些貢獻主要體現在他的寫作上」[57]。第四章是介紹李覯的著作。作者考證了一些篇目的成書年代，考察了李覯思想的前後變化，指出了李覯晚年對其早年文章的重複。在第八章中，作者考察了李覯和王安石的關係（相關章節還要提到）。最後一章是對全文的總結。

作者指出，第五至七章是「全書的精華」，這一部分是他自己的創見。在第五章，作者建立了一個儒法比較的框架結構，指出李覯在保持了儒家基本價值的前提下，「嘗試著把法家及儒家的哲學綜合起來，以便使儒家哲學更能應付國家危機」[58]，所以他把李覯稱為「折衷持論的政治思想家」。第六章中，作者指出「李覯對儒家哲學的貢獻主要在於把五德系統化」[59]，而這個工作在他二十五歲之前就完成了。第七章，作者介紹了李覯對當時社會的批評，指出李覯的解決思路是「由有眼光及有權力的人來一一解決」[60]，而李覯所嚮往的是管仲和商鞅這樣公認為法家的人物。

這本書對筆者的研究啟發很大。首先是作者嚴謹的治學態度。作者對李覯的生平事跡和重要篇章進行的考證非常細緻，不僅分析了李覯的思想和著述的資料來源，還考察了李覯思想的前後變化，詳細列舉出李覯晚年對其早年文章的重複，甚至對主要篇目的字數都進行了清點。為寫時代背景，他閱讀了《續資治通鑑長編》和《皇朝編年綱目備要》等著作，所以他寫的時代背景與筆者所讀到的其他幾乎是千篇一律的背景介紹感覺明顯不同。

其次，謝先生提出的用概念框架（Conceptual Framework）進行思想分析的方法，被筆者效仿。他提出但未能完成的一些設想，也為筆者提供了研究思路。如謝先生曾設想：「如果能把李覯的思想與宋朝的許多理學家做一個有系統的比較，一定會很有意思」。但由於當時學力和時間不允許，他的論文重點解決的是李覯與

王安石的關係問題。之後由於學術興趣的轉移，他也沒將「李覯與張載、周敦頤、二程、朱熹以及陸王相比，他會有何種地位？」[61] 這個思路進行下去。

筆者認為，李覯與王安石的比較是同一陣營或同一思想脈絡的確證。而要想更好地凸顯李覯思想的特色，橫向的比較勢必不可少。現在學界對於李覯和王安石的分析非常多了，亦不乏精彩之作，因此筆者的分析將以橫向的對比為主，即分析李覯和理學早期人物有何相同之處、又因為什麼而有何不同，這些不同又如何在之後的傳承中逐步擴大的？

謝著要到公元一九八七年才在大陸出版，因此在大陸最先出版李覯研究專著的是姜國柱先生。姜國柱先生是容肇祖先生的研究生。容先生注意到了李覯的思想，勸姜先生做這方面的研究，於是姜先生寫下了《李覯思想研究》，並由中國社會科學出版社於一九八四年出版。相隔十餘年後，一九九六年姜先生又寫下《李覯評傳》一書。

《李覯評傳》一書共十章。第一章是時代背景，介紹了宋朝社會從建立到李覯時代政治、經濟發展的狀況；關於李覯的思想淵源，姜先生強調了李覯對傳統思想、典籍中的氣本論、易論、禮論、無神論、人性論、道德觀、平土論、法治思想、軍事思想的繼承，姜先生也肯定了李覯對於宋學的歷史貢獻。第二章介紹李覯的生平與著作。第三章介紹李覯的哲學思想。作者指出李覯是「中國十一世紀著名的唯物主義哲學家和進步的思想家」[62]，介紹了李覯的本體論（「氣為萬物之源」）、辯證法（「萬物都在易中」）、認識論（「習是見廣之知」）。第四章介紹了李覯的無神論，指出李覯的無神論思想具有其「科學性、戰鬥性、針對性和現實性，因而頗具特色、很有價值」[63]。第五章介紹了李覯的禮論。姜先生認為，禮在李覯的整個學說體系中「居於核心位置」[64]。第六章介紹李覯的性之三品說，及其「教化成善」的道德學說。第七章介紹李覯的經濟思想，主要是平土均田、理財富國和薄賦均役等主張，肯定了他為民申怨的出發點。第八章介紹李覯的政治思想，將其政治思想歸結為「明君治國理民」、「通變救弊」、「一致於法」、「效實用人」等方面。第九章介紹了李覯的軍事思想，介紹了李覯的「兵為大事的重兵思想」、「本末相權的用兵策略」、「兵農合一的強兵之策」、「精兵擇將的建軍思想」。第十章講李覯的思想影響，姜先生探討了李覯與王安石、陳亮、葉適、唐甄思想上的繼受關係。

可見姜先生著作對李覯的研究更加全面一些。對於大陸學界的李覯研究，姜先生的開拓之功甚大。

此外，關於李覯的專著、出版物還有周春林、羅伽祿、程壽鵬合編的《旴江先生李覯》（二〇〇二年東華理工學院印刷廠印行），邱尚仁、邱笑宸合編的《李覯》（二〇〇四年百花洲文藝出版社印行）。之後又有方樹成編的《千年鄉賢之首——李覯》（二〇〇九年中國文化出版社出版）、《千年的紀念》（二〇一〇年資溪縣政協印行），這些著作都對李覯的生平事跡或思想進行了全面介紹。

羅伽祿先生於公元二〇一〇年出版了《北宋名儒李覯》（江西人民出版社）一書，這是他多年專注於李覯研究成果的總括。該書寫了五章，第一章李覯的生平與影響，介紹李覯的時代、人生踐履、家世、遺存及後人祭祀、世人評說；第二章介紹李覯的親情與交往，介紹了他的親人、門人，以及與范仲淹、王安石、曾鞏、祖無擇的交誼；第三章李覯的理論著述，介紹了李覯的主要著作；第四章介紹了李覯的詩文創作成就；第五章是李覯思想之研究，介紹了李覯關於禮、人才、文學、人格、教育、農業等方面的思想，以及近年來兩次李覯研究會的情況。相比於上兩位學者的著作，羅著的特點在於對文學方面闡發較多。羅先生還充分發揮本土優勢，廣泛吸收近年來李覯研究的成果，對李覯的生平事跡考證較為詳細，收錄資料也較多。

以上是已出版的專著的情況。關於以李覯為研究對象的碩、博論文，在大陸最早是胡春力撰寫的《論李覯的經濟思想》（北京大學經濟學院，一九八二年）。之後經濟類的碩士論文還有張旭的《李覯經濟思想研究》（浙江大學古籍研究所，一九九九年），孫雪的《李覯經濟思想》（東北財經大學，二〇〇六年），李勝的《李覯經濟思想再研究》（雲南大學，二〇〇八年）等。

關於李覯的文學研究，有吳智昌的《李覯詩歌研究》（碩士論文，南昌大學，二〇〇七年），段守豔的《李覯詩歌研究》（碩士論文，山東師範大學，二〇〇八年），歐婷婷的《李覯詩歌創作研究》（碩士論文，廣州大學，二〇〇九年）。

關於李覯的哲學思想研究，有陳旭輝的《李覯易學思想研究》（碩士論文，北京師範大學，二〇一〇年），焦秀萍的《李覯倫理思想研究》（博士論文，中國人民大學，二〇〇八年）。

關於李覯的政治思想研究』有李磊的《李覯禮論思想》（碩士論文，湖北大學，二〇〇六年），李國平的《李覯禮論研究》（碩士論文，湖南師範大學，二〇一〇年），金霞的《李覯經世思想研究》（博士論文，南開大學，二〇〇八年）。

焦秀萍的《李覯倫理思想研究》從倫理學的角度研究李覯思想，指出李覯在荀子禮學的基礎上，構建了獨特的禮學思想體系。作者以儒學復興和政治改革為李覯倫理思想之背景，以元氣本體論和人性三品五類說為其基礎，以禮為其中心，以義利雙行、王霸並用為其價值取向，以經世致用為其實踐訴求。作者認為，李覯倫理思想的特徵是博取眾家、儒法結合、注重實際、講求實效，是范仲淹改革的理論支援、王安石改革的理論先導和南宋事功學派的思想先驅。

金霞的《李覯經世思想研究》，以傳統的「經世」為題闡發李覯的政治思想。所謂經世就是「一種學術思想方法，意指將經術的研究運用於治理國家和社會事務的管理，這裡的經術是指經學、儒術。經世思想重人事、事功和實際，它的精神實質在『用』上」[65]。作者以《周禮》和《荀子》作為李覯經世思想的來源，以氣一元論、天生人成觀、人性三品論、義利觀、禮統內外論為其經世思想的理論基礎。在《李覯經世的政治主張》一章中，作者介紹了李覯開源與節流並舉的富國主張（包括土地與勞動力的有機結合、以事給事的產品分配原則、「量入為出、略有節餘」的理財原則）、兵農一體的強兵思想（包括以府兵制代替現行的募兵制、本末相權的用兵策略、透過利益刺激方式打造精良的兵器）、以民心為導向的安民思想（包括學校教育為教化的主要形式、仁義與刑罰並重的仁政思想）、重實效的選才思想（包括根據實效錄用人才、依據實際政績決定官員升遷）。作者以李覯、歐陽脩、王安石為宋代江西學派的主要代表[66]，認為三者中李覯最講究功利，是宋代功利主義思想的先驅；其功利思想在陳亮、葉適的功利思想得到重現和發揚光大。

在臺灣，輔仁大學的胡文豐先生最早撰寫了關於李覯的經濟思想的碩士論文《李覯生平及其富國思想之研究》。他從財政、農業、社會、經濟這幾個方面詳細探討了李覯的富國思想，指出「重農」是李覯富國思想的重要特色，認為李覯關於處理農業和工商業發展失衡問題的主張值得重視。

在此文之後，又有胡彩紋的碩士論文《李覯之禮學》（國立高雄師範大學國文研究所，一九九〇年），茲不贅述。

三、思想通史著作中的相關章節

思想通史類著作一般是用作教科書的，因此對於具體人物的研究往往極為簡略，無非一二三四分列那麼幾條。但此類著作往往也體現、代表、塑造了一個時代人們的普遍認知程度。縱向對比此類著作中對某個人物的評價，也可以從一個側面得知人們對該人物的認識。下面是筆者所見到的從民國到當代的一些通史著作的述評。

政治思想通史著作，以下面幾部為代表，按其初版年代分別是：（一）陶希聖《中國政治思想史》（初版於一九三二至一九三五年）；（二）楊幼炯《中國政治思想史》（一九三七年）；（三）呂振羽《中國政治思想史》（一九三七年）；（四）蕭公權《中國政治思想史》（一九四五年）；（五）薩孟武《中國政治思想史》（一九六九年）；（六）徐大同、朱一濤等《中國古代政治思想史》（一九八一年）；（七）劉澤華、葛荃《中國古代政治思想史》（一九九二年初版）；（八）曹德本《中國政治思想史》（一九九九年初版）。

陶著有四冊，僅寫至明代，但沒有提到李覯。而楊著雖只有薄薄一冊，卻有專節對李覯進行評價，指出「李覯之政治思想以功利主義為中心」，「以禮制為治國之大本」，「李覯之政治思想體系，可於其《周禮致太平論序》中得一總結」；「論及政治實施之方略，而以富國強兵為中心之主張」、「主張霸道的政治」[67]。

蕭公權先生指出：

兩宋功利思想雖以王安石為中堅，而致用之風氣則歐陽脩倡之於先，李覯廣之於後，李氏之勛名遠遜荊公，其立言有條理，則有過之。[68]

他把李覯的政治思想歸結為：主張「致用」；闡「功利」以矯俗儒；為霸政作辯；「安民」和孟子之民本論；論禮合於荀子；周禮致太平。總之，他認為李覯的學術精神「與臨川固有暗合之處」。

呂振羽先生的著作於公元一九三七年寫成，建國後也多次再版。在該書第九篇（「封建主義衰落期的各派政治思想」）第三章（「中小地主及中間諸階層的政治思想和主張」）中，作者以李覯為「中小地主及中間諸階層」的代表，把李覯作為王安石的前驅者來介紹，將李覯的政治思想歸結為：一、提出「設泉府之制」的主張，去抵制大地主的高利貸。二、提出「觀其豐稔而後稅斂」，意在減輕小地主的負擔。三、反對貪汙。四、主張「均役」，要求大地主家族和中小地主及其他中間諸階層

平均負擔徭役的要求。五、提出設置「平準」的要求，對抗地主、官僚、商人三位一體的「邸店」的獨占特權。作者認為這些要求，成為王安石變法的主要內容，雖然部分地符合當時的中小商人、手工業者，乃至自耕農的要求，但主要是從中小地主階層的立場提出的。[69]

薩著的第五篇為「宋元的政治思想」，第一節為「北宋進取派的政論」。作者以李覯為首位進取派的代表人，下面是蘇洵、王安石。其論李覯則注意到李覯對禮的分析，及其辨王霸、主賞刑並重，指出「李覯偏重於荀子」；但李覯強調「養民」、「安民」，不忘教化，故「亦未曾離開孟子」。薩氏認為李覯關於富國強兵的議論為最重要，本於法家的農戰，「其富國強兵的思想確是深中時弊，於是王安石繼之而起，實行變法圖強。」[70]

徐大同先生和朱一濤先生撰寫的《中國古代政治思想史》沒有為李覯立專章或節，僅是作為王安石變法的先導思想略加介紹。劉澤華先生和葛荃先生的《中國古代政治思想史》，認為李覯受范仲淹的影響，又是王安石的先導；將其主張歸納為：

1. 禮和王霸同質論；

2. 義利統一；

3. 救弊之術（開言路；選官人；強法治）；

4. 強本節用（均土田安百姓；盡地力足國用）；

5. 強兵。

曹德本先生主編的《中國古代政治思想史》，以宋明為中國古代政治思想的完善期，以功利思想為宋代首篇，而又以李覯為功利思想之發端。李覯政治思想被歸納為：以「唯物主義天道觀和通變的思想為理論基礎」；強調民本；強調「本於財用」的治國主張；「平土均田」的改良措施；義利統一的功利思想。

關於宋代思想文化的專著，就更不能繞開李覯的思想了，如上節提到的漆俠、陳植鍔兩位先生的著作中，對李覯都有所評價。

陳植鍔先生在論及宋儒治學方法的轉變時，認為李覯拋棄傳注、採用論文和語錄的形式著述，是「一個大膽的主張，與當時一般疑古派即李覯所批評的僅僅『以異於注疏為學』的『世之儒者』相比，李覯朝著義理之學的目標又跨前了一步」[71]；

在討論北宋初期的排佛思想時，指出了李覯對於宋儒從排佛到融佛方面「給後來宋學家的啟迪，比歐陽脩又大大地進了一步」[72]。

漆俠先生認為李覯是宋學形成時期的重要人物，稱他是「面向社會實際，與時代息息相關的思想家」[73]。漆俠先生指出，李覯在宋儒中第一個提出了王霸、義利之辨，「李覯對義和利的關係說得還不夠，有待後人的繼續發揮。而在王霸問題上，陳亮、朱熹反覆論難，但都沒有達到李覯認識的高度。」[74] 對於李覯的井田制社會改革方案，漆俠先生稱之為「一個空想的社會改革藍圖」（其他尚有許多重要著作涉及到李覯的思想，與本文相關的將在文中介紹，在此不再贅述）。

以上是百餘年來學術界對李覯及其思想研究的一個概況。應該說，近三十年來，李覯研究的視角和方法都大為豐富。就哲學、政治學而言，李覯的氣本源論、禮論、功利論、人性論、平土論、富國策、強兵策、安民策、吏治主張、排佛主張、李覯與王安石、陳亮、葉適等的關係，都有了較為充分的研究，也形成了較為一致的看法。但就筆者所見到的資料來看，從宋學興起和經學變遷的角度來考察李覯政治思想，以及從儒家思想體系的內部來考察李覯功利主張的研究尚不多見，這需要我們進一步展開研究。

▌第三節 研究方法

本節循例說明一下所使用的研究方法。關於思想史的研究方法，筆者在有限的閱讀經驗中體會到，每一種研究方法其實都與該方法的創制者本人有直接的聯繫，往往只有創制者才能使用得好。這就好比古代拳師的拳法，往往只有第一代才是最好的使用者，以後的傳人越是牢守家法，越是一代不如一代。有此認識，故讀到韋政通先生在《中國思想史方法的檢討》一文中所說的一段話時，頗感「於我心有戚戚焉」。他說：

每一種有點效驗的辦法，都是根據別人的經驗經由苦思和探索所得，因此沒有一種方法可以依樣畫葫蘆地拿來應用的。你如果想建立一種適合自己應用的方法，必須依靠自己的摸索。[75]

也就是說，每一個前輩學者的研究方法，都帶有著鮮明的人身屬性。勉強使用，能得其形而未必能得其神。這分明是一種反方法論的主張：在思想史研究領域，不

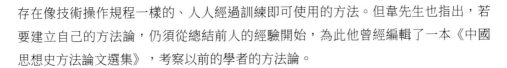

存在像技術操作規程一樣的、人人經過訓練即可使用的方法。但韋先生也指出，若要建立自己的方法論，仍須從總結前人的經驗開始，為此他曾經編輯了一本《中國思想史方法論文選集》，考察以前的學者的方法論。

　　筆者循著他所指示的方向，也向前輩學者討教了一番。就在這番回顧中，筆者發現一些基本的研究方法還是有的。有些自己也一直在用，只不過沒有從方法論的角度總結一下罷了。以下就是筆者準備在文中應用的一些研究方法。

一、系統研究法

　　系統研究法和下面要講的發生研究法、解析研究法都是勞思光先生總結出來的。在他完成於六、七十年代的《新編中國哲學史》第一卷中，他檢討了以往的哲學史研究常用的這三種方法。

　　系統研究法就是「將所敘述的思想作系統陳述」的方法[76]。這種方法要求按照思想家的理論脈絡，將其理論完整地呈獻。勞先生也提示了這種方法可能出現的問題：為系統的完美而刪除思想家歧出旁生的觀念，或補充思想家的沒有的觀念；以自己的眼光褒貶思想家的理論等。

　　這種方法，其實也就是李弘祺先生總結過的所謂的哲學史方法：

　　傳統的思想史方法可以哲學史或哲學方式的思想史為代表。哲學思想史家研究思想史的目的，除了因為只有在哲學史中才能塑造個人的哲學，即「哲學即哲學史」外，還準備透過哲學思想史的研究以了解哲學思維的內在關聯性。[77]

　　這是西方哲學史研究的經典模式（尤以文德爾班哲學史教程為典要）。以之研究專人，則是以研究者的語言和邏輯，系統地闡述思想家的理論體系，探討其根源及其對前人理論的發展與完善；以之研究思想通史，則要描述歷代思想家如何在思想的歷史傳承與演化中建立自己的理論體系，由此探索思想史的內在發展脈絡。

　　其實系統研究法是中國現代思想史研究中最為基本和成熟的方法。胡適先生的《哲學史大綱》和馮友蘭先生的《中國哲學史》這兩部現代哲學史研究的奠基之作採用的就是這種方法。胡著寫作時間最早，在中國哲學史著作體例方面的開創貢獻早有定論。但在創立研究典範方面，馮著似乎更成功一些。此書以及陳寅恪、金嶽

霖兩位先生為此書寫的《審查報告》中所提出的一些關於哲學史研究的原則，對今天的思想史研究仍然具有重要的指導意義。

馮著的寫作，以西方哲學之名目來研究中國思想，把思想史上可以歸到哲學名下的內容系統整理、敘述出來。他說：

今欲講中國哲學史，其主要工作之一，即就中國歷史上各種學問中，將其可以西洋所謂哲學名之者，選出而敘述之。[78]

又說：

歷史能影響哲學，哲學亦能影響歷史。[79]

因此他指出，哲學史研究必須兼及哲學家本人的人格、個性，以及時代情勢影響，即知人論世。對後一點，陳寅恪先生在《審查報告》中提出：

凡著中國古代哲學史者，其對於古人之學說，應具了解之同情，方可下筆。……所謂真了解者，必神遊冥想，與立說之古人，處於同一境界，而對於其持論所以不得不如是之苦心孤詣，表一種之同情，始能批評其學說之是非得失，而無隔閡膚廓之論。[80]

他認為馮著於要求「庶幾近之」了。這就要求我們在研究中，對古人所處的時代盡可能作詳盡的了解，盡量還原古人的（政治、傳統、學術等）環境，以當時人的眼光和思維來看待其思想主張。否則，若純以今日我們的後見之明來批評古人，思想史研究就可以取消了。

金嶽霖先生則在《審查報告》中對馮著和胡著進行了比較 [81]。金先生的基本觀點是：

哲學要成見，而哲學史不要成見。[82]

據此他批評胡著：

就是根據一種哲學的主張而寫出來的。我們看那本書的時候，難免一種奇怪的印象，有時候簡直覺得那本書的作者是一個研究中國思想史的美國人；胡適先生於不知不覺中流露出來的成見，是多數美國人的成見。[83]

從這個角度，他對馮著表示了讚賞，認為他雖然有自己的成見，但沒有以自己的成見來寫中國哲學史，因而「從大處看來，馮先生這本書，確是一本哲學史而不是一種主義的宣傳」[84]。

但是金嶽霖先生對馮著的寫作方法亦不無懷疑。他提出，歐洲各國面對的實際問題，產生了歐洲的哲學問題，但是否歐洲哲學的問題就是更高一層上的普遍哲學問題呢？但當時中國學界確實處在這種風氣中，他無奈地說：

以歐洲的哲學問題為普遍的哲學問題當然有武斷的地方，但是這種趨勢不容易中止。[85]

前輩的這些思考，仍是我們今天所不能迴避的。筆者認為，「系統研究法」不僅是思想史研究的基本方法，也是其目的。以本文而言，以現代的語言和邏輯，系統地闡述李覯的思想，豈不正是寫作的目標？因此「系統研究法」是本文首先要採用的方法。不僅本文整體就是系統研究法的應用，其中述李覯的政治思想諸方面的一章，更是系統研究法的集中應用。

二、發生研究法

發生研究法即「著眼於一個思想家的思想如何一點點發展變化，而依觀念的發生程序作一種敘述」[86]。勞先生指出，如果用這樣的方法來寫哲學史，則會失之繁瑣與片面；但若只敘述一家的思想，則有詳盡敘述的好處。

筆者認為，闡述一個人的思想，最好是採用共時性和歷時性兩個視角。共時性的視角就是上文所說的系統研究法，把思想家的思想看作一個完成了的整體，系統地描述。歷時性的視角就是發生研究法。本文在李覯的生平一章中，單立一節，以其著述史為線索，詳盡敘述李覯的思想發展歷程，即是這一方法的應用。

三、解析研究法

這個方法是「解析以往哲學家所用的詞語及論證的確切意義」[87]，解析研究法與西方符號邏輯的興起以及分析哲學相關。勞先生認為，這種方法只能用於研究一本書或一個人的理論，不能滿足哲學史的「貫穿」的要求。

　　張岱年先生的《中國哲學大綱》就是這種方法的典範。張先生自述其書的寫作宗旨：

　　對於中國古典哲學作一種分析的研究，將中國哲學中所討論的基本問題探尋出來，加以分類和綜合，然後敘述關於每一個問題的思想學說的演變過程。[88]

　　此書以概念為線索，將中國思想史上最重要的一些概念的流變作了探討，在馮友蘭先生的《中國哲學史》外，另立一種寫作的典範。對有關李覯思想的一些重要術語進行梳理，即是對這個方法的應用。

四、基源問題研究法

　　勞思光先生將以上三個方法歸結為一般性的方法，另外提出了基源問題研究法。他主張，一切個人的或組織的思想，根本上必是對某一問題的答覆或解決。因此思想史研究先要找到這個問題，即『基源問題』。基源問題又衍生出許多次級問題，在回答這些次級問題的時候，一系列的理論就得到展示。最後，研究者以一套被稱為「設準」的觀點——這將體現研究者的識見與智慧——統籌所有的理論。

　　他認為這是他的創造，但韋政通先生將他的基源問題研究法也歸為常用的研究法，因為凡是探討專家哲學的人，不同程度上都會用到這個方法。的確，就筆者所見的多數思想史著作，講到某一個思想家時，總要先講一下其理論是針對什麼時代問題而發的。

　　本文在兩個層面上採用這個方法：一是分析李覯和他同時代的思想家何以採取那樣的主張。二是分析何以宋代會建設那樣一種制度體系。當然，這是兩個緊密相關的問題。簡言之，宋太祖建立起的一整套制度體系，是為了解決中唐以來的社會結構問題；而其繼承者不能根據時代變化及時變革制度，由此引發的社會危機，又促成了李覯等人的強烈的政治變革主張。

五、概念框架分析法

　　謝善元先生在《李覯之生平及思想》一書中採用這個方法，筆者將沿用之。謝先生的「框架結構（Conceptual Framework）」是這樣的：

抽選儒法兩家的思想要點，構成一個概念框架。這一個框架不但要能勾畫出儒法兩家思想的同異，而且要能用來批判李覯的學習能力與貢獻。[89]

以此框架，謝先生認為，李覯是在儒法之間持折衷論的思想家。

筆者認為，以儒法之間的理論框架來評析李覯，尚嫌粗疏。謝先生對於儒家的理解似乎過於正統，基本上以心性儒學為儒學之特徵的。本文重新設計一框架結構，以儒學內部兩翼的對立為主，闡明儒家功利主義和宋明理學的同異，再輔之以儒法差異；在此框架結構下評判李覯的思想特徵，及其與理學家的分殊。

六、比較分析法

這也是思想史研究常用的方法。確定一個思想家的理論貢獻，總要透過與其前後左右思想家的比較才能得出結論。

上節已述，謝著僅將李覯與王安石的思想進行了對比。本文將在縱、橫兩個向度上展開對比：在縱向上以李覯與范仲淹、王安石、陳亮等同一流派的學者進行對比；橫向上則將李覯與同時代的理學家如孫復、胡瑗、石介、張載等人進行對比。縱向比較是目前已有的多數文章的入手處，基本已有定論，故本文的重點在後者。透過比較分析，找出李覯思想的突出之處和侷限之處，作為明確李覯政治思想的學術定位和總體評價的依據。

七、思想史與其他領域結合的方法

如上所述，馮著《中國哲學史》所建立起來的嚴格以思想內在的關係研究中國思想史的方法，或稱哲學式的思想史方法，是最為常用的思想史研究方法。如馮友蘭先生按照西方哲學的模式，以宇宙論、人生論、知識論等規定了哲學的內容，又以「哲學為哲學家之有系統的思想，須於私人著述中表現之」，規定了哲學研究的對象。

中華人民共和國建立後，馬克思主義成為思想領域的指導，以馬克思主義對中國古代思想進行闡述也是順理成章的事。就連馮友蘭先生在中國建立後也放棄自己的「成見」，按照馬克思主義來重寫中國哲學史。觀點、立場雖變，但寫作方法仍然繼續沿用。我們看到的這時期幾乎每一部哲學（思想）史都按照代表的階級（先進／落後）、世界觀（唯物／唯心）、方法論（主觀／客觀）等方面對人物進行分割。

這樣，我們在這些哲學史著作中讀到的不是中國哲學史，而是唯物史觀的中國哲學史部分，正如金嶽霖先生曾將馮友蘭先生的著作視為「發現於中國的（西方）哲學」。

這種方法習用已久，則其缺點亦被暴露出來，許多學者要求更廣闊的視野進行思想研究。如韋政通先生在其《中國思想史》的方法討論中提出：

思想史研究要內外兼顧，把思想史與其他領域結合。[90]

又如李弘祺先生的長文《試論思想史的歷史研究》，從歷史學家的角度提出了「歷史法思想史」或「歷史法哲學史」的研究，認為「如果把思想也當做歷史現象的一部分，那麼歷史家就有責任站在歷史的立場探究思想現象」[91]。其原則大致是：把思想看做是人對他本身環境的認識和意識上的反應的話，那麼我們應該能因此看出歷史現象如何塑造了個人的思想，以及如何決定人面對其環境。[92]

上文已述馮友蘭先生論知人論世的主張，李弘祺先生指出，馮先生雖然認識到這一點，但馮著哲學史「對於時代與哲學思想的關係除了第一篇在第二章《泛論子學時代》中論及子學時代哲學發達之原因外，也絕少在這上面發揮」；相比之下，羅素的《西方哲學史》一書，卻能把這一理念落實下來：

哲學和文化史成了息息相關不可分離的整體，在篇幅中引進大量社會史，以說明各時代政治社會狀況與當時代哲學思潮的相互影響。[93]

筆者以為，余英時先生的《朱熹的歷史世界》也頗能體現這一旨趣。余先生在書中採取政治史與文化史交互為用的研究方法，以此闡述宋朝士大夫的政治文化，正是一部跨領域綜合研究的經典之作，又對筆者啟發頗多，本文對之也多有取法。李覯的政治思想是宋代政治、文化、學術等多方面發展的產物，故筆者在文中亦不惜筆墨，努力揭示這幾個領域的發展對李覯政治思想的影響，而不僅僅是作為一般的背景一樣交代一下就完了。

八、文獻研究法

以上所列諸種方法，其實都可以從更高層面歸結為一種方法，即文獻研究法。對於思想史研究來說，文獻研究幾乎是唯一的途徑。筆者見到的幾乎所有思想史著作都立足於文獻研究。正因其唯一性，筆者認為不應該把文獻研究作為一種方法特地提出了。

只有在和社會科學的其他研究方法相比較時，文獻研究才具有方法論的意義。通常的社會研究方法，主要包括統計調查、實地研究、實驗、文獻研究這幾種[94]；在具體操作中，又有測量、抽樣、問卷、訪問、量表、測驗、觀察、實驗、文獻研究等方法。從這個角度講，文獻研究法是本文寫作的根本方法，而以上所述諸種方法，實際上是從技巧層面講的研究方法了。

總之，不管用什麼方法，我們都應該抱著同情並理解的態度，本著知人論世的原則去研究古人的思想。李覯曾經說過：

開卷執筆，輒欲閨見古作者之貌。[95]

筆者也試圖「閨見古作者之貌」，透過詳細考察李覯所處的社會政治形勢、所擁有的思想資源、學術手段，來還原李覯思想的形成、發展，以古代文化傳統變遷的整體視角對其思想作一較為客觀的分析與評價。

註釋

[1] 王國軒：《李覯的歷史及思想定位》，李覯學術研討會論文，2009 年 11 月。

[2] 《宋史·卷四百三十二·儒林二》。

[3] 《告辭二首》，《李覯集》，北京：中華書局，1981 年版，第 466 頁。

[4] 胡適：《胡適文存二集》，合肥：黃山書社，1996 年版，第 21 頁。

[5] 《四庫全書總目》，北京：中華書局，1965 年版，第 1 頁。

[6] 島田虔次：《宋學的展開》，載《中國思想史研究》，上海古籍出版社，2009 年版，第 257 頁。

[7] 鄧廣銘：《略談宋學》，載《鄧廣銘治史叢稿》，北京：北京大學出版社，1997 年版，第 164 頁。

[8] 轉引自鄧廣銘：《略談宋學》，第 163 頁。

[9] 蕭公權：《中國政治思想史》，遼寧教育出版社，1998 年版，第 2 冊第 414 頁。

[10] 復旦大學哲學系中國哲學教研室：《中國古代哲學史》上海：上海古籍出版社，2006 年版，《導言》。

[11] 蔣慶：《政治儒學》，北京：三聯書店，2003 年版，第 96 頁。

[12] 蔣慶：《政治儒學》，第 1 頁。

[13] 王國軒：《李覯的歷史及思想定位》，在 2009 年 11 月李覯學術研討會上的發言。

[14] 陳寅恪：《金明館叢稿二編》，上海：上海古籍出版社，1980 年版，第 245 頁。

[15] 筆者於 2009 年參加紀念李覯誕辰千年學術研討會期間，有幸結識了臺灣輔仁大學的胡文豐先生。胡先生 1988 年畢業於臺灣國立成功大學歷史語言研究所，碩士論文是《李覯生平及其富國思想之研究》。畢業至今，他不斷修改論文，並一直關注李覯研究的進展。得知筆者博士論文研究內容後，胡先生慷慨贈以多年辛勤編撰、並持續更新的《李覯研究論著目錄》。胡先生的資料目錄涵蓋了從 1908 年直到 2010 年國內外所有關於李覯研究的專著和論文，無論篇幅大小，一概收錄，堪稱完備。

[16] 黃節：《李覯傳》，《國粹學報》，第四年（1908 年 8 月 2 日）戊申第 8 號（第 45 期）史篇，第 4 頁。

[17] 大痴：《李覯的社會文學》，《世界日報》，1926 年 10 月 27 日副刊。

[18] 鄒枋：《李覯的土地經濟論綱領》，《經濟學季刊》，1933 年第 4 卷，第二期。

[19] 譚丕模：《李覯、王安石與北宋的小地主階級解放運動》，《清華周刊》，1935 年 6 月，第 42 卷。此文又以《李、王的政治哲學》為題發表在《師大月刊》1935 年第 18 期上。

[20] 漆俠：《李覯與孟子》，《申報》之《文史專欄》，1984 年 4 月 3 日；《李覯不喜孟子》上、下篇，分別發表於 10、17 日，實際上是 1 篇文章分作 3 次發表，故本文統計為 1 篇。

[21] 鄒枋：《李覯的土地經濟論綱領》，《經濟學季刊》，1933 年第 4 卷，第二期，第 102 頁。

[22] 譚丕模：《李、王的政治哲學》，《師大月刊》，1953 年，第 18 期第 196 頁。

[23] 譚丕模：《李、王的政治哲學》，《師大月刊》，1935 年，第 18 期第 199 頁。

[24] 陳正鳴：《宋代政論家李覯學說述略》，載《中興評論》，1956 年，第 3 卷第 11 期，頁 17-22；李里：《北宋思想家李覯》，《自立晚報》，1963 年 8 月 28 日，第 3 版；韋政通：《宋朝思想家李覯的思想》，載《出版月刊》（臺灣商務印書館），1967 年，第 2 卷第 10 期，頁 12-15，後又收入《中國哲學思想批判》一書，臺北水牛出版社，1984 年版。

[25] 韋政通：《宋朝思想家李覯的思想》，載《出版月刊》（臺灣商務印書館），1967 年，第 2 卷第 10 期，頁 12-15，後又收入《中國哲學思想批判》一書，臺北水牛出版社，1984 年版，第 168 頁。

[26] 夏長樸：《李覯的非孟思想》，《幼獅學誌》，1987 年，第 19 卷第 4 期，頁 121-145；夏長樸：《李覯的重禮思想及其與荀子的關係》，《臺大中文學報》，1988 年 11 月，第 2 期，頁 265-282；夏長樸：《論李覯的實用思想》，《宋代文學與思想學術研討會論文集》，臺北：臺大中研所出版，1989 年 1 月，頁 105-131；夏長樸：《近人有關李覯與王安石關係諸說之商榷》，《臺大中文學報》，1989 年第 3 期，頁 371-382；夏長樸：《范仲淹與李覯經世思想的比較》，《紀念范仲淹一千年誕辰國際學術研討論會論文集》，臺大文學院，1990 年 6 月出版，頁 1467-1490。

[27] 夏長樸：《李覯與王安石研究》，臺北：大安出版社，1989 年版，第 58 頁。

[28] 魏明政：《李覯非孟思想的義利問題》，2007 年海峽兩岸社會與文化學術會議論文。

[29] 魏明政：《李覯非孟思想的義利問題》，2007 年海峽兩岸社會與文化學術會議論文，第 289 頁。

[30] 姚家華：《論李覯經濟思想》，載《財經研究》，1980 年，第 2 期，第 62 頁。

[31] 姜國柱：《李覯的〈禮論〉思想》，載《江漢論壇》，1983 年，第 6 期，頁 25-29。

[32] 姜國柱：《論李覯的哲學思想》，載《山西師院學報》（社會科學版），1983 年，第 3 期，頁 48-52。

[33] 姜國柱：《李覯的政治和法治思想》，載《遼寧大學學報》（哲學社會科學版），1984 年，第 4 期，頁 19-24。

[34] 姜國柱：《論李覯的經濟思想》，載《中國文化月刊》，1995 年 10 月，第 192 期，頁 61-73；2002 年，又在《撫州師專學報》2002 年第 4 期發表同題論文一篇。

[35] 陳國鈞：《李覯哲學思想簡論》，載《江西師範大學學報》（哲學社會科學版），1983 年，第 4 期，頁 82-89。

[36] 陳國鈞：《簡論李覯的政治思想》，載《江西師範大學學報》（哲學社會科學版），1985 年，第 2 期，頁 60-65。

[37] 陳國鈞：《李覯及其哲學思想》，載《江西師範大學學報》（哲學社會科學版）1995 年，第 2 期，頁 3-7。

[38] 曹德本：《李覯的功利主義思想及其哲學基礎》，載《吉林大學社會科學學報》1986 年，第 6 期，第 40 頁。

[39] 羅伽祿先生後來還發表了《李覯的詩歌》、《鳳凰山下鵁鶄啼》、《淺論李覯的賦》、《略論李覯的人格精神》（與周世泉合作）、《李覯的教育思想簡論》、《李覯實學對其文學思想的影響》、《李覯文學思想及名作淺論》、《李覯農業思想簡論》等論文，參與編寫了《盱江先生李覯》，並於 2010 年出版了《北宋名儒李覯》一書，見下文介紹。

[40] 傅勝國、羅伽祿：《李覯的禮》，載《撫州師專學報》，1990 年，第 1 期，頁 2-2。

[41] 余敦康：《李覯的〈易論〉》，載《孔子研究》，1994 年，第 2 期（總第 34 期），頁 77-86，後收入。

[42] 賴井洋：《李覯哲學的辯證法思想淺議》，《求索》，1998 年，第 1 期，頁 80-85；賴井洋：《李覯禮論思想的哲學思考》，《韶關大學學報》（社會科學版），1998 年 8 月，第 4 期，頁 18-22；趙軍政、張斌、賴井洋：《李覯與荀子禮論的異同》，《漢中師範學院學報》（社會科學版），2000 年，第 1 期（總第 61 期），頁 26-30；賴井洋、張斌：《李覯經濟倫理思想初探》，《山東科技大學學報》（社會科學版）2000 年，第 2 卷第 4 期，頁 3-41；賴井洋：《余靖與李覯的變革思想初探》，《韶關大學學報》（社會科學版），2000 年，第 6 期，頁 10-17；賴井洋：《李覯平土思想簡論》，《韶關學院學報》（社會科學版），2004 年，第 5 期，頁 59-61；賴井洋：《簡論李覯的氣本源說》，《韶關學院學報》（社會科學版），2004 年，第 11 期，頁 70-72；賴井洋：《李覯功利主義思想簡論》，《韶關學院學報》（社會科

學版），2005 年，第 8 期，頁 26-29；賴井洋：《李覯的認識論思想初探》，《陝西理工學院學報》（社會科學版），2005 年，第 3 期，頁 30-32；賴井洋：《試析李覯的倫理思想》，《韶關學院學報》（社會科學版）2006 年第 5 期，頁 54-58；賴井洋：《試論李覯的重農思想》，《韶關學院學報》（社會科學版），2007 年，第 2 期，頁 97-100；賴井洋：《略論李覯的富民思想》，《紀念李覯誕辰一千周年學術研討會論文集》，2009 年 11 月，頁 78-83。

[43] 鄭曉江：《論李覯的人生觀與人生踐履》，《撫州師專學報》，2002 年，第 4 期，頁 22-32；鄭曉江：《「一個不曾得君行道的王安石」——解讀平民思想家李覯》，《尋根》，2003 年，第 1 期，頁 55-59；鄭曉江：《李覯生死觀探微》，《江西社會科學》，2002 年，第 10 期李覯研究，頁 13-17。

[44] 鄭曉江：《草民思想家李覯的不朽之路》，載《北宋名儒李覯》，江西人民出版社，2010 年版，第 6 頁。

[45] 賴功歐：《一代通儒李覯論》，《撫州師專學報》，2002 年，第 4 期，頁 50-54。

[46] 顧厚順、吳小龍：《李覯對中國傳統哲學「道」範疇的繼承和發展》，《撫州師專學報》，2002 年，第 4 期，頁 73-75；另見於《江西省撫州市社科聯論文集（2002-2003）教育文化類》，2003 年出版。

[47] 夏微：《李覯〈周禮〉學述論》，載《史學月刊》，2008 年，第 5 期，頁 129-132。

[48] 饒國賓：《師古以用今：李覯對儒家經典的解讀》，載《江西社會科學》，2008 年，第 7 期，52-57。

[49] 劉越峰：《論李覯以人為本的經學思想》，載《求索》，2008 年，第 7 期，頁 58-61。

[50] 王國軒：《李覯集〈前言〉》，《李覯集》，第 1 頁。

[51] 諸橋轍次：《儒學史上に於ける李泰伯の特殊地位》，載於《斯文》，大正 15 年（1926 年），第 8 編第 7 號，東京：斯文會出版，第 2 頁。

[52] 市川安市：《朱子文集に見ぇる李覯常語について——宋儒孟子觀の一斑》，《東京支那學報》，東京：東京支那學會，昭和 30 年（1955 年）6 月，第 192 頁。

[53] 本田濟：《李覯について》，《石濱先生古稀記念東洋學論叢》，京都：大寶印刷，昭和 33 年（1958 年）11 月出版，第 516 頁。

[54] 謝善元：《李覯之生平及思想》，北京：中華書局，1988 年版，第 1 頁

[55] 小口彥太：《李覯の思想の一側面》

[56] 謝善元：《李覯之生平及思想》，北京：中華書局，1988 年版，第 13 頁。

[57] 謝善元：《李覯之生平及思想》，第 39 頁。

[58] 謝善元：《李覯之生平及思想》，第 94 頁。

[59] 謝善元：《李覯之生平及思想》，第 12 頁。

[60] 謝善元：《李覯之生平及思想》，第 14 頁。

[61] 謝善元：《李覯之生平及思想》，序言第 4 頁。

[62] 姜國柱：《李覯評傳》，南京：南京大學出版社，1996 年版，第 47 頁。

[63] 姜國柱：《李覯評傳》，第 96 頁。

[64] 姜國柱：《李覯評傳》，第 98 頁。

[65] 金霞：《李覯的經世思想研究》，南開大學，2008 年，第 19 頁。

[66] 這三個人在思想方面的聯繫，胡適、蕭公權、夏長樸諸先生皆有論述。

[67] 楊幼炯：《中國政治思想史》，上海：上海書店，1984 年版，第 237 頁。

[68] 蕭公權：《中國政治思想史》，沈陽：遼寧教育出版社，1998 年版，第 417 頁。

[69] 呂振羽：《中國政治思想史》，北京：人民出版社，1949 年版。

[70] 薩孟武：《中國政治思想史》，臺北：三民書局，1979 年版，第 390 頁。

[71] 陳植鍔：《北宋文化史述論》，北京：中國社會科學院出版社，1992 年版，第 205 頁。

[72] 陳植鍔：《北宋文化史述論》，第 341 頁。

[73] 漆俠：《宋學的發展與演變》，石家莊：河北人民出版社，2002 年版，第 263 頁。

[74] 漆俠：《宋學的發展與演變》，第 273 頁。

[75] 韋政通：《中國思想史方法論文選集》，上海：上海人民出版社，2009 年版，序言第 8 頁。

[76] 勞思光：《新編中國哲學史》，桂林：廣西師範大學出版社，2005 年版，第一卷第 5 頁。

[77] 李弘祺：《試論思想史的歷史研究》，載康樂、彭明輝主編《史學方法與歷史解釋》，中國大百科全書出版社，2005 年版，第 135 頁。

[78] 馮友蘭：《中國哲學史》（上），第 25 頁。

[79] 馮友蘭：《中國哲學史》（上），載《三松堂全集》（第二卷），鄭州：河南人民出版社，1989 年版，第 25 頁。

[80] 陳寅恪：《馮友蘭〈中國哲學史〉上冊審查報告》，載《三松堂全集》（第二卷），鄭州：河南人民出版社，1989 年版，第 618 頁。

[81] 勞思光先生對胡著的批評更嚴厲，指出他的重點在考據，僅以常識解說前人的理論，既無哲學方法，也無哲學思想，是「『諸子雜考』一類的考證之作」他評價馮著是一部哲學史，但還不是一部成功的哲學史。其原因在於，「馮氏不大了解中國哲學的特質所在」見勞思光：《新編中國哲學史》，桂林：廣西師範大學出版社，2005 年版，第一卷第 2、3 頁

[82] 金嶽霖：《馮友蘭〈中國哲學史〉上冊審查報告》，載《三松堂全集》（第二卷），鄭州：河南人民出版社，1989 年版，第 618 頁。

[83] 金嶽霖：《馮友蘭〈中國哲學史〉上冊審查報告》，第 618 頁。

[84] 金嶽霖：《馮友蘭〈中國哲學史〉上冊審查報告》，第 619 頁。

[85] 金嶽霖：《馮友蘭〈中國哲學史〉上冊審查報告》，第 616 頁。

[86] 勞思光：《新編中國哲學史》，第一卷第 6 頁。

[87] 勞思光：《新編中國哲學史》，第一卷第 7 頁。

[88] 張岱年：《中國哲學大綱》，北京：中國社會科學出版社，1982 年版，《新序》第 6 頁。

[89] 謝善元：《李覯之思想與生平》，北京：中華書局，1987 年版，序言第 4 頁。

[90] 參見韋政通：《中國思想史》，長春：吉林出版集團有限公司，2009 年版，第 4-7 頁。

[91] 李弘祺：《試論思想史的歷史研究》，載康樂、彭明輝主編《史學方法與歷史解釋》，中國大百科全書出版社，2005 年版，第 134 頁。

[92] 李弘祺：《試論思想史的歷史研究》，第 134 頁。

[93] 李弘祺：《試論思想史的歷史研究》，第 140-141 頁。

[94] 參見袁方、王漢生：《社會研究方法教程》，北京：北京大學出版社，1997 年版，第 138 頁。

[95] 李覯：《上宋舍人書》，《李覯集》，第 291 頁。

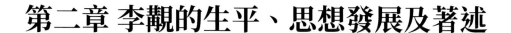

第二章 李覯的生平、思想發展及著述

▌第一節 李覯的生平

李覯生於宋真宗大中祥符二年（公元一〇〇九年），卒於宋仁宗嘉祐四年（公元一〇五九年），北宋建昌軍南城（今江西省資溪縣[1]）人。因他曾創辦盱江書院講學，所以後人亦稱他「盱江先生」。

由於文集保存較好，李覯的生平比較清楚。本文根據《年譜》以及近人多部研究李覯的專著，對李覯的生平作一簡要概括。為方便敘述，將李覯的生平分為以下幾個時段。

一、少年求學

據現存的多部李氏族譜記載，李覯家族的遠祖可上溯到唐高祖李淵，並與南唐王室有一定的聯繫[2]。但此事於史無徵，李覯本人也不曾提及。他只是在一些文章裡隱約暗示祖先曾有過榮耀，如在《上慎殿丞書》裡，他說：

竊念覯郡之衣冠家也，數十年來，祿稟中絕。[3]

但即使祖上確實曾有過富貴，到李覯出生時，他的家庭也已經是真正的農民家庭了。如他在給朝廷的《授官表》中說：

伏念臣生長荒陬，世家寒士，徒際恢儒之運，謬懷榮古之心。[4]

李覯在《疑仙賦》序言中記錄了這樣一件事：十多歲時他跟著父親到農田勞作，有一次在田間睡覺，夢見有人送給他一本《王狀元文集》。這件事也從一個側面說明了他的家庭境況。與普通農民家庭稍顯不同的是，李覯的家裡有一些藏書，使他能夠「始數歲，竊習其家書，見晁、董、公孫之對問決科」[5]。須知在那個時代，圖書印刷尚未普及，私人藏書是一件很了不起的事，更何況在僻遠的山區。他的父親也有一定的教育程度，他說過：

先君嘗學，不應舉，以教其子作詩賦，亦樂施惠。尤直信，生平無所爭，不識州縣廷。[6]

從這裡我們倒也能感受到一點破落世家的氣象。在李覯出生之前，他有兩個哥哥夭折了 [7]。他的父母自然十分渴望他的出生，因此「凡有可禱，無不至」。終於，母親在做了一個道士授棋子的夢後，生下了李覯。

李覯自幼喜歡讀書，並且非常勤奮。在《上蘇祠部書》裡他稱自己自幼好學，在六七歲時，「調聲韻，習字書，勉勉不忘」。在《上余監丞書》裡又說自己「十歲知聲律，十二近文章」。看來李覯讀書成績不錯。

李覯十四歲（乾興二年，公元一〇二二年）時，父親不幸去世，這使得李覯的家庭陷入了困境。在《先夫人墓誌》裡他寫道：

> 是時家破貧甚，屏居山中，去城百里。

從此處的「屏居」一詞推測，李覯的家本在南城郊外，但此時孤兒寡母，生活難以為繼，於是遷回離南城百里的老家居住 [8]。在山區的老家，他們母子生活依然拮据。他們擁有「水田裁二三畝，其餘高陸，故常不食者」。幸虧他的母親很能幹，他回憶母親：

> 募僮客燒薙耕耨，與同其利。晝閱農事，夜治女工。斥賣所作，以佐財用。蠶月蓋未嘗寢，勤苦竭盡，以免凍餒。[9]

這樣，靠著母親的辛勤操勞，李覯得以專心讀書，並於十七歲時出遊訪學。李覯出門遊學估計走得不是很遠，應該就在今天的黎川一帶。黎川古有赤溪風月亭，據傳是李覯讀書處。雖不盡可靠，當非空穴來風。

李覯的遊學生涯持續到二十一歲。天聖八年（公元一〇三〇年），他回老家娶妻陳氏，並開始謀求入仕。

二、坎坷不遇

接下來的十三年左右的時間，李覯都在為進入仕途而奔波。今人多感慨李覯之不遇，但細考當時的制度，則可發現李覯之不遇，不能全怪當局，亦與他的個人性格及決策有關。從一開始，他就選擇了一條不太順利的道路。

宋初的取士，主要透過進士和諸科。不僅錄取名額多，考試科目也很廣泛。考試面向全社會開放，判卷、錄取制度較為公正。對於那些屢試不第者，還設有專門

的恩科以安撫。宋代科舉並未像明清那樣流為八股,成為扼殺才智的工具。宋代著名學者,包括李覯所崇敬的范仲淹、富弼、余靖、葉清臣等人,都是透過這個管道走上仕途的。以李覯的才學,應該不難考取功名的。

但李覯卻對進士考試有很深的成見,這或許與他早年讀書經歷有關。上文已述,他小時候曾經讀過漢人「晁、董、公孫之對問決科」,認為他們的文章是「發天人之祕,而彌縫國家之務」,只有透過這樣的對問才能選到真正的人才。他看不起進士和諸科,認為那些科場得意者所作的文章「誠皆聲病靡靡之文而已」。

在他十六歲(天聖三年,公元一〇二四年)那年,葉清臣參加進士考試,因為策論寫得非常好而被擢為第二,一時名動天下,因此李覯對葉清臣很是敬佩。

李覯希望參加所謂的「制舉」考試,因此沒有參加過進士、諸科考試。制舉考試設立於宋太祖時代,考試「無常科」,也不定期舉行。太祖設立制舉考試的初衷是怕正常的科舉考試遺漏了特殊人才,所以皇帝本人經常親自主持考試。乾德初年,太祖讓地方官舉薦人才參加制舉考試,無人應詔。後來考慮到地方官發現人才不力,特允許士子到朝廷自薦。乾德四年,有司舉薦了兩個人,但面試時發現其人「詞理疏闊,不應所問,賜酒饌宴勞而遣之」[10]。後來還舉行過幾次這樣的考試,看來結果不甚理想,所以就不再舉行了。

仁宗即位後,於天聖七年(公元一〇二九年)重新設立制舉考試,設立賢良方正等六科以待京、朝之被舉者;設立書判拔萃科以待選人(即參加過進士諸科考試的低級地方官)應考;還設立「高蹈丘園科、沉淪草澤科,茂才異等科以待布衣之被舉者」。這種考試取人不多,因此名望很高,提拔也快。曲江(今廣東韶關)人余靖便是先登進士第,又於天聖八年(公元一〇三〇年)通過了書判拔萃科制舉,並於當年被任命為新建縣令。

余靖的成功對李覯應有所影響,至少堅定了他參加制舉考試的決心。但普通百姓參加這種考試,首先要得到地方官員的推舉。因此余靖到了新建縣任上的當年,李覯就奔波四百里,求見余靖。他把自己的文章集為一冊,希望得到余靖的賞識和推薦。當時余靖並沒有做出特別的反應,但他後來成為了李覯的朋友,並曾向朝廷舉薦過李覯。

第二年（天聖九年，公元一○三一年），李覯又求見本縣的孫知縣，把自己撰寫的《潛書》呈給對方，但孫知縣沒有做出反應。之後的幾年他都在家裡讀書、寫作，等待朝廷的制舉考試。可能是訊息蔽塞的原因，他沒有參加公元一○三四年的制舉考試（這次錄取的是蘇紳、吳育、張方平）。蘇紳也是先中進士，後通過制舉考試的，以祠部員外被任命為洪州（今江西）通判。

景祐二年（公元一○三五年），李覯求見過蘇紳，但蘇紳也不曾作出反應。景祐三年（公元一○三六年），李覯聽說那年秋天朝廷會在京城舉行一次貢舉考試。由於在地方上沒有人願意舉薦，他就趕到京城，認為「京師忠賢所萃，策試亡私，奔走西鄉，將覬覦其萬一」，希望得到京官的舉薦。但來到京城，「未及弛擔，而貢舉已罷矣」[11]，很是失望（其實這年三月朝廷就已經「詔權停貢舉」[12]，可能他未能及時得到消息，來到京城才聽說）。在京城，他又投書（附自己的著作）給聶冠卿、葉清臣、李淑、宋庠四位官員。葉清臣看了李覯的文章，回覆了一首詩以示表彰，另外三位看來沒有什麼回應。

此外，朝廷在景祐元年（公元一○三四年）推出了有關制舉考試的新規定，即「進士諸科取解而被黜落者，毋得復應茂才異等三科」[13]。就是說，連鄉試（即發解試）都沒有通過的人，不允許參加制舉考試。或許李覯到了京城後才知道此事，因此回鄉後他便參加了一次鄉試（具體時間不詳）。不過這次鄉試他落第了，「彷徨而歸，又黜鄉舉」[14]。

景祐四年（公元一○三七年），李覯帶著他的作品去拜訪被貶到饒州（治所在今鄱陽縣）的范仲淹。李覯在京城時，范仲淹恰因「景祐黨爭」被貶到饒州，因此未能拜訪。這次李覯去饒州拜訪，給他看了《明堂定制圖序》、《潛書》、《野記》、《禮論》等作品[15]。

李覯的才華給范仲淹留下了良好印象。寶元元年（公元一○三八年）正月，范仲淹到潤州任職，興建州學，邀請李覯去潤州執教。但范仲淹旋又改任知越州（今浙江紹興），此事未果[16]。

寶元二年（公元一○三九年）三月，范仲淹到了越州任上。十月份，他又寫信邀李覯去越州講學。是年冬天，李覯應邀到了越州[17]，還寫有《登越山》一詩。在

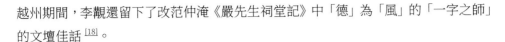

越州期間，李覯還留下了改范仲淹《嚴先生祠堂記》中「德」為「風」的「一字之師」的文壇佳話[18]。

李覯也沒在越州任教，因為次年（公元一〇四〇年）三月，范仲淹又接到知永興郡的任命。李覯回家後，求見過當時以職方員外郎知建昌軍的江鎬。此時已是寶元三年（公元一〇四〇年）。就在這一年，李覯的兒子參魯出生了。此前，他已有一個女兒，不過不能確定何時出生。

康定二年（公元一〇四一年，後改元慶曆，李覯三十三歲）春，李覯拜訪知郡慎鉞，並和他建立了良好的關係，兩人曾寫詩唱和。夏六月，慎鉞建了一個亭子，李覯還為此亭寫了一篇記。因此這年冬天，李覯得到郡裡的推薦（據謝善元先生推測，此期間李覯應該又參加了一次鄉試並通過），到京城去參加次年的制舉考試，應茂才異等科。在等待考試期間，李覯帶著自己的文章求見過吳育、王堯臣、富弼、劉沆等人。慶曆二年（公元一〇四二年）春，祖無擇登門拜訪李覯，兩個人開始了持續多年的友誼。

李覯一直在京城等到慶曆二年八月，制舉考試才開始。制舉考試有三個環節，先是由禮部根據策論判定參加制舉的資格，其次祕閣進行考查，最後才是參加殿試。由於李覯的策論文理俱優，被禮部評為所有赴考制舉科的士子中最優秀者，順利進入祕閣考核環節。

但就在祕閣主持的資格考核中，他卻失敗了。究其原因，在於祕閣考查的是經典中的細節問題。李覯讀書一向都從大處著眼，不甚關注細節，因此他不願參加進士和諸科考試，寧願等待機會較少的制舉考試。但制舉考試仍然有考查記誦的環節，這使得李覯對科舉考試徹底失望了。他決定不再參加任何考試，而要憑學術上的成就造就自己的名聲。

李覯參加考試的時代，正是宋代科舉考試醞釀重大改革的前夜。由於歷史的沿習，宋初的進士考試兼考詩、賦、論、策、帖經、墨義，而且詩、賦占的分量比較大。李覯看重、擅長的是策論，因此很瞧不起進士考試。他有些盲目地寄希望於制舉考試。而以策論定高下的考試要到十幾年後才開始，從這個角度說，李覯有些生不逢時。

其實李覯並非不能詩，他的詩寫得還不錯。他也會作賦。他完全可以先通過進士考試，再參加制舉，余靖、蘇紳都是這樣走的。即使不參加制舉，透過普通的進士、諸科考試走上仕途，也不影響他實現抱負，如范仲淹、歐陽脩都是透過登進士第走上仕途的。制舉失敗後，他改考進士、諸科，年齡也不算大，如曾鞏就是到了三十九歲（公元一○五二年）才登第的。儘管不能說他改考進士就一定能考中，但李覯就此決定徹底退出科舉考試，這個決策總是有些過激了。

由此可見，李覯的性格中存在一些偏執、自傲的成分。以今人的眼光看，對他的坎坷遭際，李覯自己也是要負一些責任的。

三、退居生涯

回到家鄉後，李覯整理了自己以前的文章兩百三十五首，編訂為十二卷，名曰「退居類稿」，並請祖無擇為之作序，算是對自己以前著述生涯的一個總結[19]。

慶曆三年（公元一○四三年）八月，范仲淹、富弼等改革派官員當政，開始推動改革，史稱「慶曆新政」。此時朝野氣象一新。受這種形勢的感染，李覯也寫下《慶曆民言》來表達對時政的看法。不幸這年冬天李覯全家染上了瘟疫，雖然沒有人過世，但肯定給李覯的個人生活造成不小的麻煩，所以直到次年（公元一○四四年）六月，李覯才得以寫信給范仲淹、富弼，向他們陳述自己的見解，並把《慶曆民言》寄上。

慶曆四年（公元一○四四年）三月，朝廷詔令州縣皆立學，南城也奉詔建學[20]，知郡請李覯去主持講學。看起來李覯的退居生涯有一個不錯的開局，但此後李覯的生活境況就開始下落，生活上的不幸接連不斷。這年年底，李覯遭受了一次牢獄之災。事情起因是這樣的：當地有一個叫鄒子房的人，拿著一份御藥院裡的文書到處招搖撞騙，地方官員都信以為真。李覯上書知諫院蔡襄，檢舉了鄒。在進行調查期間，鄒子房反咬李覯一口。地方官一時查不清真相，就把李覯和鄒一起關進牢房待審。二十天後李覯被放出來，但這一段牢獄之災對李覯產生了很大的衝擊。或許自覺無顏，他索性辭掉教職，居家不出，徹底改以務農為生。在《寄祖祕丞》詩裡他寫道：篋書歸敝廬，戸門任蕪穢。去年仲夏後，盛暑若火熾。郊園有餘爽，蔬果聊可嗜。時復觀田疇，畢力奉耕耘。[21]

生活的不幸還沒結束。慶曆七年（公元一〇四七年），和李覯相伴十七年的妻子陳氏病故（髮妻逝後，李覯再娶饒氏，具體時間則不可考）；一年後（公元一〇四八年），年僅六歲的次女又去世了。皇祐三年（公元一〇五一年），其母鄭氏也與世長辭了[22]。

總之，李覯的退居生活很不如意。但經過了一度的消沉後，他在十幾年時間裡慘淡慘澹地經營著自己的影響力，最終引起了朝廷的注意。

與當世名公的交遊是他名氣擴大的一個重要途徑，其重要性不亞於他的講學。李覯一直與朋友們保持書信來往，他對時世的關注和意見就是透過他的朋友們傳播出去的，這些朋友包括范仲淹、富弼、孫沔、余靖、祖無擇等。這一時期他寫了許多唱和、應酬之作（寫得最好的是《袁州學記》，還被清人選入《古文觀止》），也在適當的時候出遊訪友（公元一〇四六年遊弋陽，一〇四七年他入閩訪蔡襄，一〇五〇年遊杭州訪范仲淹，一〇五四年遊袁州訪祖無擇）。

余靖、范仲淹先後三次（范薦了兩次）向朝廷推薦他。范仲淹第二次向朝廷推薦李覯是在皇祐二年（公元一〇五〇年），這一次成功了。當時朝廷準備在秋季舉行一個儀式，涉及明堂的製作問題。李覯早年對明堂的考證解決了這個問題，因此朝廷賜給李覯一個將仕郎、試太學助教的官銜，相當於九品官階。儘管官階不高，但改變了李覯的賦稅地位，「不離鄉井，已脫民編」[23]，「稍殊編戶，便可安居」[24]，對他的日常生活是有幫助的。

李覯獲得名聲的另一個管道就是講學。上文已述，李覯遭牢獄之災後，一氣之下辭去教職。但什麼時候他又重執教鞭，並創辦盱江書院，則不可考。謝善元先生推測是在被授予太學助教的官銜之後。重要的是，他的教學成績不錯。皇祐五年（公元一〇五三年），他的門人陳次山、孫立節同登進士第（此前此後還有其他門人登第）。

四、壯志未酬

執教多年，李覯成為當時著名的教師，據說門人累計達千餘人。嘉祐二年（公元一〇五七年），國子監向朝廷推薦他時，對他的評價是：

養道丘壑，聚徒教授。南方士流，皆宗師之。[25]

朝廷接受了國子監的推薦，於當年（公元一〇五七年）詔令李覯出任太學說書，赴太學供職。李覯到任後甚是勤勉，「孜孜渠渠，務恪厥守」，第二年便被授予了一個八品官階（通州海門縣主簿，太學說書如故）。

嘉祐四年（公元一〇五九年）初，太學的主管胡瑗因病請辭，朝廷「差李覯權同管幹太學」[26]。夏天，李覯請假回家為祖母遷墳，不料到家一個半月，竟染病不起，抱恨離世了。臨終時，以《明堂定制圖》托弟子陳次公，又以《三禮論》未成為恨。

李覯出身貧寒，少年喪父，早年生活淒苦。但他立有大志，潛心向學，令人欽佩。如能像范仲淹、歐陽脩那樣，透過普通的科舉考試走上仕途，施展抱負，那將是宋代文人的另一段佳話。只是由於性格上的偏激、孤傲，和一定程度的生不逢時，他一生絕大多數的時間都未能脫離底層社會，無法實現自己的志向，這不能不說是一大憾事。

在退居之後，儘管生活遭際坎坷，他仍胸懷天下，縱議時政，最終以平民學者的身分被最高當局認可，並受命主政太學，這是他的成功之處。筆者認為，李覯最大的遺憾是在他剛有時間和精力潛心撰述時便猝然離世，年僅五十一歲（周年五十歲）。

▌第二節 李覯的思想發展

前文已敘，要想全面了解一個思想家，我們既要有共時性的視角，也要有歷時性的視角。本文總體上是以共時性的視角對李覯思想進行的系統闡發。但同任何一個思想家一樣，李覯的思想也不是一下子就完成的，也有其發生、發展的過程。在進行系統地闡述前，我們有必要以時間為線索，探尋一下他的思想發展的軌跡，以避免為追求思想的嚴整而不得不削減其思想的情況，也可以對思想家前後抵牾之處有個合理的解釋。

為方便敘述，筆者將李覯的思想發展劃分為三個階段。一般來說，思想的形成和演變與思想家本人的生活經歷有著密不可分的聯繫，但生活對思想的影響也不是立竿見影、如影隨形的。因此本節對李覯思想發展階段的劃分，與上節生活階段的劃分並不完全一致；不過各階段之間的思想也不是截然分開的，只是在有些方面體現出不同的特色。

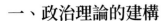

一、政治理論的建構

　　李覯思想發展的第一階段是三十歲之前。在這一時期，李覯以儒家經典為依據，構建起了自己的政治理論體系，並初步形成了一些社會政治主張，可以說是純理論建設階段。主要作品是《潛書》、《禮論》、《平土書》、《廣潛書》等。

　　我們可以看到的李覯最早的文字，是寫於公元一〇三〇年的《上余監丞書》。據這封信，他當時已經寫有一組九十五首約一萬餘字的文章。可能這些文章確實不夠成熟，余靖沒有表現出很大熱情，李覯自己也沒有將這些文字保存下來。今天我們無從知曉其內容，不過次年（公元一〇三一年）他寫的《潛書》很有可能就是由這些文字提煉而來。

　　《潛書》是由十五篇短文組成的一篇文章。在《潛書》中，李覯簡潔地表達了他的一些主張，包括：

　　以井地、均田解決農民貧困的問題。由於農民不占有土地，收獲的物品都為土地所有者所得，因此「天下無廢田」而農民「耕不免饑」、「蠶不得衣」。解決這個問題的辦法只能是井地、均田：

　　井地立則田均，田均則耕者得食，食足則蠶者得衣。[27]

　　反對佛教。在《潛書》中有三篇是批評佛教的。他指責佛教的理由包括：不事生產而耗民之糧，雖不殺生卻使人民「絕其類」，實是偽仁；佛教讓人出家，是不孝、不忠；有罪之人出錢興建廟宇、供養僧人可得善報，則是與受賄枉法無異。

　　民本主張。李覯認為，「母以有子而尊，君以有民而貴。無子無民，母出君滅」。君之「貴」源於民，君必須愛民，「倚君之貴而不能愛民，國之喪王也」。由此君主應當修德，以德治國，即「聖人簡役而輕賦，喜德而憚刑」。[28]

　　《潛書》還對惡吏、苛政進行了批判。這些觀念，在他以後著作中又得到了進一步的展開。在《潛書》的末段，李覯感慨：

　　孔子之言滿天地，孔子之道未嘗行。[29]

　　隱然表達了以宣揚孔子之道為己任的抱負。《潛書》還只是零散地表達了他的一些社會政治主張，不成體系。次年（公元一〇三二年）寫下的《禮論》七篇，則系統地表達了他心目中理想社會政治的模式。

　　李覯的政治思想的總綱領是「一本於禮」。不過李覯所說的「禮」與他以前的儒家傳統中的「禮」的概念有所不同。李覯把「禮」作為最高概念，涵攝了社會生活的各個方面：

　　飲食，衣服，宮室，器皿，夫婦，父子，長幼，君臣，上下，師友，賓客，死喪，祭祀，禮之本也。曰樂，曰政，曰刑，禮之支也。而刑者，又政之屬矣。曰仁，曰義，曰智，曰信，禮之別名也。是七者，蓋皆禮矣。[30]

　　舉凡中國傳統文化的基本要素如器物、倫理、制度，都是禮的內容。因此他認為：

　　夫禮，人道之準，世教之主也。聖人之所以治天下國家，修身正心，無他，一於禮而。[31]

　　李覯追溯了禮的產生，認為禮產生於人的基本需求：

　　夫禮之初，順人之性欲而為之節文者也。[32]

　　他設想，在人類社會的原初狀態中，人們飽受饑渴、寒暑的侵害。「聖王」出現後，先是創造了各種生活必需的器物，免除人們遭受的自然苦難；然後規定了各種人倫關係，使得人們能夠和諧相處；最後，為保證這些文明的成果，聖王規定了各種具體的禮儀、制度。這樣，李覯以禮對傳統儒家（在他以前）的基本概念進行了整合：樂、政、刑被認為是禮的三支，「仁、義、智、信」則是禮的別名。

　　禮是儒家思想的主要內容之一。不過自孔子以降，只有荀子對禮給予了特別關注。但荀子並沒有像李覯這樣賦予禮以至高無上地位和無所不包的內涵。應該說，對禮的闡發是李覯的一大創造。李覯對此也頗為自負，他在回答假設的有人質問他的解釋是否符合先儒之意時說，「以予度之，先儒之意，當若是也」，如果先儒之言與此不同，則「皆不知禮而妄言也」[33]。

　　《禮論》還對傳統儒家的一些重要的命題表達了自己的看法。在人性論的問題，李覯支持韓愈的性三品說；在王霸之辨的問題上，李覯站在王道的立場上反對霸道，貶低漢、唐，這和他以後的主張有所不同；在經與權的問題上，李覯認為這是個偽命題，因為禮本身就包含了經和權兩個方面；他還否定了傳統的「禮不下庶人」的看法，認為「無一物不以禮」，只是具體實行的層面上，根據貧富不均對社會上層和庶人分別做出規定而已。

在《禮論》的序言中，李覯說自己寫此書的目的是：

崇先聖之遺制，攻後世之乖闕。[34]

就是說，他要發掘先聖的政治理念，作為救治時弊的標準。從解釋學的角度看，經典文本的解讀其實是解讀者的再創造。《禮論》是李覯利用傳統儒家的思想材料構建起的一套獨具特色的政治哲學，因此謝善元先生認為這組文章是李覯作為思想家寫的最有創造性的作品。

公元一〇三六年，李覯寫了《明堂定制圖並序》、《平土書》等作品。《明堂定制圖並序》是李覯對與禮制有關的建築「明堂」的考據，與本文所述的思想無多大關係。不過正是此文改變了李覯的生活：李覯平生寫了許多被譽為「醫國之書」的著作，都沒能引起朝廷的重視，反倒是這篇文章在無意間使得朝廷注意到了他。李覯本人也頗為重視此文（不知是否因為這個原因），臨死時以之托付給弟子。

《平土書》是李覯研究《周禮》的成果，也是他以儒家經典為依據對《潛書》中井地、均田主張的進一步闡發。關於《平土書》的寫作宗旨，李覯在序中指出：

生民之道食為大，……食不足，心不常，雖有禮義，民不可得而教也。堯舜復起，末如之何矣！故平土之法，聖人先之。……古之行王政必自此始。[35]

西元一〇三八年，李覯（三十歲）寫了《廣潛書》一文，也是由十五篇短文組成，作為《潛書》的續篇。對佛教的抨擊仍是這部分的重要內容，也有感慨世風不古、人不從道之作，以及關於禮、教育等內容的討論。

這一階段，李覯主要是以一個純粹的理論家的身分從事著述。他進行政治理論建構的材料主要是儒家經典而非社會現實。儘管其著述不可避免地要涉及現實問題，但對現實的認識基本上停留在泛泛而論的水平上，因而其理論中的道德理想主義色彩濃厚。謝善元先生認為，三十歲前是李覯的思想發展史中最具光彩的時段。寫完《平土書》後，他最富創造性的思考就接近尾聲了。

二、關注現實，呼籲改革

三十一歲（公元一〇三九年）到三十六歲（公元一〇四四年）之間可以算作李覯思想發展的第二階段。這一時期，李覯對現實的關注超過了對理論思辨的興趣，對社會的深刻憂慮和對改革的強烈呼籲是這時期作品的基調。這期間他的作品主要

有《易論》十三篇、《富國》、《強兵》、《安民》三策三十篇、《慶曆民言》、《周禮致太平論》五十一篇等，另外有一部分書信也包含了他的一些政治主張。

關於李覯的思想轉變，謝善元先生認為，公元一○三八年底西夏叛宋以及此後宋朝的一系列失敗帶給李覯強烈的刺激，使得他開始關注現實，並接受法家的一些政治主張：

作為一個關心國家前途的學者，李覯一定也急切地盼望宋朝能打勝仗。……

他現在比較現實，他對接受法家的「強硬、有力統御論」說法毫不感到猶豫。[36]

筆者認為，除了現實危機的刺激，李覯和范仲淹的交往對他思想轉向的促進作用不可忽視，甚至更重要，也更早些（兩人第一次見面是在公元一○三七年，西夏叛宋之前）。

范仲淹是一個有著強烈憂患意識的人，素以天下為己任，《宋史·范仲淹傳》說他「每感激論天下事，奮不顧身」。李覯第一次去拜訪他，是在饒州任上時。這是范仲淹作為朝廷中傾向於改革的少壯派代表，與保守勢力的代表老臣呂夷簡第一次交手的結果。此外，范仲淹學識淵博，「泛通六經，長於《易》，學者多從質問，為執經講解，亡所倦」。范仲淹的人格魅力折服了李覯。此後的三年間，范仲淹又遷潤州、再遷越州，李覯一直都和他保持聯繫，直到公元一○四○年范仲淹被調往西北邊疆主持防衛工作。這些對於我們確定李覯另一部重要作品《易論》的寫作時間或許有所幫助。

《易論》是李覯最重要的作品之一。他堅持王弼以義理解《易》的主張，認為《易》是聖人用以教導眾人的著作，萬事之理都包含其中。他以王弼的注為依據，闡發了為君、為臣、修身、齊家、治國的道理，也探討了天命等哲學問題。

不過《易論》作品本身和《年譜》都沒有留下足夠的線索讓後人確定其具體的寫作時間。我們只能從公元一○三六年、一○三七年他寫的幾封信中推斷，在他見到范仲淹之前此書尚未寫成。而寫於三十九歲時（公元一○四七年）的《刪定易圖序論》提到《易論》時，稱「嘗著《易論》十三篇」，說明早已經寫完了。前後跨度達十年，未免過於寬泛。而且以李覯的學識，寫這樣一部不太長的《易論》，實在不需要十幾年時間。謝善元先生分析了李覯這幾年的活動，將其寫作時間定為公

元一〇三九年，理由是只有這一年李覯才有時間寫作。筆者認為，定位這麼準確可能有些冒險。但如果說《易論》寫成於與范仲淹交往的這幾年內，應該是可以的。

對改革的籲求（「救弊之術，莫大乎通變」）和強烈的憂患意識（「作《易》者既有憂患矣，讀《易》者其無憂患乎」）是《易論》的重要內容，這不能不令人聯想到范仲淹的影響。而書中有關君臣遇合的探討也許正是對范仲淹遭際的感喟。從寫作時機上看，在寫於公元一〇三五年的《上蘇祠部書》中李覯說自己「常撮其爻卦，各有部分」[37]，彼時大概已經做好了基本材料的準備，章節都已經安排好（原計畫分十篇），只是沒有動手寫而已。范仲淹是一個易學專家，和范仲淹的交往過程中，李覯不可能不和他交流易學的研究心得。內有憂患感慨，外有良師督促，李覯一氣呵成寫完《易論》是很自然的事。而以後的歲月，不論在時間上還是興趣上，李覯恐怕都沒有這樣好的時機寫成這樣一部需要振作的心境和思維敏捷的頭腦才能完成的作品（關於范仲淹對李覯思想的影響在後文還要詳述）。

《富國》、《強兵》、《安民》三策是李覯為參加公元一〇四二年的制舉考試而作。三策較為全面地闡述了他的政治主張。據《年譜》，這組文章寫於公元一〇三九年。但謝善元先生認為，李覯應寫成於公元一〇四一年。這些文章受到主持考試的官員們的欣賞，因此李覯被列為參加考試人員之首。

《富國策》探討經濟問題。李覯認為，治國必本於財用，治國必先富國，而富國則須強本與節用並重。由此，他列舉了以下諸多方面的政策，如在農業上井地均田以盡地力；限金帛之用；驅工商、佛道、冗吏、方術、聲伎等遊民從事生產；實行平糴之法；立義倉備荒年；禁盜鑄惡錢，禁輸出錢幣，以解決錢荒問題；放開榷茶、榷鹽，「一切通商」。

《強兵策》探討軍事問題。李覯認為：

仁義者，兵之本也；詐力者，兵之末也。[38]

仁義為本，但詐力也不可或缺，都是國家所需。他主張興屯兵以戍邊，建鄉軍以守備，此外還討論了擇將、用將、為將之道，以及兵器、賞罰等問題。

《安民策》討論了社會治理的問題。社會治理的根本目標在於安民，安民的根本在於教化。李覯主張，完善學校以教化民眾；透過學校選拔人才；尊卑有等，用

度有制；君臣協和條理陰陽以消除災害；明法度，慎置吏；謹赦贖；貢賦有常；重農勸農，不誤農時，等等。

制舉考試失敗後，他決定退居，專事著述。退居自然是他生活的一大轉折，但對他的思想、寫作影響不大，因為退居是李覯抱著開創另一番事業的心態做出的主動選擇。

此時范仲淹等改革派官員在朝廷中風雲際會，開始推行慶曆新政。這種形勢也對李覯的精神狀態產生積極影響。因此在退居的頭兩年裡，李覯的精神狀態並不低落，仍然保持著此前的創作狀態和思路。公元一〇四三年，李覯把自己的文章編訂為《退居類稿》，算是對以前的創作的一個總結，還寫下《慶曆民言》和《周禮致太平論》兩組文章。

《慶曆民言》由三十篇短文組成。這組文章多是站在君主的立場，考慮如何執掌政權，治理社會的問題。每篇文章表達一個主題，篇幅不長而論述嚴密，可謂短小精悍，故謝善元先生稱贊其技巧的成熟。

《周禮致太平論》由五十一篇文章組成，分為內治、國用、軍衛、刑禁、官人、教道六個主題。從次序上看，李覯把內治，也就是皇帝的「齊家」作為達至太平的首要任務。而從內容上看，國用即經濟問題是重點，占了十六篇。《周禮致太平論》是李覯對自己多年政治思考的提煉與綜合，因此不僅稍早一些時候完成的《慶曆民言》的許多主題出現在《周禮致太平論》中，許多更早時候的主張也都再現[39]。在寫作手法上，和《易論》一樣，李覯以解釋經典的形式，以經典的相關論述作為自己觀點的佐證。

三、非孟的典型

從三十六歲（公元一〇四四年）直到去世，是李覯思想發展的第三階段。

公元一〇四四年是李覯備受打擊的一年。先是轟轟烈烈的慶曆新政從這年的六月份走向沒落。李覯對范仲淹領導的這次改革寄予了厚望。公元一〇四四年六月他還寫信鼓勵范仲淹改革，並寄去他為新政寫的《慶曆民言》。殊不知就在他寫信的同時范仲淹因為改革進行不下去而離京外任了。等到年底，保守派對改革派的打

擊達到頂峰，改革徹底失敗。而在此時李覯又為鄒子房之事遭受了一場牢獄之災。李覯一氣之下辭去教職回家務農，正體現了他此時的消極和憤世的心境。

這些打擊使得李覯在一個時期內精神狀態低落，這也影響到了他的創作。公元一〇四四年以後，李覯基本上停止了主動的大規模的寫作。這期間他的文章可以分為兩類：一類是應酬性的記、書、序、銘等，有的還寫得很漂亮，如《袁州學記》。另一類則是論戰性的文章，這包括公元一〇四五年的《與胡先生書》，一〇四七年的《禮論後語》和《刪定易圖序論》。雜文中的《原文》一篇，未標明寫於何年，但根據其思想傾向，應該也是這一時期所寫。

《與胡先生書》是他見到胡瑗所做的《原禮篇》後寫的。胡文認為「民之於禮也，猶獸之於圈也、禽之於䋏也、魚之於沼也。豈其所樂哉？勉強而制爾」[40]。胡瑗在這裡表現出把人性與禮義對立的傾向，這自然與李覯一向主張的「禮順人情論」大相悖逆，因此他特地寫信給胡瑗同他辯論。

《禮論後語》是為批駁章望之而寫的。章望之也是當時有名學者，《宋史》說他：

（章望之）喜議論，宗孟軻言性善，排荀卿、揚雄、韓愈、李翶之說，著《救性》七篇。……江南人李覯著《禮論》，謂仁、義、智、信、樂、政、刑皆出於禮，望之訂其說，著《禮論》一篇。[41]

從李覯的回應來看，該文主張「為禮應求諸內」，指責李覯「競逐外」。其實李覯的主張是「有諸內者必出於外，有諸外者必由於內」[42]，禮應內外兼修。有人把這篇《禮論》拿給李覯看，李覯對章望之歪曲他的主張極為憤慨，遂寫下了此文，其中對章望之的批評幾近謾罵。

《刪定易圖序論》是為批駁劉牧所做。李覯寫《易論》十三篇，其主旨是「急乎天下國家之用」[43]，闡明「夫救弊之術，莫大乎通變」[44]。劉牧作《易圖》，則把《周易》的研究引向玄虛一途，這和李覯一向主張的經世致用思路不同。在這一組文章裡，李覯再次闡明了他的義理主張，批判了象數派的主張，也闡發了他關於世界生成的理論。劉牧是孫復的弟子，孫復是當時推崇孟子最力者之一。

一般來說，辯論的結果往往是論者對自己立場的捍衛更加堅定，而對對手的批判會向著更加激進、更加深入的方向發展。由於他的競爭對手都有孟子思想的背景，

屬於「挺孟派」，在經過一系列的辯論後，李覯最終走上了非孟的立場。李覯對孟子的批判體現在他的《常語》中。

在他活著的時候，非孟還不是個大問題。但宋朝以後，孟子逐漸升格為亞聖，非孟就是個嚴重的問題了。明朝的左贊在重刻《盰江集》時，把《常語》刪改為三十一條。王國軒先生整理《李覯集》時，根據《尊孟辨》補上了十六條。不過筆者在《邵氏聞見後錄》中還發現還有兩條未收。因此李覯的《常語》原來究竟有多少條沒法確定，但肯定不會少於四十九條（關於李覯非孟的問題，後文還要詳述）。

值得一提的是，李覯對東南的關注。慶曆四年（公元一〇四四年），他在寫信給范仲淹的同時，也給富弼寫了一封信，提醒富弼注意東南的安全。因新政失敗，他將自己的擔憂寫入《長江賦》（公元一〇四六年）中。李覯認為，當時宋廷以「特舉」的優秀官員鎮守西北，用來守東南的官員則是「累資」，即靠積累年資的庸官，官以資則庸人並進，斂之竭則民業多隳。為貪為暴，為寒為饑。如是而不為盜賊，臣不知其所歸。[45]

後來，由於朝廷及地方官員招撫失當，少數民族頭領儂智高於皇祐四年（公元一〇五二年）四月在廣西造反，沿鬱江東進。由於「嶺南州縣無備，一旦兵起倉促，不知所為，守將多棄城遁」[46]，朝廷多次發兵不克，儂智高遂橫行嶺南地區，一度圍攻廣州。直到年底，朝廷命余靖、孫沔為安撫使，並以宿將狄青統兵，才於次年二月將儂智高擊潰。

孫沔是李覯的舊識。李覯聽說他被任命為安撫使後，就寫信給他，陳述自己的見解。他認為儂智高不足為慮，關鍵是平定以後，如何使南方社會穩定，不再有動亂。為此他提出了十策，包括培訓鄉兵以守鄉土；利用豪強的勢力守土；改革捕賊之法；開放茶鹽之禁；允許糧食自由流通；改革賦稅制度；嚴格免徵差役範圍；撫恤士卒；不拘一格招攬人才，等等。

到太學後，李覯開始醞釀寫作《三禮論》。可惜天不假其便，未成而逝。

▌第三節 李覯著作的刊刻情況

李覯很早就開始有意識地撰寫一些見解新穎的文章。但他未能像同時代的許多知名學者一樣在年輕時透過科舉走上仕途，因此他不得不耗費許多寶貴時光，為進

入上流社會而奔波。由於一直未能「釋褐」，即脫離繳納賦稅的農民身分（直到被授太學助教一職），他的生活比較窘迫，退居後的生活遭際亦甚坎坷，這都不可避免地影響到了他的創作。調往太學任職後，他既有時間也有條件專注於學術研究了，卻不幸因突發疾病而抱恨離世。即使是這樣，李覯仍給後人留下了一筆並不算小的精神財富。

及時整理、出版自己的文集，對於古代文人是一件非常重要的事情。如南宋的尤袤，他生前是與楊萬里、范成大、陸游齊名的詩人。不幸的是，他的大量詩稿和其他著作，以及三萬多卷藏書，在一次火災中全被焚毀。現在僅存的五十九首詩還是他的後裔尤侗從一些方志、類書中搜集到的，因此尤袤詩名不彰。

相形之下，李覯就比較注意自己著作的結集、刊刻，因此他的著作保存較為完好。李覯早年為取得政府官員的推薦以參加制舉考試，多次整理自己的文章呈給他們看。

儘管這些整理的文稿沒有刊刻，也沒有流傳下來，但這對他後來整理文集非常有利。退居以後，他決心以文章求得不朽名聲，就更加注意對自己文集的整理、刊刻。

公元一〇四三年，即他退居後的第一年，李覯整理、編輯了自己的文稿十二卷，並請友人祖無擇作序，以《退居類稿》為名正式刊行。公元一〇五二年，他又將此間九年的文稿編訂為《皇祐續稿》八卷，並付梓行世。據《郡齋讀書志》、《直齋書錄解題》、《文獻通考》、《宋史·藝文志》等記載，《周禮致太平論》、《易論》、《刪定易圖序論》、《常語》這幾種重要著作還發行過單行本。

他的文章很受歡迎，因此還出現過文稿被盜印的事情。據《皇祐續稿序》稱，在刊行《退居類稿》後，三年間他又寫了百餘篇，但不知被誰盜走了，以「外集」為名刊印，印刷質量還很差。這個《外集》沒有流傳下來。

根據陳次公的說法，可能還有過一個《李泰伯策論》的集子。他在李覯的墓誌銘中說李覯有「《富國》、《強兵》、《安民》三策，《易》、《禮》二論，合五十首，天下傳誦」[47]，但不見史籍記載。

李覯去世後，門人傅野又編訂《後集》六卷，並由鄧潤甫進於朝廷。

　　大約宋末就有了李覯的全集刻本，即《直講李先生文集》。目前我們所能見到的最早的全集本是明代成化刻本的《直講李先生文集》（又稱《盱江集》），為南城左贊編，有《文集》三十七卷，《外集》三卷，《年譜》一卷，《門人錄》一卷。後來明、清兩代還有多種刻本，但規模基本不出此本，不再詳引。

　　公元一九八一年，王國軒先生以商務印書館《四部叢刊》影印的明成化左贊刻本為底本，校以他本標點成《李覯集》，由中華書局出版。《李覯集》除在前言裡介紹李覯的創作情況外，還增加了佚文和《宋史·李覯傳》以及各版序跋和書目提要作為附錄附於書後，這是目前收錄最全的版本，其收錄李覯作品分類如下：

　　（一）賦：三篇，載《李覯集》第一卷。

　　（二）策論文：兩百三十九篇，這些是李覯學術、政治思想主要載體，載《李覯集》第二至二十二卷，三十二至三十四卷。篇目包括：《潛書》十五篇；《禮論》（及《後語》）八篇；《明堂定制圖序》一篇；《平土書》二十篇；《廣潛書》十五篇；《富國策》《強兵策》《安民策》三十篇；《慶曆民言》零篇；《周禮致太平論》五十一篇；《刪定易圖序論》六篇；《常語》四十九篇（左贊本《盱江集》收《常語》三十一條，王國軒本《李覯集》據《尊孟辨》補上了十六條，《邵氏聞見後錄》還有兩條未收）；《易論》十三篇；《五宗圖序》一篇；

　　（三）記：兩篇，載《李覯集》二十三、二十四卷。

　　（四）序（含文集自序、贈序）：篇，載第二十五卷，及書首的《退居類稿自序》。

　　（五）表、啟、書：一篇，載《李覯集》第二十六、二十七、二十八卷。

　　（六）雜文二十二篇：第二十卷（《野記》）、第二十九卷。

　　（七）墓碑文及傷辭：七篇，載《李覯集》第三十、三十一卷。

　　（八）詩歌：三百三十四首，載《李覯集》第三十五至三十七卷。

註釋

[1] 關於李覯之籍貫，李覯本人文章及史傳載之甚明，以北宋的行政區劃看，原本不成問題。但到了南宋初年（1138 年），新城（即今之黎川縣，在南城縣東南）從南城析出；明朝萬曆年間（1578 年），瀘溪（即今之資溪縣，在南城縣東北）又從南城析出。南城、資溪、黎川三縣今皆屬江西省撫州市。李覯在三縣皆有行跡，故今人對李覯故里歸屬產生了一些爭議。筆

者認為，李覯的籍貫當屬資溪縣。李覯在《李子高墓表》中說：「南城縣東北遠百里，吾高祖之父家焉。」宋朝的里比今天的里大，南城東北百里正在資溪縣境內。李覯的父親則遷居住到南城（建昌軍治）東郊，故李覯在《疑仙賦》序言中說：「覯家盱江，其西十里則麻姑山」盱江即是南城，至於何時遷居則不可考。李覯父親去世後，其家可能因生活窘迫，又回到祖宅居住，因此李覯在《先夫人墓誌》中說：「是時家破貧甚，屏居山中，去城百里。」其後裔則遷居到今黎川縣境內居住。可參見劉敦龍、黃志中：《李覯身世及其家譜簡析》；宋秀珍：《李覯與黎川考》羅伽祿、河山：《李覯家世考》李隆昌：《赤溪源遠風月千秋》；周世泉、若夢：《李覯遺存及祭祀略述》；羅伽祿：《北宋名儒李覯》之第一章《李覯的生平與影響》。

[2] 羅伽祿、河山：《李覯家世考》，《撫州師專學報》，2002 年，第 21 卷第 4 期，頁 179-184。

[3] 李覯：《上慎殿丞書》，《李覯集》，第 283 頁。

[4] 李覯：《謝授官表》，《李覯集》，第 274 頁。

[5] 李覯：《上葉學士書》，《李覯集》第 287 頁。

[6] 李覯：《先夫人墓誌》，《李覯集》，第 360 頁。

[7] 李覯：《先夫人墓誌》，夫人相有二男，為無服殤」，《李覯集》，第 359 頁。

[8] 有人據黎川縣有李覯後裔，認為他們遷到了今天的黎川的山區，見宋秀珍：《李覯與黎川考》。筆者認為，遷回資溪境內故里的可能性比較大，因為在老家有宗族可以照料生活；若遷到沒有親族的黎川另行開闢家園，顯然不是孤兒寡母所能做的。

[9] 李覯：《先夫人墓誌》，《李覯集》，第 359 頁。

[10] 《宋史·選舉志》。

[11] 李覯：《上葉學士書》，《李覯集》，第 288 頁。

[12] 《續資治通鑑·卷四十》。

[13] 《續資治通鑑·卷三十九》。

[14] 李覯：《上范待制書》，《李覯集》，第 23 頁。

[15] 方健先生認為，這次拜訪很有可能未見到范，只留下了一些信和文章。見方著《范仲淹評傳》，南京：南京大學出版社，2001 年版，第 352 頁。

[16] 據《嘉定鎮江志》載，「設教於潤，當自李（覯）始」則是說李覯已赴范仲淹之招。但方健先生認為，李覯未能赴潤州。筆者認為，從范仲淹在潤州時間甚短以及接著又邀李覯去越州來看，可能李覯未能去潤州。參見方著《范仲淹評傳》，南京：南京大學出版社，2001 年版，第 352 頁。

[17] 此據方健先生考據，應是在冬天抵達越州的。參見方著《范仲淹評傳》，南京：南京大學出版社，2001 年版，第 352 頁。

[18] 洪邁：《容齋隨筆》，南京：鳳凰出版社，2009 年版，第 550 頁。

[19]《江西通志》卷十（見《全書》514 冊，第 334 頁）載：「龍馬山房，府志在龍馬崖，宋李覯聚徒講《易》處，今隸瀘溪（今資溪）。據此，李覯曾在故鄉的龍馬山房有過一段聚徒講學的時間。羅伽祿在《北宋名儒李覯》中，引《瀘溪縣志》的辯誤資料，指出龍馬山房係南宋時得名，「進士李源測卻元聘，結廬講《易》於此，題曰龍馬山房」《北宋名儒李覯》，第 37 頁）。李覯講學龍馬山房當屬誤記。

[20]《年譜》將南城奉詔立學係於 1043 年，但據《續資治通鑑》，詔令州縣立學在 1044 年。

[21] 李覯：《寄祖祕丞》，《李覯集》，第 386 頁。

[22] 筆者由此猜測，也許李覯的家族有某種遺傳病，致其家人多早逝。李覯的父親去世時年僅 43 歲，李覯出生之前已有兩子夭折。李覯本人逝於 51 歲，次女夭折，長女逝於 26 歲，子參魯去世時亦甚年輕。據《霧農李氏族譜》載，參魯亦未有子，其子乃是過繼。參見羅伽祿、河山：《李覯家世考》。

[23] 李覯：《謝授官表》，《李覯集》，第 274 頁。

[24] 李覯：《謝范咨政啟》，《李覯集》第 275 頁。

[25]《剾子四首之一》，《李覯集》，第 467 頁。

[26]《剾子四首之三》，《李覯集》，第 468 頁。

[27] 李覯：《潛書·一》，《李覯集》，第 214 頁。

[28] 李覯：《潛書·五》，《李覯集》，第 216 頁。

[29] 李覯：《潛書·十五》，《李覯集》，第 20 頁。

[30] 李覯：《禮論第一》，《李覯集》，第 5 頁。

[31] 李覯：《禮論第一》，《李覯集》，第 5 頁。

[32] 李覯：《禮論第一》，《李覯集》，第 6 頁。

[33] 李覯：《禮論第五》，《李覯集》，第 16 頁。

[34] 李覯：《禮論第一》，《李覯集》，第 5 頁。

[35] 李覯：《平土書》，《李覯集》，第 183 頁。

[36] 謝善元：《李覯之生平及思想》，北京：中華書局，1988 年版，第 93 頁。

[37] 李覯：《上蘇祠部書》，《李覯集》，第 29 頁。

[38] 李覯：《強兵策第一》，《李覯集》，第 151 頁。

[39] 關於這點，謝善元在《李覯之生平及思想》中有詳實分析，見該書第 73、74 頁。

[40] 轉引自李覯：《與胡先生書》，《李覯集》，第 317 頁。

[41]《宋史·列傳第二百二·文苑五》。

[42] 李覯：《禮論後語》，《李覯集》，第 2 頁。

[43] 李覯：《刪定易圖序論》，《李覯集》，第 52 頁。

[44] 李覯：《易論》，《李覯集》，第 2 頁。

[45] 李覯：《長江賦》，《李覯集》第 2 頁。

[46] 《宋史·卷四百九十五·蠻夷三》。

[47] 陳次公：《先生墓誌銘》，《李覯集》，第 485 頁。

第三章 李覯政治思想的時代背景

　　了解思想家所處的時代背景是思想研究不可缺少的一個環節。因為思想家的問題指向多由社會政治形勢決定，其理論體系的形成莫不與時代命運息息相關；其思想所能達到的深度和具體表現形式，也不會超越社會總體教育程度和時代思潮太遠。

　　本章對李覯政治思想之形成的背景描述，分為三個層次。在宏觀層次上，以古代社會在唐宋之際的變革為背景；在微觀層次上，以范仲淹作為影響李覯政治思想形成的一個重要因素；介於宏觀背景和微觀背景之間的，即中觀層次的背景，則是「盛世隱憂」和「宋學之興」兩節對宋初百年間社會政治和文化發展的概括，這是本章介紹的重點。

▌第一節 唐宋變革

　　唐宋之際，傳統社會的政治結構和思想文化都發生了深刻的變革。近代以來中國和日本的學者對此都有所闡述。中華人民共和國建立後，很長時期內大陸學界對此關注不多。直到近些年，唐宋變革的問題才又成為一個較熱門的話題，如公元二〇〇四年唐史學會年會便是以此為主題的 [1]。

　　關於唐宋變革論，當代學界經常提到日本學者內藤湖南（公元一八六六至一九三四年）發表於公元一九二二年的論文《概括的唐宋時代觀》。他在文中提出：

　　唐和宋在文化的性質上有顯著差異：唐代是中世的結束，而宋代則是近世的開始，其間包含了唐末至五代一段過渡期。[2]

　　他從政治結構、社會流動、經濟、學術、文藝等方面對中世和近世的差別進行了概括，而以政治方面談得最多。從政治方面來說，中世和近世的差別主要是貴族政治的式微和君主獨裁的出現。這裡貴族指的是六朝至唐中葉所謂的郡望世家。貴族政治是天子和貴族階層協商的產物。貴族政治和君主獨裁的差別集中體現在宰相權力的消長上。宋代以前的宰相是天子的輔政機關，對皇帝有一定的獨立性。但從宋代開始，宰相的地位不斷下降乃至取消。從人才的選拔來說，唐代雖已實行科舉制，但科舉實際上被貴族階層控制。宋代改革科舉制度，把貴族的影響基本消除，

才真正打開了下層菁英往上流動的大門。內藤湖南的論文篇幅不長，但其分析精當透徹又能全面揭示唐宋社會之差異，故屢為論者徵引。

不過，對於宋代社會不同於漢唐，宋人已有此自覺。如朱熹指出：

國初人便已崇禮義，尊經術，欲復二帝三代，已自勝如唐人。[3]

也就是說，宋初人們便努力建設一個超越漢唐、上追三代的社會，而他們的努力也得到了後人的認可。如明人陳邦瞻總結道：

宇宙風氣，其變之大者有三：鴻荒一變而為唐、虞，以至於周，七國為極；再變而為漢，以至於唐，五季為極；宋其三變，而吾未睹其極也。[4]

他認為他所在的明朝，制度、風俗、文教等都與宋代接近，是宋人所造就的。近代的嚴復亦曾說過：

若研究人心風俗之變，則趙宋一代歷史，最宜究心。中國所以成於今日現象者，為善為惡，姑不具論，而為宋人之所造就，什八九可斷言也。[5]

胡適先生亦持此論。他認為從宋仁宗時代開始，中國歷史就進入了「中國文藝復興階段」，是現代社會的開端。他把中國傳統文化的發展分為三段。第一階段是公元前的一個千年，這是固有文化的開創期；從公元二百多年開始進入中古期，這是漢族文化分裂退化（「變於夷者也」）、宗教盛行的時代。胡適還特別批評了這個時代漢語文學的退化。然後從公元一千年開始，直到他所處的時代，是「中國的文藝復興階段」，其主要內容就是「新儒學運動」[6]。

以上都是極為籠統和全局的概括。筆者所見現代學者對此問題論述最多的當屬錢穆先生。他贊同以宋為近代歷史的開端：

中國歷史應該以戰國至秦為一大變，戰國結束了古代，秦漢開創了中世。應該以唐末五代至宋為又一大變，宋開創了近代。[7]

故他多次強調，要想明白近代中國，就要先明白宋代，而他本人一生用力最多的也是宋代。他對唐宋之際文化重心之轉移、社會結構的變遷及其對現代社會的影響都做了說明，指出：

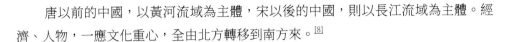

唐以前的中國，以黃河流域為主體，宋以後的中國，則以長江流域為主體。經濟、人物，一應文化重心，全由北方轉移到南方來。[8]

與經濟、文化的這種地理變遷相應，傳統社會的組織結構也有了巨大的變化。錢穆先生認為，古代的北方中國，在西周至春秋時代，社會結構類似於西方的封建社會；從漢至唐是士族門第社會，士族門第可以說是變相的貴族；宋以後則是科舉社會。

錢穆先生特別揭橥了宋代對後世的影響。無論封建社會、門第社會還是資本主義社會，乃至未來共產主義無產階級專政的社會，都有某一種組織結構作為社會的「文化、經濟權力的結集點，成為此社會中一切動力之發散中心與推進的起腳點」[9]。雖然此種組織因其特權而造成了不平等，但可以成為凝結社會力量的憑藉。宋以後的科舉社會就沒有「這一種特殊力量的凝結」了。整個社會沒有宗族，沒有門第，沒有宗教，因而社會「平鋪、散漫、無力量，而比較上有更多的平等與自由」[10]。

孫中山先生曾經感慨中國社會是一盤散沙，說的就是這種社會上缺乏政府以外的組織力量的局面。這不得不歸因於宋代構建的社會模式：中央政府壟斷了一切社會權力和資源。一旦中央權威倒台，整個社會就不得不成為一盤散沙了。顧炎武在明亡之際也曾為此苦惱過。

筆者認為，唐宋變革是宋初百年間的政治、文化的發展的起點，也是李覯政治思想形成的深層背景，故撮其要者述之。

▎第二節 盛世隱憂

李覯生平活動主要在仁宗一朝。[11]仁宗在位的四十二年（公元一〇二二至一〇六三年）間，政局相對穩定，文化尤為繁榮，堪稱盛世。但與此同時，社會危機也不斷積累，宋朝「積貧積弱」的局面就是在仁宗一朝最終形成的。

改變積貧積弱的局面，實現富國強兵，就成為了李覯那一代負責任的政治家和思想家首要考慮的問題。而要解決這個問題，先要弄清楚是什麼造就了仁宗一朝積貧積弱的局面。

筆者認為，應從兩個方面來考慮這個問題。從制度的角度講，太祖、太宗構建起來的制度體系——通常稱之為祖宗之法——對政權穩定、社會發展的促進作用，

到仁宗一朝已經發揮到極致，其負面作用也充分暴露，迫切需要改革；從人事的角度講，仁宗皇帝的隨和與平庸，既得利益集團的保守與強大，使得任何改變現狀的努力都困難重重。

這兩方面共同作用的後果就是，整個國家在太平盛世的表象下，無可挽回地走向積貧積弱。

一、祖宗之法

「祖宗之法」一詞是對宋代國家制度體系的稱呼。說到祖宗之法的形成，筆者不得不引用太祖與趙普的著名對問：

> （太祖）既得天下，召（趙）普問曰：「天下自唐季以來，數十年間，帝王凡易八姓，戰鬥不息，生民塗炭，其何故也？吾欲息天下之兵，為國家計長久，其道何如？」普曰：「陛下言及此，天地人神之福也。此非他故，方鎮太重，君弱臣強而已矣。今欲治之，唯削奪其權，制其錢糧，收其精兵，則天下自安矣。」[12]

這段對問是宋太祖構建國家制度的總綱領。之後，太祖以政權的穩定為目標，按照「事為之制，曲為之防」[13]的原則，根據需要隨時設置、調整國家制度和施政，宋太宗繼續了這個過程。到他去世時，國家制度的創制基本完成。

根據鄧小南教授的說法，太祖、太宗時期是祖宗之法的開創時期，其正式形成則在真宗至仁宗時期：

> 將其（指太祖太宗時期所施行的法度、精神）明確稱為「祖宗典故」、「祖宗之法」，並且奉之為治國理事之圭臬，則肇始於北宋真宗至仁宗前期。[14]

就是說，祖宗之法是真宗、仁宗時期對太祖、太宗所施行的法度及其精神的追溯和總結。

祖宗之法在對中晚唐以來「方鎮太重，君弱臣強」政治格局調整的過程中形成的，「強幹弱枝」、「強君弱臣」是其建設的根本取向。其核心要素，筆者歸納為以下幾點。

（一）樞密院——三衙軍事體制

王曾瑜先生指出，宋太祖的軍事改革「簡單說來，就是建立樞密院——三衙體制」[15]。

三衙是禁軍改革的直接產物。五代之前，禁軍僅是皇帝的扈從衛隊。五代後期，禁軍發展壯大為主力軍，中央以之控制、對抗藩鎮。但若控制不力，禁軍反倒更容易成為高級將領謀篡的工具，後周太祖和宋太祖都是依靠禁軍奪權的。此時禁軍之患，過於藩鎮，故太祖的改革先是從禁軍開始的。

太祖即位後，先是將禁軍的高級職位[16]授予了一干親信將領，作為支持他奪權的回報。到建隆二年（公元九六一年），太祖便分批解除了他們在禁軍中的職位。空缺出來兩司高級職位不再授人，而以級別較低的三個都指揮使職位授予資歷較淺的將領，由他們掌管禁軍。禁軍的兩司由此分為三衙[17]。改組後的禁軍沒有統一的指揮機構，三衙均由皇帝直接掌控。禁軍將領資望較低，不能參與軍事決策。從此禁軍只承擔軍隊的召募、管理、訓練事務，再也不能成為左右政局的勢力了。

改組禁軍的實質是切斷資深將領和軍隊之間的聯繫。宋太祖在解決這個問題的時候，表現出了高超的政治藝術。儘管「杯酒釋兵權」是否如史書記載的那樣發生，後人頗有疑竇，但宋太祖的確是在和平的氣氛中解除了既是結義兄弟又是開國元老的諸將領的軍權，使得宋朝君臣在寬鬆的氣氛中實現了政治轉型。

至於「樞密院與中書對持文武二柄，號為『二府』」[18]局面的形成，則經歷了更長時間的演進。

樞密院[19]源於唐末，本屬內廷機構。五代多沿襲設立，作為皇帝處理軍機要務的私人機構，並逐漸向外朝轉化。其權力時漲時落，但最後超過了宰相。後漢時，郭威任樞密使，又兼領節度和宰相，軍政大權集於一身，終以此自立。

開國之初，太祖為安撫人心而留用前朝三相執掌中書。趙普為太祖倚重而不入中書，僅以樞密副使掌樞密院，協助太祖處理軍國大事。故此時樞密院仍是政治中心，中書僅為行政中心。此時軍政事務繁劇，其職責自然不會僅限於軍事。後來趙普轉任宰相，中書地位上升，樞密院權力相應減少，但仍參與機要，不限於軍事。幾經人事更迭，到真宗朝後期，樞密院才專管軍事。

祖宗之法確立的軍事運轉模式，是把軍事決策、軍隊的日常管理和將領統兵作戰三事分開。樞密院負責軍事決策，三衙主管軍隊的日常管理、訓練等事務。作出

戰爭決策後，皇帝選用主帥統兵。主帥須得樞密院的發兵命令，到三衙調領軍隊；作戰歸來，主帥再將士兵交還三衙。

這種模式體現了宋太祖對軍人的提防與控制 [20]。從穩定政權的角度來說，宋太祖對軍事管理體制的改革頗為成功。終北宋之世，軍隊再沒有成為王朝顛覆的來源，故此法為歷代君臣所恪守。唯徽宗時，童貫一度以宣撫使領樞密院事，其後李綱任知樞密院事，便以之為戒，重申祖宗之法：

在祖宗之時，樞密掌兵籍、虎符，三衙管諸軍，率臣主兵柄，所以維持軍政，萬世不易之法。自童貫以領樞密院事為宣撫使，既主兵權，又掌兵籍、虎符，今日不可不戒。[21]

值得一提的是，宋太祖對於軍隊的作用還有個比較特別的看法。他曾對趙普說：

吾家之事，唯養兵可為百代之利。蓋兇年荒歲，有叛民而無叛兵；不幸樂歲變生，有叛兵而無叛民。[22]

他把養兵作為穩定天下的一個救濟機制，遇有荒災之年，就大量召募士兵，把破產的遊民招到軍隊來。這的確有利於穩定，但同時也開啟了冗兵之端緒。

（二）中央集權，強幹弱枝

宋太祖認識到，造成五代十國興亂廢替局面的根本乃藩鎮制度。若不及時解決，終究是個隱患。一旦為人所乘，則無論擴張多少地盤都沒有意義。因此穩定政權後，他不像周世宗那樣急於擴張，而是立即進行內部改革，加強中央權威，削弱地方政權。

藩鎮（亦作方鎮）割據局面形成於安史之亂後。張國剛先生將藩鎮體制的要害歸結為：

一是軍事權與行政權的合一，二是地方擁重兵而中央卻沒有一支能控攝全局的武裝。[23]

唐元和十五年，方鎮達到五十個，「自國門以外，皆分裂於方鎮矣」[24]。經黃巢起義衝擊後，唐朝廷徹底失去對地方的控制。朱溫起家藩鎮，滅唐自立。由於藩鎮的普遍存在，他也無力統一天下。所謂五代十國，不過是諸多大藩鎮互相兼併、勢力消長的過程。勢力最大、先後割據中原者即五代；割據四方，立國稱帝的是十國。

大的方鎮演化成國家之後，由於制度建設的路徑依賴，一般在其國內仍然存在著方鎮割據的問題，而節度使們也同樣面臨著悍將驕卒的威脅。故在方鎮體系下，綱常淪喪，軍閥橫行，弱肉強食，人人自危，頗類叢林時代。後晉安重榮所說「今世天子，兵強馬壯則為之耳」[25]體現了當時人們普遍觀念。

太祖即位之初，異姓王以及勛貴擔任節度使的有幾十處。但此時宋太祖握有強大的禁軍，而藩鎮勢力已遠不如唐末、五代之時，故宋太祖能夠從容削藩。其主要措施包括：

收天下之精兵。乾德三年（公元九六五年），宋太祖下令，命「天下長吏擇本道兵驍勇者，籍其名送都下，以補禁旅之缺。又選強壯卒，定為兵樣，分送諸道。其後又以木梃為高下之等，給散諸州軍，委長吏、都監等召募教習，俟其精練，即送都下」[26]。各州的精銳士卒都被選拔、集中到禁軍中，留下的弱卒組成廂軍，作為「諸州之鎮兵，以分給役使」[27]。廂軍不從事訓練，沒有戰鬥力，往往連小股流寇都對付不了，地方長官根本不可能以之同中央對抗。

收財權。乾德三年（公元九六五年），太祖下令「諸州自今每歲受民租及莞榷之課，除支度給用外，凡緡帛之類，悉輦送京師」[28]。次年又重加申命，並設置轉運使和通判負責此事。中央財政收入一時頗豐，遂有宋太祖「封樁庫」之設。

收各項人事任免權。州、府之下的知縣[29]、司法人員[30]、治安管理人員[31]等官員的任免，一直由節度使控制，宋初也先後由中央收回。節度使所領的支郡被剝奪[32]，節度使遂成為和防禦使、團練使、刺史、知州同一級別的行政官員[33]。

以文官出任地方。從乾德元年（公元九六三年）始，太祖利用節度使去世、升遷等機會，逐步以文臣取代武將出任知州。經過多年強幹弱枝的改革後，公元九六九年他免去最後一批武將出任的節度使職務，代之以文官[34]。綿延兩、三百年的方鎮之害就此根絕，沒有了軍隊和財政的地方州郡，失去獨立性，只能完全依賴中央。

（三）官僚隊伍的分權制衡

對由文人組成的官僚隊伍，宋太祖也處處設置分權制衡機制，以杜絕官員專權之萌芽。其主要措施包括：

相權的分割。上文已提到，唐宋變革，即是以君主專制代替貴族政治，以宰相權力減弱為其集中體現。在宋以前，作為君主的最高輔政機關，宰相往往也是君主的制約，有時候還會成為君主的威脅，故君權和相權之間存在著一定的緊張關係。皇權總是傾向於設法削弱相權。但就其本質而言，相權是君主的必要補充。宰相之名可撤銷，宰相之實，即最高輔政機關，是君主無法徹底擺脫的。如明清雖不設宰相，但也不得不以大學士、軍機大臣等行使相權。

人們常以「坐論之禮」的廢除說明宰相在宋朝的地位下降，這是就狹義理解的宰相而言。近年來多有學者指出，宰相在五代時地位已遠低於樞密，實際上是以樞密取代了宰相。宋朝設中書以分樞密院——即實際的相權部門——之權，反倒可以說是相權的重建[35]。

宋朝的相權（就其廣義而言），按照事務的性質被分為互不統屬的幾個部門，即「兩府三司」。兩府即中書[36]和樞密院。樞密院專掌軍事，中書掌民政，是狹義上的宰相機構，以同平章事為宰相正式的名稱。三司即戶部司、鹽鐵司、度支司。三司主管財政，號稱「計省」，長官為「三司使」，號稱「計相」。其級別略低於宰相、樞密，但不受其管轄，而直屬皇帝（直到王安石變法時才有所改變）。這樣，相權被分割為軍事、行政、財政三部門。三部門各司其職，互相牽制，其首腦自然無從擅權。

官員差遣制。差遣之制萌於隋唐，但未形成制度。唐末、五代以來，有些職務因事而設，事後即撤，稱使職差遣。宋承五代之制，加以發展，形成獨具特色的官員任命制度，即官、職、差遣體系。《宋史》曰：

其官人受授之別，則有官、有職、有差遣。官以寓祿秩、敘位著，職以待文學之選，而別為差遣以治內外之事。[37]

這套官員任命體系造成了一定的混亂：

台、省、寺、監，官無定員，無專職，悉皆出入分涖庶務。故三省、六曹、二十四司，類以他官主判，雖有正官，非別敕不治本司事，事之所寄，十亡二三。……至於僕射、尚書、丞、郎、員外，居其官不知其職者，十常八九。[38]

但這也正是其目的，即切斷官員與職務的人身關係。所有的官員都僅是皇帝手中的棋子，根據需要隨時隨地擺布，自然大大加強了皇帝的權威。

台諫制度。台諫是御史台和諫院的合稱。歷代王朝皆有諫院之設，主要是針對皇帝進諫。而宋代的台、諫均以宰執、百官為批評對象，且獨立於兩府三司之外，直接對皇帝負責。諫官有風聞奏事之權，因言事得罪皇帝、權臣，也很少受到實質性處罰，故諫官影響甚大，宰執大臣往往受諫官彈奏而落職。台諫無疑是對宰執、大臣們的另一有力制約。

（四）重用文人，提倡文治

以上所述諸項政治制度，多為太祖所創制，僅在太宗手裡得以最後完成而已。祖宗之法中真正屬於太宗創制者，乃在於文化方面。宋太祖雖提出了重用文臣、不殺士大夫的原則，但那時國家的主要任務是武力統一，無暇在文化方面有所作為。

太宗自知不能在政治上超過兄長，遂專意大興文教。他認為：

王者雖以武功克定，終需用文德致治。[39]

故其武功雖不及太祖，但在文治方面頗有作為。宋朝文化繁榮，實與太宗的提倡、獎掖分不開（此方面的內容，留待下節詳述）。

此外，宋代對於外戚、宦官的嚴格管理，亦是其家法的一部分，為人所稱頌。外戚、宦官本是皇帝之附庸，若皇帝主動戒絕，自不易生事。宋朝君主以文人集團作為其統治的基礎，自覺抑制外戚和宦官的權勢，故外戚、宦官對宋代政治的影響甚微，茲不詳述。

二、開拓轉向保守，盛世滋長危機

以上是對祖宗之法主要方面的概括。祖宗之法不僅在當時的社會政治運作中處於核心位置，也是後人觀察、分析宋朝政治發展的重要線索。這一點，從宋人到今人都有不少的論述。

論者往往以宋朝之衰弱直接歸咎於祖宗之法，筆者認為，祖宗之法的確有其先天性的不足。但制度由人造，亦由人守。祖制不得不守，但如何受其利而不承其弊，亦在靈活運用。若將後世之不振歸於祖先制法不周，則不免有推脫責任之嫌。那麼該如何評價祖宗之法對宋初百年的政治發展的影響呢？

關於祖宗之法的兩面，錢穆先生在談到政治制度時說過：

某一項制度之逐漸創始而臻於成熟，在當時必有種種人事需要，逐漸在醞釀；又必有種種用意來創設此制度。[40]

我們不能因後世恪守祖制而致國家衰弱，便否定其當初創設的必要性。在此不妨借用英國歷史學家湯恩比的「挑戰——回應」理論說明。

湯恩比認為，人類在回應外界刺激的過程中，創造、發展了文明。我們可以把祖宗之法看作是對晚唐五代的藩鎮割據局面的回應。藩鎮制度成為普遍的社會制度後，唐朝無力應對這個局面而滅亡。勉強繼承了唐朝資格和大部分領土的五代，也都沒能妥善應對這個挑戰而失去了統一天下的機會。宋太祖則抓住有利時機，及時創新了制度，使得趙宋政權具有不同於五代和其他割據政權的治理結構。祖宗之法保證了安全可靠的內政，太祖、太宗才得以放手進行擴張。到雍熙三年（公元九八六年）[41]，大致實現了南北統一。

不僅如此，祖宗之法的優越性還體現在他培育人才方面。宋室之優容士大夫團進行叛亂。[42]

所以太祖太宗在壓制外戚、宦官、軍人等集團的同時，也努力改進科舉制度，包括程序上公正、數量上擴大、來源上開放，造就一個龐大的儒生集團，作為其政權的基礎。在這種情況下，士大夫階層產生了與皇帝「同治天下」[43]的理念，這是余英時先生在《朱熹的歷史世界》中屢屢稱道的。但同治天下的另一面，不正是共享天下麼？

此處筆者對儒學本身以及「同治天下」的格局並無褒貶，況且在這兩者的作用下，還產生了一批以范仲淹為代表的傑出人物。但應該考慮到，士大夫階層的絕大多數人的思想覺悟是遠低於范仲淹等人的。當范仲淹等傑出人物為了國家的長遠利益一也是為了這個階層的長遠利益一而對這個階層的利益稍有改革時，這個龐大的既得利益集團便群起而攻之。

關於這一點，余英時先生也作了說明。余先生指出，孝宗晚年欲依靠以朱熹為精神領袖的理學集團發動一場政治革新運動，但此運動在職業官僚集團的狙擊下，未及發動即歸於失敗。他總結道：

中國傳統職業官僚的升遷主要繫於對下面兩大條件的運用：常規化的行政作業程序和個人化的人事關係。不用說，這兩項條件的圓熟運用都必須經過長期的培養，

而現狀不變則構成其絕對的前提。因此任何體制或人事的基本更改都不利於追求個人名位的職業官僚。[44]

這不僅是孝宗晚年政治革新失敗的原因，也是慶曆、熙寧兩次變法失敗的原因。我們甚至可以以之解釋中國歷史上歷次改革、變法的失敗。

具體到宋代，既得利益集團是和祖宗之法緊密聯繫在一起的，故他們對祖宗之法的推崇亦是前所未有的。由於既得利益集團頑固地抵制改革，祖宗之法所具有的弊端不僅無法改進，反而不斷積累、放大，最終導致仁宗時代積貧積弊局面的形成。

三、積貧積弱局面的形成

一般來說，王朝的開創者多具有深邃眼光和創新思維，既能針對前朝弊端創新相應的制度，又能靈活運轉制度，使之發揮最佳效果。以宋太祖為例，儘管他對武將割據高度警惕，卻能放手任用李漢超、董遵誨等幾個邊將，故陳邦瞻感慨：

觀其任將如此，此豈猜忌不假人以柄者哉？[45]

因此，宋太祖能夠做到調動天下力量「如身使臂，如臂使指，無有留難，而天下之勢一矣」[46]。

王朝開創者的雄才大略是其創造的制度體系的必要的補充。甚至可以說，這套制度是專為和設計者本人一樣優秀的繼承者設計的。問題是，制度可以原封不動地傳承，和創制者本人一樣優秀的繼承者卻難再得。此後在承平之世成長起來的繼承者，面對祖制，往往既沒有能力充分運轉，也沒有眼光和膽識更改，只能呆板地保守了。這種情況下，祖宗之法（制度）就成了祖宗之法（制約）了；曾經成功應對外界挑戰的祖宗之法，成為了王朝前進的束縛。

宋朝皇位傳至仁宗，從表面上看，他接手的是一個太平盛世。但他親政[47]幾年後，西夏戰事就為檢驗這個國家的實力提供了一個機會，使宋朝在繁榮外表下的虛弱暴露無遺，不得不謀求富國強兵之計。

西夏是趁五代十國之亂而崛起的少數民族政權，對宋時順時叛。但在李元昊繼位之前，對宋都沒構成威脅。寶元元年（公元一〇三八年）十一月，李元昊稱帝，建立西夏國。在宋朝準備征伐之前，他先發制人，主動攻打宋朝。宋軍連續三年三

戰 [48] 皆敗北，朝野震恐。遼則趁火打劫，以出兵相要挾，索要關南之地，迫使宋以增加歲幣了事。

國事艱難，在一片變法求強的呼聲中，掌權長達十三年之久而無所作為的呂夷簡成為眾矢之的，被迫下台。慶曆三年（公元一〇四三年），范仲淹、富弼等主張改革的官員進入決策層，開始變法，即慶曆新政。但宋夏危機緩解後，保守派馬上開始抵制變法，新政持續不到一年就失敗了。

慶曆新政的失敗，除了既得利益集團的巨大壓力外，宋仁宗個人原因也要負一部分責任的。朱熹說過：

> 仁宗有意於為治，不肯安於小成，要做極治之事。只是資質慈仁，卻不甚通曉用人，驟進驟退，終不曾做得一事，然百姓戴之如父母。[49]

宋仁宗性格寬厚溫和倒是不假，否則也不能得到後人「仁」的評價。但在政治上，他把真宗所說的「異論相攪，即各不敢為非」的心法運用得十分熟練，是個搞政治平衡的高手，正如時人評價的：

> 仁宗皇帝百事不會，只會做官家。[50]

在國家內外交困之際，他雖有心為治，提拔重用了范仲淹等名臣，試圖透過改革使國家走出困境。但他缺乏神宗那樣的性格、魄力，不敢放手改革，也不完全信任范仲淹等大臣。朋黨之議觸動了他的政治敏感點，便收回了對改革派的信任，中斷改革，使得國家進一步走向困境。

人們通常以「三冗」概括仁宗時代的困局，即冗兵、冗官、冗費。

冗兵。宋朝始終面臨外敵入侵的威脅，故在防範軍人干政威脅的同時，又不能不保持強大的軍隊。在重文輕武的政策下，上無名將，下無精兵，只能倚多取勝，故士兵數量不斷增大 [51]。龐大的軍隊，消耗巨大的社會財富。朱熹曾指出：

> 財用不足，皆起於養兵。十分，八分是養兵，其他用度，止在二分之中。古者刻剝之法，本朝皆備，所以有靖康之亂。[52]

冗官。宋室優遇文人，透過科舉和恩蔭，造就了一個規模龐大的吏員階層，他們不僅享有免稅的特權，還受國家的俸祿。宗室也是一個不事生產的階層。宗室繁衍，吏員歲增，食祿階層不斷擴張。史載，真宗天禧年間，宗室、吏員受祿者

九千七百八十五員，到仁宗寶元時候，宗室、吏員受祿者就達到一萬五千四百四十三員 [53]。

冗費。太祖太宗時代財政尚不成問題，當時情況是：

吳、蜀、江南、荊湖、南粵皆號富強，相繼降附，太祖、太宗因其蓄藏，守以恭儉簡易。天下生齒尚寡，而養兵未甚蕃，任官未甚冗，佛老之徒未甚熾；外無金繒之遺，百姓亦各安其生，不為巧偽放侈，故上下給足，府庫羨溢。[54]

經過建國初期的休養生息後，國家進入長期穩定階段。就像歷朝都會發生的那樣，隨著社會財富的成長，社會奢侈風氣也不斷滋長（皇室、百姓都是如此），這就導致財政開支失控。但宋朝在其最繁榮的時代財政就成為了嚴重問題，這卻不多見。因為宋朝除了正常的揮霍（這個可以克制）外，供養龐大的軍隊、官員、宗室，支付遼、夏的歲幣，都是固定的財政開支。宋真宗在位後期大搞天書下降、東封西祀等活動，揮霍浪費，濫賞無度，更是雪上加霜。真宗去世後，天書鬧劇結束，與之相關的費用也被裁減。但不能改革體制，以上所列的各類開支就只能是有增無減。

這就是李覯面對的社會政治形勢。宋仁宗時代，立國近百年，制度已失去活力，國家陷入停滯狀態。如何使國家走出積貧積弊之泥沼，則是李覯政治思想的基源問題所在。

▌第三節 宋學之興

李覯生活在宋朝政治發展盛極而衰的轉折期，但文化發展於此時期則呈現出方興未艾之勢。這種錯位體現了精神創造的滯後性。在社會安定的情況下，物質產品的創造一般只需數年時間便可達到繁榮；政治制度的創造，亦只需一兩代人的努力即可定型；而思想文化的發展，則非經三五代人乃至更長時間的積累，不可能有所突破，遑論興盛了。

北宋開國後半個多世紀內，文化領域的主要活動是典籍整理。李昉擔綱主編的《太平廣記》（成書於公元九七八年）、《太平御覽》（公元九八三年）、《文苑英華》（公元九八六年）和王欽若、楊億主編的《冊府元龜》（公元一〇一三年）是最重要的成果，被稱為四大類書，都是文獻匯集之作。佛教和道教也都在此時期進行了大規模的典籍編纂工作，如佛教的《開寶大藏經》（公元九八三年完成雕版），道

教則有王欽若主編的《寶文統錄》（公元一〇一六年）和張君房主編的《大宋天宮寶藏》（公元一〇一九年）等。史書中則有王溥撰成的《唐會要》（公元九六一年）、《五代會要》（公元九六三年），薛居正、盧多遜等人《舊五代史》（公元九七四年），地理書類有樂史的《太平寰宇記》（公元九八七年）等。儒學在此一階段最主要的成果就是邢昺的《論語正義》和孫奭的《孟子注疏》了。

不久後，這些文化成果就被真正體現宋人精神面貌的思想家們——這是一個如群星般璀璨的群體——更富有原創力的思想成就所掩蓋，李昉等學者們的努力將被證明不過是在為一個輝煌燦爛的文化時代的到來做準備工作。這也許就是胡適先生把所謂的中國的文藝復興階段精準到宋仁宗時代的原因吧。只有進入仁宗時代，屬於這個群體的思想文化名人，如范仲淹（公元九八九至一〇五二年）、孫復（公元九九二至一〇五七年）、胡瑗（公元九九三至一〇五九年）、石介（公元一〇〇五至一〇四五年）、歐陽脩（公元一〇〇五至一〇七二年）以及李覯（公元一〇〇九至一〇五九年）等，才開始活躍在社會政治舞臺上，而他們還只能算作宋學開創期的人物。

一、宋學發生的原因

宋學的發生，是多方面因素促成的，包括寬鬆的社會文化環境、儒學內部的思想活力、人才選拔機制等因素。

（一）寬鬆的社會文化環境

文化的發展有其內在的邏輯。只要有寬鬆的社會環境，允許文化的承擔者——學者們自由地觀察和思考，則無須統治者提倡，自會趨向繁榮。因此，宋學的發生，首先要得益於宋朝寬鬆的文化政策。據說宋太祖立有誓碑，三條誓約之一就是不殺士大夫（也有文獻記載為「不殺文官」者，大意相同）。王夫之對此評價極高：

若此三者，不謂之盛德也不能。[55]

王夫之對宋代的政治制度極為厭惡，將宋與秦並稱「孤秦陋宋」，認為「生民以來未有之禍，秦開之而宋成之也」[56]。但他對宋室優遇文人的政策極為讚賞：

宋之士大夫高過於漢唐者，且倍蓰而無算，誠有以致之也。[57]

當然，我們不能說宋室的寬鬆政策的動機就是鼓勵文化發展。從其主觀來說，鞏固統治才是其政策選擇的出發點。宋代的優遇政策並非只針對文人。宋太祖得位不正（對此王夫之的《宋論》有十分精彩的分析），且從建國之始便處於多國並立的局面中，必須做好國家內部團結與安撫工作。故宋室盡可能地籠絡各個階層，如前朝的柴氏家族、先後歸降的各國王室、被解職武將階層等都享受了很高的榮譽和物質的待遇，作為他們歸順以及不涉足政治的報償（這也是宋代土地兼併以解決的原因之一）。

宋代的封蔭制度規模更是空前地惠及了古人，如山東的孔府、江西的天師府都是宋室的優惠政策的產物。更極端的例子是，農民起義者只要願受招安，統治者一般也都會接受，如我們所熟知的水滸英雄，其原型確實就是接受招安了。

儘管王室的優遇惠及各個階層，但只有文人被允許進入政治領導集團。上文已指出，宋太祖據有天下之後，選擇了文人作為其治理天下的主要依靠力量。宋代文人的社會威望在歷朝中是最高的。正如《宋史·文苑傳》所說：

> 自古創業垂統之君，即其一時之好尚，而一代之規模，可以豫知矣！藝祖革命，首用文吏而奪武臣之權，宋之尚文，端本乎此。[58]

宋室優禮文臣，大臣很少有因言賈禍者。蘇東坡的烏台詩案可謂是最嚴重的文字獄了，但我們知道，事件的始作俑者是其政敵而不是皇帝，蘇東坡受的打擊不過是帶著愛妾去偏遠的地方任職；朱熹受偽學之禁，但也沒有被禁止教書、寫作，甚至擔任過偽職的張邦昌也不過是讓他自裁而已。相比明代動輒在朝廷上杖笞大臣，清代文人或因一句無心的詩句就被砍頭或株連九族，宋代真可謂是難得的「文人的樂園」。王夫之不無羨慕地稱述「終宋之世，文臣無歐刀之辟」[59]，認為宋代的政策符合人才養成的規律：

> 古之王者，聞其養士也，未聞其治士也。[60]

因為社會地位的提高，士大夫階層思想活躍，這是文化事業繁榮的根本原因。

（二）儒學的內在動力

宋學的發生也有其內在的文化動力。魏晉以降，儒學在學術領域的壟斷地位為佛老所替代。佛學有一套精緻的邏輯思辨體系，對知識分子的吸引力超過了儒學，

故唐代最傑出的思想家只能從佛門中覓得。對於懷念「罷黜百家，獨尊儒術」格局的儒家學者來說，這自然是不可忍受的。故在佛教氣氛最濃的時候，韓愈豎起了排佛的旗幟。但在儒學理論沒有的發展的情況下，排佛當然不能成功。

不過需要強調的是，我們不可以認為儒學在此期間被拋棄了。玄學佛老都是超脫於政治的，所以儒家的政治理論一直是實際政治領域的指導思想，而且唐代對於儒家經典的整理工作做得不錯，宋人讀到儒家經典都是經唐人整理、注疏的。儒家失去的主要是在思想領域的話語領導權，因此恢復儒學的話語領導權，是中唐以後的儒者們文化工作的主要動力之一。

宋學發生的理論觸發點則是尊王攘夷的現實需要。在歷經中唐之五代的動亂以後，人們認識到儒家的政治理論是維持社會安定的最佳選擇，因此尊王的理論就被抽繹出來，作為宋室加強君主專制的理論依據。他們推崇忠孝氣節，反對唐五代以來不知忠君之風，如歐陽脩對馮道的重評。同時宋又面臨強大的外族壓力，需要嚴防華夷之辨以提高民族自尊心，這都是儒家思想才能完成的。

在經歷了數個世紀與佛道爭競的困窘後，宋代儒者生當重用文人的時代，不僅有了充分的自尊，也對知識一具體來講就是儒學一有了足夠的自信。許多學者，如胡瑗、李覯等，為仕途做了淺嘗輒止的努力後，便以文化教育為志業，專事學術研究。而成功入仕的，如范仲淹、王安石等，則以天下為己任，積極謀求恢復三代先王之道。從坐論到力行，恢復之志引發了范仲淹和王安石的變法，並最終促進了儒學的分化和理學（道學）的形成。

（三）科舉制對宋學的促進

科舉制在宋學興起的過程中，扮演了重要的角色。概言之，兩者存在著相互發明，相互促進的關係。科舉制的改革促進了宋學的發展，而宋學的發展反過來又促進科舉制進一步改革。

上文已述，唐代政治是變相的貴族政治，其得以維持的前提就是的，門閥世族利用科舉制度的漏洞操縱取士從而控制了政治，堵塞了出身寒門的士子上升的管道。公元九〇五年發生的「白馬之禍」，在一定程度上就是底層菁英（寒門士子）和門閥世族矛盾的集中爆發 [61]；而且我們知道，黃巢也是一個落第秀才。

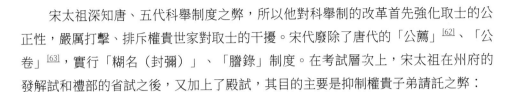

宋太祖深知唐、五代科舉制度之弊，所以他對科舉制的改革首先強化取士的公正性，嚴厲打擊、排斥權貴世家對取士的干擾。宋代廢除了唐代的「公薦」[62]、「公卷」[63]，實行「糊名（封彌）」、「謄錄」制度。在考試層次上，宋太祖在州府的發解試和禮部的省試之後，又加上了殿試，其目的主要是抑制權貴子弟請託之弊：

昔者，科名多為勢家所取，朕親臨試，盡革其弊矣。[64]

若有權貴子弟登第，則還須進行複考[65]。宋代進士登科後即釋褐入仕，不必再經過吏部的考試，這也是排除門閥世家干擾的措施。如唐代的韓愈在登科後，三試於吏部都未被錄取，在京城漂泊了十年，有人等待時間更長。而宋代登科即釋褐，就是脫離平民身分，而不久就直接授官職。

宋太宗對科舉制的改革是大大提高了科舉取士的數量，使得士大夫群體成規模。宋太祖提出了重用文臣的主張，但實際上並沒能完全落實這一政策，因為他的時代還是以統一戰爭為主要任務，又因國家財力不足，尚須壓縮人力。所以取士不多。從數量上看，以進士科為例，太祖在位期間共十五榜進士，取士一百八十七人，按每榜平均數計，還不如唐朝每榜取士（二十人）多。

這個數字在太宗時代急劇擴大，太宗一朝共取進士一千四百八十七人，平均每榜一百八十六人，最多的一次是淳化三年榜，正奏名進士達三百五十三人[66]。宋太宗述其思路：

朕欲博求俊彥於科場中，非敢望拔十得五，止得一二，亦可為致治之具矣。[67]

宋代大規模取士之風由此開啟，終宋之世取士總量與前後各朝錄取人數相比：兩宋共舉行了一百一十八榜常科考試，文、武兩科正奏名進士及諸科登科總人數達十多萬人，是唐、五代十，一百八十八名登科總人數的近十倍、明代二十四，六百二十四人的近四倍、清代二十六，八百四十九人的近三點八倍。[68]

可見兩宋科舉取人之盛。

這裡有必要提及一下宋太宗對於文化事業的推動之力。宋太宗時期編纂四大類書（見上文），有些人懷疑太宗是為了壓制籠絡文人，王夫之對此提出不同意見，認為太宗的出發點就是為了提高文教水準。因為這幾個人不值得他這樣籠絡或以此種手段消耗，之所以叫他們從事，只不過是中原地帶連年戰亂，實在乏人。這是對宋太宗的文教之功的中肯。

宋代還擴大了科舉取士的對象，面向的群眾廣泛，應試者不限門第、不論財產、不問學歷，只要不是城市工商、僧道還俗之徒、不孝不悌和高祖以下犯有死罪的子弟均有資格應試。取士數量多，則宋代社會上下流動的管道非常寬泛、暢通。凡有志之士，多數都有機會透過公平競爭進入社會上層。而宋代又特別注意程序公平，並以恩科、特賜第等手段補償科舉失敗者，消融其不滿情緒，故科舉制對維持社會穩定起到很好作用。

在宋代規範的科舉制度下，讀書做官基本上成為了獲取社會地位和資源的唯一通道。「利出一孔」，因此士人社會地位、聲望日隆，科舉出身成為社會最為引人注目的資質。「特賜第」代替了過去的爵位，成為皇帝表彰各方面優秀人才的手段。

科舉制的完善還使得社會菁英養成了競爭和平等意識，這對宋學的發展也起到了一定的作用。如陳植鍔先生指出的：

宋學家們在青年時代即從這種關係到個人前途與命運的科場角逐中接受了公開的挑選，從政或從教之後，又碰上大開言路，可以直抒己見，「異論相攪」，其將競爭意識和平等精神帶到學術研究之中，也便是極自然的了。[69]

宋代的學術爭鳴十分激烈，亦是宋學繁榮的動力之一。

宋學發展帶來的學術思想的變化，也推動了科舉考試形式和內容的變遷。還是以進士科為例，最初其考試內容為：

凡進士，試詩、賦、論各一首，策五道，貼《論語》十帖，對《春秋》或《禮記》墨義十條。[70]

帖經、墨義是諸科考試的主要內容，純屬於記誦之學，類似今天的填充或默寫，在宋初即已不受重視，故進士以詩、賦、論、策為特色和主要內容。太宗時期，以詩、賦、論三題為常，真宗時期加一場策，即以第一場考詩賦，第二場考論，第三場考策。但直到真宗時代，詩賦在錄取中都占有極為重要的位置，因為發解試和禮部試考試採取的都是逐場淘汰制，而詩賦試是第一場。若詩賦不過關，策論就不能參加了。

宋初科舉採取這種形式，是因為當時文壇風氣仍沿襲唐五代，詩歌創作流行西崑體[71]，文章則駢儷文為主，以文辭雕琢華麗為追求。以之酬酢應對尚可，以之發揮義理、探討經術，則不如古文體裁的策、論實用。但在古文運動興起之前，無論

考官和學子都只熟悉這種詩賦體，所以雖有大臣提倡重策論，而沒有行動。天聖三年（公元一〇二五年），知貢舉劉筠因策論將葉清臣擢為當年進士第二，到天聖五年（亦是劉筠知貢舉）則正式規定，把策、論列為取士的標準，就是改變以前逐場淘汰的做法，等三場全都完成後統一閱卷錄取。

劉筠、錢惟演都是駢儷文高手，但正是劉筠以策論擢取葉清臣而拉開科舉改革的序幕，而錢惟演在洛陽支持歐陽脩、尹洙、梅堯臣等人發起古文運動[72]，說明復興古文是有識之士共同的主張。

慶曆四年（公元一〇四四年）范仲淹主政，對科舉制又進行了一次改革。范仲淹對於辭賦、墨義早有不滿，認為：

國家乃專以辭賦取進士，以墨義取諸科，士皆捨大方而趨小道，雖濟濟盈庭，求有才有識者十無一二，況天下危困，乏人如此。[73]

帖經、墨義是以漢唐注疏為標準考察學子記誦的科目（前文已述，李覯為此甚至拒不參加進士考試），他認為不利於人才培養，故主張提高策論地位。在歐陽脩等高級官員的參與下，制定的政策是：進士試三場，「先策，次論，次詩賦，通考為去就，而罷帖經、墨義。士通經術願對大義者，試十道」[74]。去掉帖經、墨義，而允許士子發揮大義。大義即是考生對經文義理的發揮，不必受漢唐注疏，這正是宋代經學研究的特色。此項改革雖因慶曆新政的失敗而擱淺，但嘉祐二年（公元一〇五七年），歐陽脩主持貢舉，將古文運動的精神貫徹到取士中，宋代文風終由此改變。值得一提的是，歐陽脩主持的此屆貢舉，不僅錄取了古文八大家之三——蘇軾、蘇轍、曾鞏，還錄取了理學北宋五子之二——程顥、張載，以及參與王安石變法的呂惠卿、曾布等，可謂千古之盛事。

北宋的第三次科舉改革是在王安石變法期間。這次改革[75]，廢罷明經諸科，名額都並入進士科；取消了詩賦、帖經、墨義，保留了策論，而全體貢生都要考大義。這是北宋科舉改革的高峰，故陳植鍔先生指出：

從宋學的立場上看，前者標誌著有唐以來文章之學在科場統治的終結，後者代表了宋學對訓詁之學即漢學鬥爭的勝利。[76]

當然，科舉制在有力的穩定社會的同時，其弊端也是顯見的。大量取士造成了冗官之弊，而科舉選士，利出一孔，也造成了全社會尚文輕武的風氣。宋代積貧積弊，科舉制度難辭其咎。至於其對民族傳統的敝處亦多，茲不詳論。

二、宋代儒學復興的三種觀察視角

觀察宋代思想的發展，有多種視角，筆者將它們大致概括為理學家（或稱道學家，下同）視角、現代儒學視角、宋學視角。

理學家視角指的是宋以後直至清末的理學家們的視角。他們對宋代思想史的敘事，自然是以理學為儒學的主流和正宗，其理論基礎就是道統論。最早是朱熹為敘理學的源流而寫《伊洛淵源錄》，直接從周敦頤、二程、張載講起。後來《宋史》將理學家們從《儒林傳》中析出，而別立《道學傳》。《道學傳》序言稱：

「道學」之名，古無是也。三代盛時，天子以是道為政教，大臣百官有司以是道為職業，黨、庠、術、序師弟子以是道為講習，四方百姓日用是道而不知。是故盈覆載之間，無一民一物不被是道之澤，以遂其性。於斯時也，道學之名，何自而立哉。文王、周公既沒，孔子有德無位，既不能使是道之用漸被斯世，退而與其徒定禮樂，明憲章，刪《詩》，修《春秋》，贊《易象》，討論《墳》、《典》，期使五三聖人之道昭明於無窮。故曰：「夫子賢於堯、舜遠矣。」孔子沒，曾子獨得其傳，傳之子思，以及孟子，孟子沒而無傳。兩漢而下，儒者之論大道，察焉而弗精，語焉而弗詳，異端邪說起而乘之，幾至大壞。[77]

就是說，理學家的思想，直接承接中斷了千餘載的孔孟絕學。這樣的理學發生敘事，否定了一切中間環節，頂多承認韓愈的中繼之功。

當然，從思想本身的邏輯來講，這樣描述有其合理性。因為理學家的目標就是為儒家「清理門戶」，否定孟子以後的所有被他們認為是非正統的理論。而按他們的標準，幾乎沒有人配得上站在他們和先聖之間。這樣，在宋代思想史中，大大突出了理學一系，其他所有學派都淪為理學的襯托。在理學占據正統的時代，透過理學來觀察宋學的發展，這是其必然的結果。

現代學術對傳統思想的研究，筆者姑且命名為「現代儒學視角」[78]。其特徵是從學術發展的角度，祛除了理學家道統神話，而突出理學作為儒學復興運動的本質，

考察其在學術上的內在脈絡。如對其所受佛教的影響和對韓愈、李翱排佛衛道的未竟事業的繼續等等。

現代學術對宋代思想史的研究，首先是馮友蘭先生的《中國哲學史》所創立的哲學視角為主的研究方式。就哲學而論，則宋明理學最具有哲學內容，因此宋明理學仍在宋代思想史研究中占有特殊位置，仍為宋代思想史的主導和核心。受此種研究方式的影響，近幾十年來大陸學界研究宋明理學者多，而研究者宋學者少。就這種研究方法本身來說，這也是很自然的結果，倒不必苛求。其對於宋代思想史的觀察，則仍然受理學家敘事思路的影響，往往以理學直承韓愈《原道》、《原性》和李翱的《復性書》而起，好像宋代儒學自始即接著韓、李，在性命理氣之類的問題上，與釋氏劃分疆界。李弘祺先生對此批評道：

通常北宋的思想史都環繞在理學的形成上打轉，敘述各家的思想與師承間關係，這是一種方法。但一個用歷史眼光來探討思想史的人便應該也看出這一段時期歷史的重心之一是王安石變法運動，因此他必也要研究在這段時間環繞變法運動，與之有關的思想線索而加以考察。[79]

錢穆先生從思想史家的角度對宋代思想史的描述，略有不同。他將宋學分為初期宋學、中期宋學和南宋宋學三部分。他把范仲淹、胡瑗、孫復、李覯、王安石等人都作為儒學的初期發展中的人物，而以周張二程到呂氏兄弟為中期發展，南渡以後作為最後一段。

余英時先生對北宋思想史的描述則對哲學式研究思路有很大突破。他雖然承認哲學式的思想史思路有其合理性，但認為以韓、李為背景未免過遠，所以他在北宋十一世紀的歷史情境中考察「繼韓」與「辟佛」兩事的發展，給理學的形成尋求一種比較切近的歷史線索。其指導思想就是把宋代政治文化的發展分為三個階段，即「第一階段的高潮出現在仁宗之世，可稱為建立期」，「第二階段的結晶是熙寧變法，可稱之為定型期」，「第三階段即朱熹的時代，可稱之為轉型期」[80]。

不過，錢、余兩先生的思路，仍然是階梯式、漸進式縱深發展的思路，我們仍隱然可辨其以程朱為正宗。

另外還有一種視角，即宋學視角。以宋學命名包含各家學說在內的宋代儒學時，本身就蘊含了一個觀察視角，即以平行的、競爭的模式來描述宋代儒學復興。

筆者認為，宋學視角對於全面客觀評價宋代思想史人物，有著其他視角所沒有的好處。以范仲淹、李覯、王安石等宋學初期人物為例。在理學家眼裡，理學是宋代學術的主體、主流，而理學又是直承孟子的。范仲淹最大功績不過是「導橫渠以入聖人之室」[81]；李覯則屬可有可無之列，至於王安石，則更是異端邪說了。

在現代儒學的視角下，這些人物在思想史上的地位就要高一些。如余英時先生在講到宋代政治文化的發展時，對李覯的評價甚高。他認為，在宋初士大夫階層形成了「回向三代」的政治思想取向。怎樣從理想轉入實踐，從而塑造新的士大夫的政治文化，李覯是一個轉折的中樞，因為他明確提出了以《周禮》為依據重建社會生活秩序，因此是從胡瑗轉為王安石的一個關鍵[82]。不過他的看法仍然是以理學為主的，因而范仲淹等思想家是為即將到來的王安石時代從而為朱熹的世界作墊鋪的。這還不能充分體現范仲淹、李覯、王安石等理學之外的思想家的價值所在。

以宋學為視角，則可對這些人物有更恰當的定位和評價。如王安石，在理學系統中，他是個走上歧途的人。但在宋學的視角下，如鄧廣銘先生評價的：

王安石出生雖晚於胡瑗，然在宋學的建立方面，卻毋寧說他是更為重要的一人。[83]

又如，據說乾隆皇帝曾為江西省資溪縣嵩市鎮三口村的李氏家廟御筆親題「理學開宗」匾額（此匾額目前保存在當地的博物館），也有一些當代學者稱李覯為理學開宗[84]。實際上李覯根本不曾為理學家所承認，何來開宗？若以宋學為視角，則可恰當的稱之為宋學的開宗。

今天的思想史研究者應以更寬廣和全面的眼光來研究宋代儒學的復興史。這樣才可以客觀、準確地理解和評價像范仲淹、李覯、王安石這樣一些被摒斥於理學譜繫之外的學者的思想成就。進一步說，對於全部儒學的發展，也應該以這樣的眼光來考量。因此本文對宋代思想史的觀察，主要是以宋學為視角的。

第四節 范仲淹的影響

關於李覯政治思想的背景，還要提到的就是范仲淹對他的影響。

在有著濃厚的「春秋責備賢者」傳統的中國，一個人物無論多麼優秀，總能被人挑出這樣那樣的毛病。唯有范仲淹，似乎很少有人能夠找到他的缺點來做文章，可以說近乎完美了。以傳統的「三不朽」而論：

在立德方面，他自幼失父，隨母改嫁，苦學得仕，復姓，養母；為朝官直言敢諫，為地方官則為民興利；可謂忠孝皆全。范仲淹生不謀利，死無餘財，「每感激論天下事，奮不顧身，一時士大夫矯厲尚風節，自仲淹倡之」[85]。於公於私，其高風亮節為世人所公認。——是其德之立也高。

在立功方面，范仲淹從二十七歲踏入仕途，三十七年間共擔任過京官二十個，地方官三十五個[86]，最後在青州任上因忙於賑災而患重病，死在遷官路上，可謂鞠躬盡瘁，死而後已。套用一句小說家的俗話，他武能安邦：組織了抵禦西夏的軍事防禦體系，扭轉了宋朝屢戰屢敗的局面，迫使西夏停止入侵，與宋議和；文能治國：他擔任宰執時，發動慶曆新政，這是「繼北魏太和年間馮太后之後，中國封建社會政治史上又一次全面的改革，產生了深遠影響」[87]。他每到一任都有德政惠民，民間立祠達十八處之多[88]。如在興化縣主持興修的捍海堰，今尚存其遺跡，民受其惠，以至當地多有以范為姓者。——是其功之立也大。

在立言方面，范仲淹成就也不凡。其為一代文學大家自不必說，從宋學的開創來講，范仲淹亦不愧為一大思想家。——則是其言之立也重。

在以往的歷史觀念中，往往片面強調歷史發展的必然規律，彷彿只要社會局勢、客觀條件具備了，某些歷史事件一譬如宋學的發生一就會自然而然地成就。的確，任何事業的成就不能脫離歷史「大勢」，但是若沒有適當的人來推動，恐怕在後人看來水到渠成的事情，就未必那麼順理成章了。某些特出人物所具有的「造勢」的能力，及其對歷史進展的推動（或抵制）作用，絕不應被忽視。在宋學興起的過程中，范仲淹就扮演了這樣一個「歷史推手」的角色。

范仲淹與宋學的關係，可以從以下幾個方面總結：

其一，以體制的力量推動宋學的興起。學校與科舉是宋學興起的重要因素，而范仲淹對學校和科舉制度都向著有利於宋學發展的方向施以過改進。范仲淹平生極為重視教育興學。天聖四年，他母親去世，他丁憂守制三年。守母喪期間，他受晏

殊之邀，主持早年曾就讀的應天書院（又稱睢陽學舍或南都學舍，是宋初四大書院之一）的教學工作。在教學中，

> 仲淹常宿學中，督訓學者，皆有法度，勤勞恭謹，以身先之。……由是四方從學者輻湊，其後宋人以文學有聲名於場屋者，多其所教也。[89]

這說明他對教育有著較深切的實踐經驗。他在地方官任上，以興學為急務，如在睦州（公元一〇三四年）、蘇州（公元一〇三五年）、饒州（公元一〇三七年）、潤州（公元一〇三九年）、越州（公元一〇四〇年）、邠州（公元一〇四五年）等地，都有興學之舉。陳植鍔先生認為宋代有四次興學運動，第一次是天聖、景祐年間，是各地方政府自發的興學運動，第二次是慶曆、嘉祐年間，朝廷下詔令天下州縣都立學，使得教育機構全面普及[90]。天聖、景祐的興學運動中，范仲淹是一個身體力行者。而慶曆興學，則是他登高一呼的功效了。

慶曆興學運動的另一項措施是建立太學。宋代國子監本有國子學，是教學機構。但它只面向高級官員子弟招生，學生很少，教師也由出身傳統的科舉得第者出任，在社會上影響很小。慶曆新政期間，詔立太學，面向底層官員及庶人子弟招生，生源大為擴大。教學方法也得到改進：

> 慶曆四年，……建太學於京師，而有司請下湖州，取先生（胡瑗）之法以為太學法。[91]

而後石介、孫復、胡瑗、李覯等人先後經他推薦到太學出任教官（直講）。這幾個人在經學上的立場，都主張義理之學的，他們在最高學府執教，對於學風改變之力可想而知了（慶曆新政期間，范仲淹還主持了科舉考試的改革，前章已述）。

其二，為宋學興起準備了一批人才。范仲淹一生「樂得天下之英才，異於世俗之常見」[92]，舉薦賢人不遺餘力。而且范頗有識人之明，如他舉薦的武將，如狄青、种世衡後來都成為一代名將；而他拒不推薦石介擔任台諫，其後石介的表現果然如他所言。他對致力於學問的人才關注更多，宋學早期人物多曾受過他的影響，如李覯、歐陽脩，以及下面將要談到的孫復、胡瑗、石介、張載、王安石等，或遊其門下，或曾受其薦引、鼓勵。范仲淹實為當時文壇領袖。李白求見韓朝宗，有「生不願封萬戶侯，只願一識韓荊州」的名句。用之於韓朝宗，實屬誇張；若以之況范仲淹，則恰如其分。

其三，從學術思想來講，范仲淹本人即是宋學之重鎮。范仲淹自幼苦讀，治學本諸《六經》，以義理見長。據《宋史》載：

　　仲淹泛通《六經》，長於《易》，學者多從質問。[93]

　　由於長期從事軍政實務，他沒有太多撰述。但為數不多的篇章，已經足以開啟一代學風了。他涉獵又廣，於釋、老皆有很深的造詣，與佛、老、隱逸之士的交遊頗多，是以他雖崇儒，排釋、老則不如後來者那麼激烈。其政治思想，源於參政實踐，更是寶貴的精神財富。錢穆先生指出：

　　蓋自朝廷之有高平，學校之有安定，宋學規模遂建。後人以濂溪為為宋學開山，乃或上推之於陳摶，皆非宋儒淵源之真也。[94]

　　錢先生以胡瑗和范仲淹並列為宋學淵源，否定周敦頤為宋學開山，已發前人之未覆。若從以上所列諸項綜合考之，則唯有范仲淹才當得起宋學開山之語。

　　如果說宋學是李覯政治思想形成的背景，那麼我們可以說，范仲淹透過對宋學的推動，間接影響到了李覯思想的形成。而且李覯作為范仲淹的門人，受到范仲淹的影響自然非止一端。

一、易學思想之影響

　　范仲淹自踏入仕途便勤於政事，難得有大段時間從事著述。唯有守母喪、執教睢陽學舍的兩三年（在公元一〇二六至一〇二八年），正處在四十歲上下的年紀，閱歷已豐，精力充沛，而又無公務纏身，所以能夠靜心思考，完善自己的思想。

　　范仲淹治學最重《易》，其次是《春秋》。史稱范仲淹長於《易》，其來有自，非妄言也。范仲淹有「忘憂曾扣《易》，思古即援琴」[95] 之句，說明他以《易》作為個人修養之助。在他的各類文章中，援《易》之處比比皆是。

　　他對《易》的研究成果，較為集中的體現在《易義》、《四德說》、《易兼三才賦》、《製器尚象賦》、《窮神知化賦》、《蒙以養正賦》等篇目中。據司馬光記載，他執教期間，出題使諸生作賦，必先自為之，欲知其難易，及所當用意，以使學者準以為法。[96] 就是說，他為教學需要寫了一些賦作為範文供諸生參考，應該就是這些近乎「純學術」的文字了。

《易義》講解二十七卦的卦名，偶爾涉及爻詞。他注重發揮義理，不重訓詁注疏。他以上下卦之象解說卦名，又透過講明卦時闡發義理。如他講《恆》卦，則以其為「上下各得其常之時也」，「常」的內容包括：

天尊地卑，道之常矣；君處上，臣處下，理之常矣；男在外，女在內，義之常矣。[97] 這是透過《易》發揮倫理綱常。又如講《困》卦，他指出這是「君子困窮之時也」，在此時應：

困於險而不改其說，其唯君子乎，能固窮而樂道哉？……知此時者，卷而懷之，極然後反，其困必亨。[98]

這是闡發個人修養的道理。又闡發治理國家的道理，如解《損》、《益》兩卦。《損》之時是取下資上：

下者上之本，本固則邦寧。今務取於下，乃傷其本，危之道也。[99]

所以卦名叫「損」。《益》之時是自上惠下，因為民為邦本，益下就是固本，所以損上益下被稱為「益」。由此他說明，治國者應當少取於民，利民以固邦本的道理。他反對以第五爻為君的慣例，指出：

或者泥於六位之序，止以五為君，曾不思始畫八卦，三陽為乾，君之象也，豈俟於五乎？三隱為坤，臣之象也，豈俟於四乎？[100]

他認為「《易》無體」，解《易》應當隨義而發，不應拘泥六位的順序。但他主卦分內外，如在解《乾》卦時，他認為：

九二居乎內，德也；九五居乎外，位也……德，內也，位外也；九二，君之德，九五，君之位；成德於其內，充位於其外。[101]

這就較接近內聖外王的思路了。他指出這方面的理論應從《中庸》覓得，只是他沒有進一步發揮，而以之指示了張載。

《易義》中多以史事比附卦名。如《晉》卦是嘉譽顯進之時，他認為這是「其伊尹之時與」；《明夷》為蔽賢傷善之時，「其商之末世耶」，文王、箕子都不得不自晦；如《夬》卦，是以大制小、以正黜邪之時，他認為「舜舉八元而去四凶，此其時矣」，等等。這或許啟發了司馬光的《溫公易說》以史事解《易》的易學。

《易義》又對部分卦區別了德之正與偏，如《巽》為命令宣行之時，「其失也偽」，故必須君子體之；《兌》為推恩敷惠之時，「其失也佞」，必須內存剛正才能免佞之情。

范仲淹的《四德說》是專門對「元、亨、利、貞」四德進行發揮的論文。他認為《文言》講解四德不詳，所以「遠取諸天，近取諸物，復廣其說焉」[102]。他以四德作為「道」的體用、運行，即元為「道之純者也」，亨為「道之用者也」，利為「道之用者也」，貞為「道之守者也」。在此基礎上，他分別將四德在天地、人、國、家、物身上的體現作了描述，如元德體現在人，就是溫良、樂善、好生；亨德在人就是得時茂勛，利德就是「兼濟」（達則兼濟天下），貞德就是正直、忠毅。范仲淹把宇宙運行規律和人間的政教倫理一併糅合統一在道的名下，故他說：

行此四者之謂道，述此四者之謂教。……天微四德，天道不行；地微四德，坤儀不寧；人微四德，則無令名；國家無四德，則風教不倫；物無四德，則祥瑞不生。[103]

《易兼三才賦》、《製器尚象賦》等短篇論文，專講一些易學命題，亦不乏精彩之論，不再詳述。

范仲淹和李覯的交往，前章已述。他們交往時，已是范仲淹執教睢陽學舍七、八年以後的事了。范仲淹的易學思想已經成熟，而李覯尚在構思其文，所以他肯定要受到范仲淹的一些影響，如他對「四德」的發揮，區別卦德之正與偏，又如他抱著憂患意識闡發《易》的變革之道，等等。

當然，李覯以義理解《易》的想法是早就有的，他也並不完全贊同范仲淹的觀點，如李覯專以第五爻為君主而通論君德，又他專以《易》闡發治道而不願牽扯天道上去的傾向，也與范仲淹以《易》道貫通天地人的整體思維不同。

二、政治思想之影響

范仲淹的政治思想也在守制期間趨向成熟。此時寫的《上執政書》（又稱「萬言書」）是他對當時社會政治形勢通盤思考後提出的變革主張，蘇軾論曰：

公在天聖中，居太夫人憂，則已有憂天下致太平之意，故為萬言書以遺宰相，天下傳誦。至用為將，擢為執政，考其平生所為，無出此書者。[104]

可謂其政治思想的集中體現。在此文中，他以《易》道「窮則變，變則通，通則久」，論社會當主動變革，以求長治久安之道。他以天下太平責於宰執，故他上書的對象是宰執。他滿懷憂戚地論列天下太平所隱含的危機：

今朝廷久無憂矣，天下久太平矣，兵久弗用矣，士曾未教矣，中外方奢侈矣，百姓反困窮矣。朝廷無憂則苦言難入，天下久平則倚伏可畏，兵久弗用則武備不堅，士曾未教則賢材不充，中外奢侈則國用無度，百姓困窮則天下無恩。苦言難入則國聽不聰矣，倚伏可畏則奸雄或伺其時矣，武備不堅則戎狄或乘其隙矣；賢材不充則名器或假於人矣，國用無度則民力已竭矣，天下無恩則邦本不固矣。[105]

他指出，宰執們若要立功報國之君，應當做「固邦本，厚民力，重名器，備戎狄、杜奸雄、明國聽」這六個方面的事務。他對於這六方面的政策進一步落實為：

第一，「固邦本者，在乎舉縣令、擇郡守，以救生民之弊也」[106]，這是他對地方官員選拔制度的改革主張。他認為當時任官制度的弊端是過於循例、按年資提拔官員。關於靠著資歷得到官職，年齡大的就為子孫謀利，年齡小的就急於出政績以求上進。沒有人真正考慮為民興利除害做實事。而且朝廷偏重優容推恩，不願斥退冗官。他主張加強政績的考核，以政績定官員之進退。

他還強調，要加強巡行按察，監督官員，及早發現貪腐之員。他指出，近年處理的一些貪官，都是「貫盈之夫，久為民患」的人。儘管懲治了他們，畢竟為害已久，更何況有些官員尚未被發現呢？

第二，「厚民力者，在乎復遊散、去冗僭，以阜時之財也」[107]，這是他的富民主張。官員們的職責是「阜時之財」，就是富民，富民也就是固邦本了。他的富民之策是「復遊散之流，抑工商之奢，去士卒之冗，勸稼穡之勤，以《周禮》司徒之法約而行之」[108]。

他指出，古代有四民，秦漢以下又加上了兵和緇黃兩類。在六民之中，「浮其業者不可勝計」。浮其業者，就是李覯說的遊惰之民。他們不事生產，依靠農民奉養，「士有不稽古而祿，農有不竭力而饑，工多奇器以敗度，商多奇貨以亂禁，兵多冗而不急，緇黃蕩而不制，此六民之浮不可勝記，而皆衣食於農者也」[109]。他們造成了物價高漲，而民生愈困難的局面。

對於釋道，他肯定「夫釋道之書，以真常為性，以清淨為宗，神而明之，存乎其人」，但其道「智者尚難於言，而況於民乎」[110]。他提出，應限制度僧的數量，寺觀則只可以修繕已有者，禁止修建新的。

對於士兵，他認為古時候寓兵於民，且耕且戰（可能也是從《周禮》得來的結論）。而當時的士兵，主要是地方軍隊，既不生產也不能作戰，范仲淹謂之「旨在存活」。因此他主張把不能作戰的老弱冗兵裁掉，全力加強禁軍的建設。

對於工商，他主張透過禁止消費，來杜絕「奇器、奇貨」的生產。

第三，「重名器者，在乎慎選舉、敦教育，使代不乏才也」[111]，這是他關於教育和科舉指度的建議。

范仲淹認為，能夠「厚民力、固邦本」者，必須「舉縣令、擇郡長」，但「舉縣令、擇郡長」又面臨著乏賢才的問題。他批評當時的士人「委先王之典，宗叔世之文，詞多纖穢，士唯偷淺，言不及道，心無存誠」[112]，主張從科舉取士著手變革士風，應提高策論在取士中的作用：

先策論以觀其大要，次詩賦以觀其全才，以大要定其去留，以全才升其等級。[113]

培養人才離不開學校，因此他主張在地方興學：

先於都督之郡，復其學校之制，約《周官》之法，興閭裡之俗。[114]

關於他對科舉和教育的改革，上文已述，不再重複。

第四，「備戎狄者，在乎育將才、實邊郡，使夷不亂華也」[115]，這是他對軍事的見解。

宋代重文治，不注重軍事人才的選拔與培養，不提倡兵法的學習，「孫吳之書，禁而廢學」。范仲淹指出，秦焚書，希望愚天下之民以保天下。但揭竿而起的，恰是陳勝、吳廣這樣的不讀書者。所以應該打破禁忌，就將領之子弟，教授兵書，培養後備。又可設武舉，選拔將才，如唐代以武舉得郭子儀。或者就文臣中有謀略者，授以武學備用。不過，宋代社會重文輕武的風尚根深蒂固，連范仲淹本人也難免，如後來他拒絕朝廷授予的武職而寧願保留龍圖學士的文銜。

關於邊防，他的另一條建議就是「置本土之兵，勤營田之利」。宋代本有本土之兵，即在北方邊境的雲翼之軍，范仲淹主張擴大其編制，輔之以營田。他主張要居安思危，充實邊境，做好備戰，絕不能完全依賴和約。

第五，「杜奸雄者，在乎朝廷無過，生靈無怨，以絕亂之階也」[116]。范仲淹認為，奸雄歷朝歷代都會有，他們往往會抓住朝廷的過錯來發難作亂。因此朝廷應防微杜漸，修德政，勿使民怨，不給心懷叵測者留下藉口。當時的朝廷沒有什麼大的錯誤，但也有一些問題。他舉出土木之興、職祿不當、封蔭過濫、權貴寒族矛盾等弊端。他特地提出以內帑建寺觀的問題，指出：

內帑之物，出於生靈，太祖皇帝以來，深思遠慮，積之聚之，為軍國急難之備，非語神佞佛之資也。[117]

這就是後來李覯所批評的「天子之私財」的問題。另外還有緇黃術異之流「結託戚近，邀求進貢」的問題，等等。

范仲淹指出，在太祖太宗時代，天下苦於、習於長久動亂，所以東征西討，勞役興修，民眾都可接受。但現在天下久安，民風「勞則易怨，擾則易驚」，所以更應該注意安撫民眾的問題，可見其對人心之洞察。

第六，范仲淹認為，人未病之時，苦藥難進。天下久安，則忠言逆耳。這種時候往往諂媚之徒得進，君主往往聽不到忠言。他以京師水災作為上天的警示，要求在位置者保直臣、斥佞人：

明國聽者，在乎保直臣、斥佞人，以致君於有道也。[118]

范仲淹的「萬言書」在當時引起很大反響，參政王曾因此對范仲淹十分欣賞。但正如范仲淹所料，天下太平，忠言不進，改革更是沒有可能。直到十六年後，即慶曆三年（公元一〇四三年），宋仁宗迫於內憂外患，任命范仲淹、韓琦、富弼等人主持政務，並開天章閣，命范仲淹、富弼等條陳政事。范仲淹提出十條改革建議，即《答手詔條陳十事》。之後范仲淹又提交了一個提要，即《再進前所陳十事》。這十事是：

一曰明黜陟。為復位文武百官磨勘，將以約濫進，責實效，使天下政事無不舉也。二曰抑僥倖。為復位文武百官奏蔭及不得陳乞館閣職事，將以革濫賞省冗官也。

三日精貢舉。為天下舉人先取履行，次取藝業，將以正教化之本、育卿士之材也。四日擇官長。為舉轉運使、提點刑獄並州縣長吏，將以正綱紀、去疾苦、救生民也。五日均公田。為天下官吏不廉則曲法，曲法則害民。請更賜均給公田，既使豐足，然後可以責士大夫之廉節，庶天下政平，百姓受賜也。六日厚農桑。為責諸道溝河並修江南野田及諸路陂塘，仍行勸課之法，將以救水旱豐稼穡、強國力也。七日修武備。為四方無事，京師少備，因循過日，天下可憂。請密定規制，相時而行，以衛宗社，以寧邦國也。八日減徭役。為天下徭役至繁，請依漢光武故事，併合縣邑，以省徭役，庶寬民力也。九日覃恩信。為救書內宣布恩澤未嘗施行，並請放先朝欠負，以感天下之心也。十日重命令。為制書忽而行違者，請重其法，以行天子之命也。[119]

以上所述范仲淹的政治改革主張，多在李覯的政治思想體系中有所體現。可見李覯不僅在易學研究方面受范仲淹影響頗大，其政治思想的確與范仲淹為同道，受到范仲淹很大的影響。

當然這並不否定李覯思想的獨創性。李覯的政治理論與范仲淹也有很多不同之處。如他們對《周禮》的看法。《周禮》是李覯建構政治思想的重要依據，其《周禮致太平論》及《富國》、《強兵》、《安民》三策就是以《周禮》為藍本的。而范仲淹似乎對《周禮》不甚感興趣。作為一個「一生粹然無疵」[120]的人，范仲淹「論說必本於仁義」[121]。雖然在論及精考課、阜時財等問題時，也提到《周禮》，但他對《周禮》的興趣顯然不及《中庸》。

耐人尋味的是，皇祐元年（公元一〇五〇年）范仲淹薦李覯於朝，列舉他的著作有《禮論》、《明堂定制圖序》、《平土書》、《易論》，而不提他的《周禮致太平論》及三策。有可能范仲淹不太喜歡《周禮致太平論》及三策所體現出來的強烈的功利取向。相比於富國強兵，范仲淹對道、性命等形而上命題有更多的興趣。他在這方面的許多思考，由張載所繼承和發展，其標誌就是他勸張載讀《中庸》。

註釋

[1] 肖建樂：《「中國唐史學會第九屆年會暨唐宋社會變遷國際學術研討會」綜述》，載《雲南大學學報（社會科學版）》，2004 年，第 5 期。

[2] 內藤湖南：《概括的唐宋時代觀》，載《日本學者研究中國史論著選譯》第一卷，中華書局，1992 年版，第 10 頁。

[3] 《朱子語類·卷一二九·本朝三》。

[4] 陳邦瞻：《宋史紀事本末·敘》，北京：中華書局，1986 年版，第 1191 頁。

[5] 嚴復：《致熊純如函》，載《嚴復集》第三冊，北京：中華書局，1986 年版，第 668 頁。

[6] 唐德剛：《胡適口述自傳》，上海：華東師大出版社，1993 年版，第 260-264 頁。

[7] 錢穆：《宋明理學概述》，載《錢賓四先生全集》第 9 冊，第 1 頁。

[8] 錢穆：《唐宋時代的文化》，《中國學術思想論叢（四）》，載《錢賓四先生全集》第 19 冊，第 392 頁。

[9] 錢穆：《唐宋時代的文化》第 393 頁。

[10] 錢穆：《唐宋時代的文化》，第 394 頁。

[11] 李覯出生比宋仁宗（1010 年生）早一年，李覯去世時，仁宗（1063 年去世）尚在位。而宋代開國至李覯去世，恰是百年時間（960-1059 年）。

[12] 《續資治通鑑·宋紀二》。

[13] 太宗語，見《續資治通鑑長編·卷一十七》。

[14] 鄧小南：《祖宗之法——北宋前期政治述略》，北京：三聯書店，2006 年版，第 15 頁。

[15] 王曾瑜：《宋朝兵制初探》，北京：中華書局，1983 年版，第 1 頁。

[16] 宋初承周制，禁軍分為侍衛司和殿前司。侍衛司首領為馬步軍都指揮使、副都指揮使、都虞候，其下又有馬軍都指揮使、步軍都指揮使。殿前司的首領為殿前都點檢、副都點檢、殿前都指揮使、殿前都虞候。改革後，僅有馬軍都指揮使、步軍都指揮使、殿前都指揮使三職執掌禁軍。

[17] 後來又以更低一級的四衛取代三衙，由四廂都指揮使掌管禁軍。

[18] 《宋史·卷一百六十二·職官志二》。

[19] 唐代宗設樞密使，負責皇帝詔令、大臣奏章的上傳下達，以宦官擔任，有職而無機構，此為樞密院院之萌芽。唐末宦官專權，樞密使的權力也隨之擴張。

[20] 宋太祖尚有其他種種加強軍隊管理的制度，如禁軍分屯；禁義社、親兵等私人結交活動；更戍制度等，茲不贅述。

[21] 《宋史·卷一百六十二·職官志二》。

[22] 《邵氏聞見後錄·卷一》。

[23] 張國剛：《唐代藩鎮研究》，長沙：湖南教育出版社，1987 年版，第 27 頁。

[24] 《新唐書·卷五十·兵志第四十》，又參見譚其驤《簡明中國歷史地圖集·元和方鎮圖》。

[25] 《資治通鑑·卷二百八十二·後晉紀三》。

[26] 《續資治通鑑長編·卷六》。

[27] 《宋史·卷一百八十七·兵志一》。

[28] 《續資治通鑑長編·卷五》。

[29] 乾德元年（963 年），鎮守大名的天雄軍節度使符彥卿因為「專恣不法，屬邑頗不治」，於是朝廷選派了一批精明強幹的朝官去做天雄軍多個屬縣的知縣。由於這些知縣來自朝廷，故他們敢於和節度使分庭抗禮，僅以行政上級看待節度使。

[30] 建隆元年（960 年）10 月，宋太祖下令「兩京軍巡及諸州馬步判官……詔吏部流內銓注擬選人」（《續資治通鑑長編·卷一》）；建隆三年（962 年）3 月，宋太祖認為：「五代諸侯跋扈，多枉法殺人，朝廷置而不問，刑部之職幾廢，且人命至重，姑息藩鎮，當如此耶？」於是下令「諸州自今決大辟訖，錄案聞奏，委刑部詳覆之」（《續資治通鑑長編·卷三》）。

[31] 建隆三年 12 月，「重設縣尉，凡盜賊、鬥訟，先誘鎮將者，詔縣令及尉復領其事。」（《續資治通鑑長編·卷三》）；開寶三年（970 年）5 月，又下令「諸州長吏毋得遣僕從及親屬掌廂鎮局務」（《續資治通鑑長編·卷十一》）；太平興國二年（977 年）正月，太宗又重申「禁藩鎮補親吏為鎮將」。（《續資治通鑑長編·卷十八》）

[32] 唐末、五代的節度使一般都領有數州，稱為「支郡」。乾德元年（963 年）在平定湖南時，宋太祖便命令湖南各州府直隸中央，不再隸屬於節度使。內地原有節度使支郡之收回始自趙普。開寶六年（973 年）趙普罷相，出任河陽三城節度使，循例兼「孟、懷等州觀察處置使」。當時孟州知州高保寅與趙普不和，要求直屬中央，得到批准。太平興國二年（977 年），太宗下令所有節度使屬下的支郡都直屬中央，節度使所領只是一州府，從此「天下節鎮無復領支郡者矣。」《續資治通鑑長編·卷十八》。

[33] 可能是由於有這樣的歷史淵源，到北宋中期，節度使一職演變為一種榮譽極高的虛銜。朝廷以節度使授予宗室、外戚、文武大臣和少數民族首領等，以示優寵，一般不再赴本州府。而以節度使帶同中書門下平章事、中書令等虛銜，或宰相罷官到地方上帶節度使虛銜者，謂之「使相」，更是榮耀。

[34] 開寶二年（969 年）10 月，太祖重演「杯酒釋兵權」故伎，宴請王彥超等資格比較老的節度使，說：「卿等皆國家宿舊，久臨劇鎮，王室鞅掌，非朕所以優賢之意。」王彥超領會宋太祖的意思，馬上請求辭去節度使，另外幾個節度使猶競相陳述戎馬軍功。宋太祖很不高興地說：此異代事，何足論也。」兩天後便將他們的節度使職務免去，另授他職。（《續資治通鑑長編·卷十》）。

[35] 見鄧小南：《走向「活」的制度史》，載包偉民主編：《宋代制度史研究百年》，北京：商務印書館，2004 年版，第 14 頁。

[36] 宋朝仿唐制設「三省」，但「宰相不專任三省長官」，而是另外設立「中書禁中，是為政事堂」《宋史·卷一百六十一·職官志一》）。

[37] 《宋史·卷一百六十一·職官志一》。所謂官，就是以唐三省六部制的職事官系統為標準，確立官員級別、俸祿的高低，故又稱寄祿官。職又分館職和貼職。館職指官員在三館祕閣中所任職務。他官兼館職，稱貼職。貼職或稱職名，一般為文官榮譽頭銜。其實只有「差遣」是官員的實際職務，各級官員均以差遣名義出入內外，執行政事。

[38] 《宋史·卷一百六十一·職官志一》。

[39] 《續資治通鑑長編·卷二三》，太平興國七年十月癸亥條。

[40] 錢穆：《中國歷代政治得失》，《錢賓四先生全集》第 31 卷，臺北聯經出版社，1998 年版，第 2 頁。

[41] 趙宋建國之初不過是當時列國之一，其能控制的主要是中原區域，包括今天的山東、河南、陝西、河北、江蘇、安徽、湖北北部等地。南隔長江與吳越、南唐、荊楚對峙，西南有後蜀割據四川，西北有定難節度使割據甘肅，北方有北漢割據山西，河北以北幽雲十六州被遼占據。986 年，宋太宗最後一次發起收回幽雲十六州的戰爭，以失敗告終。

[42] 劉緒貽：《中國的儒學統治》，北京：中國人民大學出版社，2006 年版，第 105 頁。

[43] 余英時：《朱熹的歷史世界》（上冊），北京：三聯書店，2004 年版，第 210 頁。

[44] 余英時：《朱熹的歷史世界》（下冊），第 636 頁。

[45] 陳邦瞻：《宋史紀事本末·卷二》。

[46] 陳邦瞻：《宋史紀事本末·卷二》。

[47] 宋仁宗 1022 年繼位，因年齡小而由劉太后垂簾聽政。明道二年（1033 年）劉太后去世後才親政。有十一年時間是在劉太后的羽翼下度過的。劉太后過世後宋仁宗才發現自己不是劉太后親生的，這也是後世許多演義的題材來源。

[48] 康定元年（1040 年）三川口之戰、慶曆元年（1041 年）好水川之戰、慶曆二年（1042 年）定川寨之戰，宋軍損失慘重。

[49] 《朱子語類·卷第一百二十七·本朝一》。

[50] 施德操：《北窗炙輠錄》，載《全宋筆記》第三編第八冊，鄭州：大象出版社，2008 年版，第 174 頁。

[51] 據皇祐年間樞密院的統計，宋朝的士兵數量：開寶之籍，總三十七萬八千，而禁軍馬步十九萬三千；至道之籍，總六十六萬六千，而禁軍馬步三十五萬八千；天禧之籍，總九十一萬二千，而禁軍馬步四十三萬二千；慶曆之籍，總一百二十五萬九千，而禁軍馬步八十二萬六千。」見《宋史·卷一百八十七·兵志一》。另外，前文所說的荒年收納流民的政策，也是造成宋代軍隊龐大的原因之一。

[52] 《朱子語類·卷第一百十·論兵》。

[53] 《宋史·卷一百七十九·食貨志》。

[54] 《宋史·卷一百八十七·兵志一》。

[55] 王夫之：《宋論》，北京：中華書局，1964 年版，第 4 頁。

[56] 王夫之：《黃書噩夢》，北京：中華書局，1956 年版，第 6 頁。

[57] 王夫之：《宋論》，第 7 頁。

[58]《宋史·卷四百三十九·文苑傳》。

[59] 王夫之：《宋論》，第 6 頁。

[60] 王夫之：《宋論》，第 6 頁。

[61] 天佑二年（905 年）六月，朱溫在滑州白馬驛（今河南滑縣境）一夕盡殺裴樞等「衣冠清流」三十餘人，投屍於河，史稱「白馬之禍」。鼓動其事者就是因屢試不第而痛恨朝士的李振。他對朱溫說：「此輩常自謂清流，宜投之黃河，使為濁流。」見《資治通鑑·唐紀八十一·卷二六五》。

[62]《宋史卷一百五十五選舉一》載：「故事，知舉官將赴貢院，台閣近臣得薦所知之負藝者，號曰『公薦』太祖慮其因緣挾私，禁之。」

[63]《宋史·卷一百五十五·選舉一》載：「初，貢士踵唐制，猶用公卷，然多假他人文字，或倩人書之。……賈昌朝言：『自唐以來，禮部采名譽，觀素學，故預投公卷；今有封彌、謄錄法，一切考諸試篇，則公卷可罷。』自是不復有公卷。」

[64]《宋史·卷一百五十五·選舉一》。

[65]《宋史卷一百五十五選舉一》載：「陶谷子邴摧上第，帝曰：『谷不能訓子，安得登第？』乃詔：『食祿之家，有登第者，禮部具姓名以聞，令複試之。』自是，別命儒臣於中書複試，合格乃賜第。」

[66] 龔延明、祖惠編：《宋代科舉概述》，附載於《宋登科記考（下）》，南京：江蘇教育出版社，2009 年版，第 3 頁。

[67]《宋史·卷一百五十五·選舉志一》。

[68] 龔延明、祖惠編：《宋代科舉概述》，附載於《宋登科記考（下）》，南京：江蘇教育出版社，2009 年版，第 1 頁。

[69] 陳植鍔：《北宋文化史述論》，北京：中國社會科學出版社，1992 年版，第 68 頁。

[70]《宋史·選舉志一》。

[71] 景德二年（1005）至大中祥符六年（1013）數年間，楊億、劉筠、錢唯演等人奉旨在密閣即皇家圖書館編纂《冊府元龜》。編書之餘，他們寫詩酬唱，後結集為《西崑酬唱集》。「西崑」之名，得自《山海經》和《穆天子傳》中關於崑崙之西有群玉之山，為帝王藏書之府的傳說。他們的詩風，追求辭藻華美、對仗工整，在宋初頗為流行，號為西崑體。

[72] 在他們之前，先有穆修與柳開同倡古文。穆修傳尹洙，再傳歐陽脩，終於壯大古文運動。

[73] 范仲淹：《答手詔條陳十事》，《范仲淹全集》，第 478 頁。

[74]《宋史·選舉志一》。

[75]《宋史選舉志一》：「於是改法，罷詩賦、帖經、墨義，士各占治《易》、《詩》、《書》、《周禮》、《禮記》一經，兼《論語》、《孟子》。每試四場，初大經，次兼經，大義凡十道（後改《論語》、《孟子》義各三道）次論一首，次策三道，禮部試即增二道。」

[76] 陳植鍔：《北宋文化史述論》，北京：中國社會科學出版社，1992 年版，第 115 頁。

[77] 《宋史·道學傳》。

[78] 需強調的是，此處所言現代儒學與現代的新儒家學派無關，純粹從儒學復興的角度講的。錢穆、余英時均非新儒家一派的人物。余英時在《錢穆與新儒家》一文剖辨甚明。

[79] 李弘祺：《試論思想史的歷史研究》，載康樂、彭明輝主編《史學方法與歷史解釋》，中國大百科全書出版社，2005 年版，第 149 頁。

[80] 余英時：《朱熹的歷史世界．序》，第 9 頁。

[81] 《宋元學案·高平學案》。

[82] 余英時：《朱熹的歷史世界》（上），第 312 頁。

[83] 鄧廣銘：《略談宋學》，《鄧廣銘治史叢稿》，北京：北京大學出版社，1997 年版，第 172 頁。

[84] 劉錫榮、歐陽琳：《理學開宗鼻祖李覯和資溪文化旅遊開發》，《致富時代》，2009 年第 11 期。胡定元：《理學開宗者——李覯》，南昌：《江西日報》，1980 年 6 月 19 日。

[85] 《宋史·范仲淹傳》。

[86] 此據張承：《范仲淹仕宦初探》，載《中國范仲淹研究文集》，北京：群言出版社，2009 年版，第 49 頁。

[87] 方健：《范仲淹評傳》，南京：南京大學出版社，2001 年版，第 288 頁。

[88] 方健：《范仲淹評傳》，第 481 頁。

[89] 司馬光：《涑水記聞》，載《鄧廣銘全集（第二卷）》，石家莊：河北教育出版社，2005 年版，第 173 頁。

[90] 另外兩次是：熙豐時期太學三捨法的實施，崇寧以後三捨法由太學推廣到州縣。見陳植鍔：《北宋文化史述論》，北京：中國社會科學出版社，1992 年版，第 120 頁。

[91] 歐陽脩：《胡先生墓表》，《歐陽脩全集》，北京：中國書店，1986 年版，第 178 頁。

[92] 曾鞏：《答范資政書》，《曾鞏集》，北京：中華書局，1984 年版，第 251 頁。

[93] 《宋史·范仲淹傳》。

[94] 錢穆：《中國近三百年學術史·引論》，臺灣聯經出版社《錢賓四先生全集》第 16 冊，第 4 頁。

[95] 范仲淹：《齋中偶書》，范仲淹全集》，南京：鳳凰出版社，2004 年版，第 86 頁。

[96] 司馬光：《涑水紀聞》，第 173 頁。

[97] 范仲淹：《易義》，《范仲淹全集》，第 120 頁。

[98] 范仲淹：《易義》，《范仲淹全集》，第 124 頁。

[99] 范仲淹：《易義》，《范仲淹全集》，第 12 頁。

[100] 范仲淹：《易義》，《范仲淹全集》，第 119 頁。

[101] 范仲淹：《易義》，《范仲淹全集》，第 119 頁。

[102] 范仲淹：《四德說》，《范仲淹全集》，第 161 頁。

[103] 范仲淹：《四德說》，《范仲淹全集》，第 162 頁。

[104] 蘇軾：《范文正公文集敘》，《范仲淹全集》，第 2 頁。

[105] 范仲淹：《上執政書》，《范仲淹全集》，第 18 頁。

[106] 范仲淹：《上執政書》，《范仲淹全集》，第 184 頁。

[107] 范仲淹：《上執政書》，《范仲淹全集》，第 184 頁。

[108] 范仲淹：《上執政書》，《范仲淹全集》，第 187 頁。

[109] 范仲淹：《上執政書》，《范仲淹全集》，第 187 頁。

[110] 范仲淹：《上執政書》，《范仲淹全集》，第 188 頁。

[111] 范仲淹：《上執政書》，《范仲淹全集》，第 184 頁。

[112] 范仲淹：《上執政書》，《范仲淹全集》，第 190 頁。

[113] 范仲淹：《上執政書》，《范仲淹全集》，第 190 頁。

[114] 范仲淹：《上執政書》，《范仲淹全集》，第 191 頁。

[115] 范仲淹：《上執政書》，《范仲淹全集》，第 184 頁。

[116] 范仲淹：《上執政書》，《范仲淹全集》，第 184 頁。

[117] 范仲淹：《上執政書》，《范仲淹全集》，第 194 頁。

[118] 范仲淹：《上執政書》，《范仲淹全集》，第 184 頁。

[119] 范仲淹：《再進前所陳十事》，《范仲淹全集》，第 487-488 頁。

[120] 《宋元學案·高平學案序錄》。

[121] 歐陽脩：《文正范公神道碑銘》，《歐陽脩全集》，第 144 頁。

第四章 政治思想的歷史淵源

　　本章對李覯藉以構建其政治理論體系的經典及研究方法作一梳理。對有志於復興儒學、重建社會秩序的北宋學者來說，首先要解決的是經學研究方法創新的問題。馮友蘭先生講中國哲學史，以董仲舒和康有為之間為經學時代，謂此間學者：

　　無論有無新見，皆須依傍古代（即子學時代）哲學家之名，大部分依傍經學之名，以發布其所見。[1]

　　這是就總體而言的。具體來講，經學研究方法是隨時代不斷變遷的。漢唐經學以讖緯和訓詁為特色，這已然不合乎宋儒的需要。在儒學復興思潮高漲的宋仁宗時期，范仲淹、孫復、胡瑗、石介、李覯等學者都放棄了章句注疏之學，以義理之學重新闡發儒家經典，以之針砭時弊，創為新學。

　　其次是發掘儒家關於生死、性命等方面的思想資源，提高其對社會、人生的解釋力和指導力，從而提高其吸引力的問題。釋、道兩家吸引眾生之處在於，它們關注生死、性命等終極關懷的問題，而宋以前的儒學對此顯然關注不夠。新一代儒者能否吸收、借鑑釋、道兩家的長處，使得儒家自身的理論「致廣大而盡精微」，這是儒學復興的關鍵。

　　第三是經典的選擇和闡釋問題。北宋初年，學者們還沿用傳統的六經為立論的依傍，宋學的創立者們則對以前奉為權威的多數經典提出了質疑。經過這些學者的甄別檢擇，儒家經典體系就逐漸轉變為「四書五經」。

　　李覯是宋學初建時期的重要探索者之一。在研究方法上，他注重闡發義理；在形式上，他以議論解經。他自述年輕時：

　　誦孔子、孟軻群聖人之言，纂成文章，以康國濟民為意。餘力讀孫吳書，學耕戰法，以備朝廷犬馬驅旨。[2]

　　可見他對古代經典的學習、借鑑是廣泛的。從李覯的著作中，我們可以很明顯地看出他對《周易》、《周禮》、《孟子》、《荀子》等先秦典籍借鑑和吸收；此外，先秦功利主義思想也是其思想的重要來源之一。

▎第一節 李覯與《周易》

關於《周易》的起源，傳統的說法是《易》歷三聖而成書，即：

伏羲制卦，文王繫詞，孔子作十翼。[3]

在秦以前，《周易》就已被奉為經典，但人們一般把它看做卜筮之書，故能免於秦火而傳承不絕。至於易學在漢、宋之間的發展，我們可以引用《總目》的扼要概括：

漢儒言象數，去古未遠也，一變而為京、焦，入於機祥；再變而為陳、邵，務窮造化，《易》遂不切於民用。王弼盡黜象數，說以老莊，一變而為胡瑗、程子，始闡明儒理；再變而為李光、楊萬里，又參證史事，《易》遂日啟其論端。此兩派六宗，已互相攻駁。[4]

將千餘年間的易學發展歸結為「兩派六宗」，自然是極為簡要的概括，未必每個學者都可以嚴格對號入座。不過我們可以借助這個框架，大致勾劃一下易學在此歷史時段的演進。

漢代學者承先秦易學研究之餘緒，以象數解《易》，易學研究遂走上了讖緯一途；而漢儒治經重文字訓詁，又使易學流於煩瑣。物極而反，到了漢末，這種研究方法走到了盡頭。王弼以義理解《易》，一掃象數之弊。《總目》對此評價道：

《易》本卜筮之書，故末派浸流於讖緯。王弼乘其極敝而攻之，遂能排擊漢儒，自標新學。[5]

王弼的易學研究，對於儒學而言功過參半。王弼（和韓康伯）使易學擺脫讖緯術數，這是他們的功；但他們又將易學引入了玄學，頗令儒家學者不滿。正如《總目》：

闡明義理，使《易》不雜於術數者，弼與康伯深為有功。祖尚虛無，使《易》竟入於老莊者，弼與康伯亦不能無過。[6]

魏晉至隋以前，象數（鄭玄注為代表）、義理（王弼注為代表）兩派並行。到了隋代，「王注盛行，鄭學浸微」[7]。漢儒解《易》之作多廢，以至於孔穎達注疏《周易》時沒有別的古注可引，「詮釋文句，多用空言」[8]，可見王注影響之大。孔穎達奉詔作疏，專崇王注，不啻對其他學說的進一步掃蕩。

北宋儒學復興，易學研究的象數與義理兩派都得以恢復。當然這種恢復不是文物出土，而是新形勢下的再創造。義理派雖繼承了以義理解《易》之傳統，但以儒家倫理代替玄學，「闡明儒理」。象數派繼承了以象數解《易》的傳統，又提出了各種圖式，故宋代的象數派被稱為「圖書之學」。

李覯的易學研究，推崇王弼，注重義理，強調人事，反對卜筮、圖書以及玄學的研究思路。他研究《周易》的成果主要是《易論》和《刪定易圖序論》。

一、李覯的《周易》觀與易學方法論

《周易》經過歷代學者不斷闡發，內容越來越豐富，逐漸成為無所不包的知識大全。朱伯崑先生指出：

易學在其發展過程中，逐步打破了迷信的領域，其對《周易》所做的理論上的解釋，終於發展成為一種哲學的世界觀。這種世界觀……成為中國知識界和文化人用來觀察和解釋世界的工具。[9]

李覯對《周易》的看法正是如此。他認為聖人作《易》的目的是教化人，把天地間萬事萬物的道理都納入了《周易》，「萬事之理，猶輻之於輪，靡不在其中矣」[10]，因此其深奧超過了其他經典：

《易》者，三聖之所以教人，因時動靜，而終之以德義，《五經》特是為深矣。[11]

《周易》既是教化之書，對其研究自然應以考察義理為主。在方法論上，李覯主張以義理解《易》。他推崇王弼，認為「古今解者，唯王輔嗣尤得其旨」[12]，認為《周易》經過王弼的注解後，道理就很明顯了：

輔嗣之賢，從而為之注，炳如秋陽，坦如大達。[13]

李覯對王弼的推崇主要是就其以義理解《易》的方法而言的。對其玄學立場，他則頗有微詞，認為王弼的注解「亦未免缺誤」，故決心撰《易論》以「辯輔嗣之失」[14]。李覯論《易》多採用王弼注解的資料，因此他沒有正面批評其玄學主張，而是直接以王注的文字資料闡發儒家的世界觀和倫理觀，從而取代了玄學。

　　站在義理派的立場，李覯對於以卜筮、象數解《易》提出了批評。李覯指出，「世之鄙儒」們研究《周易》，忽其常道，竟習異端。有日我明其象，則卜筮之書未為泥也；有日我通其意，則釋老之學未為荒也。[15]

　　他們「晝讀夜思，疲心於無用之說」，必然越研究越糊塗。在《上富舍人書》中，他憤憤不平地描述了當時的名卿大人重視卜筮者、輕視士人的風氣：

　　今夫卜相下藝，先民之所不齒者也，而所居之室重冠累蓋，名卿大人引領而願見，若饑之食焉，以其能言己之禍福故也。士之能言天下國家之禍福，而未嘗有人欲見焉。[16]

　　李覯認為，如果命運是不可改變的，那麼卜筮者對個人禍福的預言也無益於事。但士人所說的是個人可以有所作為的方面，如果能聽他們的話，「則禍可轉而為福，危可復安，亂可復治」[17]，這是真正有益於人生的事，但名卿大人們卻不願聽士人的話！

　　卜筮的前提是相信人的吉凶禍福由天命決定。李覯依據儒家觀念對命與性作了說明：

　　命者，天之所以使民為善也；性者人之所以明於善也。……本乎天謂之命，在乎人謂之性。非聖人則命不行，非教化則性不成。是以制民之法，足民之用，而命行矣；導民以學，節民以禮，而性成矣。[18]

　　就是說，命與性的成就，主要在於人事的修為，因而吉凶禍福決定於人事的修為。李覯又引繫辭「吉凶者，言乎其失得也；悔吝者，言乎其小疵也；無咎者，善補過也」這段話，說明「吉凶由人，乃《易》之教也」[19]。譬如黃帝、堯、舜等先聖，能夠教化民眾，所以上天保佑他們，「吉無不利」。如果不注重人事修為，把吉凶歸之於上天，「釋人事而責天道」，從根本上取消了人事修為，這就違背了孔子的教導。

　　五行及其相生相剋的學說本是傳統文化一種關於世界構成與運行的理論，後來被引入《周易》卜筮體系。李覯對此也進行了批評。他指出，事物的吉凶全在於運用是否得當。若得當，即使相剋也吉；用之失當，雖相生也凶。以五行所取的事物為例：

今夫水剋於火，則燔燒可救；火剋於金，則器械可鑄；金剋於木，則宮室可匠；木剋於土，則萌芽可出；土剋於水，則漂溢可防。是用之得其宜，雖相剋而吉也。以水浸木則腐，以木入火則焚，以火加土則焦，以土埋金則鏚，以金投水則沉。是用之失其宜，雖相生而凶也。[20]

可見，相生未必吉，相克未必凶。在社會關係中也存在著這種不確定性。李覯舉例說，父對於子，既有恩養，又要責義；前者相生，後者相剋。如果父對於子只恩養而不能教導，這就是以恩害義，以恩害義就導致家法亂。可見相生關係占主導地位，未必是吉。

又如，君臣之間既有刑、威的關係，也有賞、愛的關係。賞、愛是相生，刑、威是相剋。君對於臣如果一味地賞、愛，即相生關係占主導，國家就沒法治理。只有刑、威勝過賞、愛，才能使國事修明，可見相剋關係占主導反而得吉[21]。需強調的是，李覯並非否定五行和相生相剋的理論，他反對的是將五行相生相剋理論作為卜筮的理論基礎。李覯認為，儒生而言命運，是喪失了儒家立場：

古之龜筮，雖質諸神明，必參以行事。……後之儒生，非史非巫，而言稱命運，矯舉經籍，以緣飾邪說，謂存亡得喪，一出自然，其聽之者亦已荒矣。[22]

對於這些人，就應該像《王制》所言的「執左道以亂政者，殺；假於鬼神時日卜筮以疑眾，殺」那樣，予以懲罰。

《易》雖源於卜筮，但從東周開始，就屢有以人事修為否定《周易》卜筮結果的史實，如《左傳》裡的一些記載。儒家更進一步發展了這個傳統，如孔子晚而喜《易》，韋編三絕，但他「不占而已矣」[23]；後來荀子明確提出「善為《易》者不占」[24]。李覯堅定地繼承和發揚了這個傳統，反對以《易》卜筮。

李覯的《刪定易圖序論》是為駁斥劉牧的《易數勾隱圖》為代表的圖書之學而作。劉牧在當時以善講河圖、洛書成名，其書問世即引起很大的反響。其學源自道家。宋代學者朱震述圖書之學的源流曰：

陳摶以先天圖傳種放，放傳穆修，修傳李之才，之才傳邵雍。放以河圖、洛書傳李溉，溉傳許堅，許堅傳范諤昌，諤昌傳劉牧。[25]

《總目》以劉牧為宋代象數派的先驅者，指出：

漢儒言《易》，多主象數，至宋而象數之中復，歧出圖書一派。牧在邵子之前首倡者也。[26]

劉牧解說《周易》，以包括河圖洛書在內的五十五幅數字的排列組合構成的圖式，說明世界的生成。李覯則對此提出了批評：

覯嘗著《易論》十三篇，援輔嗣之注以解義，蓋急乎天下國家之用，毫析幽微，所未暇也。[27]

李覯認為解《易》應當「急乎天下國家之用」，而不應該脫離人事，空言天道。其次，劉牧以其五十五幅圖詳細講解《周易繫詞》中所說的宇宙生成模式以及《周易》中的一些術語，文辭重複、瑣碎，不少地方流於穿鑿，難以理解。李覯乾脆刪除掉其中的五十二幅，僅保留下《河圖》、《洛書》、《八卦》三幅。

對劉牧書中的一些基本觀念，李覯也作了批評，如關於河圖、洛書與八卦的關係。劉牧以九宮圖為河圖，以五行生成圖為洛書，稱「圖九書十」。李覯對於河圖、洛書並不否定，但認為劉牧以兩圖解說八卦生成有錯誤。他指出，劉牧以十為土，河圖無十，水火木金不得土，不能成形，故河圖為象；洛書有十，水火木金附土成形，故洛書為形。但劉牧既以河圖之象生八卦，又以洛書之形生八卦，兩相矛盾。李覯認為，「河圖之數，二氣未合，品物未生」，所以不能生五行、八卦。而洛書具備地十，所以「洛書之數，五行成矣，萬物作矣」。兩者分工合作而成八卦，「河圖有八方之位，洛書有五行之象，兩者相須而卦成矣」[28]。

此外，就劉牧的易學理論中，關於天一至地十這十個數的意義、虛一所象、太極有無等涉及宇宙本體和生成等哲學命題，李覯也多有批評。

二、李覯對《周易》的闡發

李覯研究《周易》以經世致用為旨，故其《易論》專講人道，如君臣之道、修身齊家、適時權變等。《刪定易圖序論》是為駁斥劉牧而作。劉牧以圖書之學講宇宙生成，故《刪定易圖序論》也不得不「諸所觸類，亦復詳說」。李覯在批評劉牧學說的同時，也說明了他關於宇宙本體、世界生成、事物發展規律等有關天道的認識。

關於人道，李覯指出，聖人透過《周易》對世人的教導，首先是君臣之道，故以《易論》的頭三篇專論之。按《周易》的體例，每卦的第五爻是最為尊貴的位置，象徵君主。於是李覯在頭兩篇中，集中了損、賁、既濟、益、屯、比、同人、困、夬、否、巽、革、家人、井、兌、剝、蒙、師、臨、大壯、恆等二十一卦的第五爻爻詞，闡發為君之道。對卦爻的這種用法，也可算是李覯的一項創造。

李覯對《周易》君臣之道的闡發，既有對傳統儒家君臣之道的肯定，也有針對當時政治體制的弊端提出的矯治措施。這也屬於他的政治思想體系的重要內容，故於下章相關詳論之。

齊家也是儒家治國理念的重要組成部分。關於齊家與治國的關係，李覯指出：

夫治國始於齊家，王化本乎夫婦，百代不易之道也。[29]

他引《家人·九五》「王假有家，勿恤，吉」指出，居於尊位者，若能治明家道，那麼普通民眾就會接受其教化，家正而天下安。關於家道，李覯據《蠱·初六》「幹父之盛，有子，考無咎，厲，終吉」指出，一家之中應完全聽從父命，又據《蠱·九二》「幹母之盛，不可貞」指出，對母命則既要聽從，也要有所校正，因為婦人之性，難可全正。

似乎李覯對婦女存在一些偏見，因此非常強調治家的問題。在《周禮致太平論》中，他對於治家，尤其是皇帝治家，有比較全面地闡述。這方面的內容也放到下章相關部分詳述。關於修身，李覯首先強調的是要透過學習和成長見聞來加強個人修養：

性不能自賢，必有習也；事不能自知，必有見也。習之是，見之廣，君子所以有成也。[30]

他又以諸多卦爻，廣泛說明了儒家的修身之道，如不可恃強逞欲；靜以待時，不可躁而求利；不苟從，不違中，不改其操守；與人交往，位高者以貴下賤，位卑者以柔處下，等等。他強調，君子必須無條件地踐行道：

夫道之於人，不可斯須去之也。進則飾其行，退則不勉焉，是為利者也，君子恥之。[31]

這都是從正面對修身問題的討論。反過來講，全身遠禍也是修身的重要內容。李覯從多個角度闡發了遠禍之道，如：

時乎時，智者弗能違矣！先時而動者，妄也；後時而不進者，怠也。妄者過之媒，怠者功之賊也。[32]

這是說，君子做事，必須應時而動才能無悔。他以《蹇·初六》、《歸妹·六三》為例，說明時機不成熟時，就不可妄動；以《豐·上六》、《節·九二》為應當進取之時，若此時不迅速行動，就會導致凶的結果。

但「進取之時易見，退避之時難知」[33]，人們往往對那些有利於自己的事情熟計於心，能抓住時機進取。對自己有害的事情，往往抱著僥倖不發生的心理，而不知為避害而提前作防備，「愚者闇於成事，禍至而避，亦無及也」[34]。故君子避禍，當慎於始，正如「水火之生也，一勺之勝；及其燎也，川流莫競」[35]。即使不慎而犯錯，則要勇於改過，則可逢凶化吉：

明者則辯之於早，過而能改，故可及也；昧者則以智飾非，至於貫盈，雖悔無及矣。[36]

他引《復·初九》、《需·九三》說明及時改過，最終可得吉；文過飾非，不加悔改，惡貫滿盈則後悔莫及。他認為，過而不知是不智，知過而不改，則是不勇。李覯又指出，禍患之來有兩種情況：

患自己招，斯可患也；患非己招，斯不足患也，其必免矣！如其不免，是有命焉，非智之過也。[37]

由於自己行為不當而招來禍事，這是君子當引以為憂的。但如果禍患與自己行為無關，那它自會結束。如果實在不能避免，那就可以說是命了[38]。

但如何解釋好人遭受的禍事呢？就像文王之囚、箕子之奴，還有關龍逢死於夏，王子比干死於商。李覯指出，每個人在追求自己的目標時，都必然會同時接受其相應的後果。就像俗語所說，貪財者為財死，烈士為名而死。聖賢們追求的是拯救時難，不惜以身殉道。這是他們自主選擇的結果，與福禍無關；是「君子之大義，非智者之羞也」[39]。

當然，全身遠禍最為高明的是那些「不事王侯，高尚其事」（《蠱上九》）隱士。李覯並不否定他們，但認為他們「特立獨行，非凡所及也」[40]。也就是說，作為一個在世間生活的常人，還是以謹慎修身為避禍之道。

王弼解《易》，注重時與變。在《周易略例》中，他提出「卦以存時，爻以示變」的原則[41]，又說：

> 夫卦者，時也；義者，適時之變者也。夫時有否泰，故用有行藏，卦有小大，故辭有險易。[42]

王弼認為，卦隨時而變動，爻不僅順應卦時的變動而變動，還隨著所處位置變動而變動。李覯發展了王弼關於時與變的討論，進一步提出了「跡殊心一」：

> 時雖異矣，事雖殊矣，然事以時變者，其跡也。統而論之者，其心也。跡或萬殊，而心或一揆也。若夫湯湯洪水，禹以是時而濬川；黎民阻饑，稷以是時而播種；百姓不親，契以是時而敷五教；蠻夷猾夏，皋陶以是時而明五刑。其跡殊，其所以為心一也。統而論之，謂之有功可也。[43]

時代變化，人類面臨的形勢也不斷變化，聖人則根據時代要求做不同的事。變化不斷的時代和事情，這是「跡」。跡各不同，但其所以跡則可以統之於一心。此心，既指聖人救世之心，也是指因時而變之心。

李覯認為，聖人因時立事。所立之事，有大有小。有的以一世為一時，有的以一事為一時，有的超越了時的限制。如仁、義、忠、信等原則，「不局於一時，可為百代常行之法者」[44]，《繫詞》所言多是此類。因此要對聖人所立之事分清適用範圍，關鍵要考察、效法聖人因時而變的心，而不是因時而立的「跡」：

> 苟不求其心之所歸，而專視其跡，則散漫簡策，百紐千結，豈中材之所了耶？[45]

李覯又以「經權之辨」強調「變」之必要性：

> 常者，道之紀也。道不以權，弗能濟矣。是故權者，反常者也。事變矣，勢異矣，而一本於常，猶膠柱而鼓瑟。[46]

在正常情況下，應當遵循事物的正常規律。但當所處形勢變化時，也靈活應對。不難看出，李覯論事變與心跡，亦是在為改革作論證。

此外，李覯還透過對唯物主義天道觀即宇宙運行規律作了闡發，為其政治思想奠定了哲學基礎。

從天道到人道，李覯對《周易》的研究終歸是要服務於其社會政治主張的。在《易論》最後，他寫到：

作《易》者既有憂患矣，讀《易》者其無憂患乎？苟安而不忘危，存而不忘亡，治而不忘亂，以憂患之心，思憂患之故，通其變，使民不倦，神而化之，使民宜之，則自天祐之，吉無不利矣。[47]

李覯堅持以義理解《易》，並以儒理代替玄學；在著述方式上，以議論代替注解，這都在一定程度上影響了宋代易學研究的風格。但過於否定卜筮之說，他的一些解說也不免有牽強附會之處。其實《周易》原本就是卜筮之書，一味地否定反而會失其本來面目。而劉牧的象數圖書之學，雖然在建立體系方面確實無法消除其諸多內在矛盾，但作為一種智力的創造，也不應該予以全面否定的。

第二節 李覯與《周禮》

李覯探討社會治理問題多依傍《周禮》一書。他早年曾參考《周禮》寫《明堂定制圖序》與《平土書》，後來寫《富國策》、《安民策》、《強兵策》，都對《周禮》有所取法。退居後，他又寫了《周禮致太平論》一書，可見其對《周禮》的倚重。

正如《總目》所說，「議《禮》如聚訟」[48]，《周禮》是頗多爭議的一本書[49]。首先來歷就令人懷疑。據《漢書》記載，《周禮》一書是河間獻王劉德從民間搜集到的，最初被稱為《周官》[50]。漢朝廢「挾書令」之後，先秦的重要儒家經典很快都重現於世，且師承脈絡分明。此書不僅出現最晚[51]，亦無師承，故令人疑。

《周禮》被世人承認就更晚了。此書於漢武帝時被獻給朝廷。據說漢武帝認為這是「末世瀆亂不驗之書」，所以把它藏入祕府，連當時官方五家之儒都未能見到，故很長時間內不為世人所知。後來劉向、劉歆父子在整理密府藏書時，發現了此書[52]，並作了記載。

不過劉歆年輕時並不重視此書[53]，還是王莽最早對《周官》予以了關注。他將《周官》改稱《周禮》[54]，列於學官[55]。後來王莽倒臺，《周禮》廢於學官，但已在民間流傳開來[56]。

從劉歆開始，關於《周禮》的爭議（連同今古文之爭）就持續不斷。劉歆認為《周禮》是周公致太平之書，受到當時儒者的強烈反對。在鄭玄之時，又有臨碩[57]、何休等今文家，認為《周禮》為戰國時之作：

林孝存以為武帝知《周官》末世瀆亂不驗之書，故作十論七難以排棄之。何休亦以為六國陰謀之書。[58]

鄭玄推崇《周禮》，認為「周公居攝而作『六典』之職，謂之《周禮》」[59]，將《周禮》列為《三禮》之首，並為之作注。他的觀點為後人接受，至唐朝《周禮》被列入「九經」。可見《周禮》取得經學上的地位，鄭玄居功至偉。

一、李覯的《周禮》觀及其禮學研究

到了宋代，學風丕變，關於《周禮》的爭議再起。年代稍早於李覯的歐陽脩率先對《周禮》提出質疑。他以今推古，從現實可能性的角度質疑《周禮》。如他在所擬的幾道《問進士策》中提出，根據《周禮》記載，「六官之屬略見於經者五萬餘人」[60]，還不算低級吏員和軍隊，當時的貢賦能否承擔這麼龐大的官僚隊伍？又如他根據《周禮》關於養馬數量的記載，質疑：

千里之地，為田幾何，其牧養之地又幾何，而能容馬若是多乎哉？[61]

宋朝土地廣闊，尚且常苦於戰馬不足，何況周天子疆域要小得多。故他認為，《周禮》的記載「實有可疑者」[62]。

以上所舉兩道策問寫於慶曆二年，此後歐陽脩還寫過一些質疑《周禮》的策問。懷疑《周禮》者當非止一人。李覯在《周禮致太平論》序言中說「今之不識者，抑又譊譊」[63]，可見當時持疑者不少。

李覯對《周禮》的態度與歐陽脩截然相反，他堅信《周禮》是周公所親制。在早年寫的《禮論》中，他指出：

周公作六官之典，曰治典，曰教典，曰禮典，曰政典，曰刑典，曰事典，而並謂之《周禮》。[64]

他考察明堂，提倡平土均田，都是以《周禮》為依據。退居之後，遭逢懷疑《周禮》的思潮，不得不起而維護自己的信念，這或許也是寫《周禮致太平論》的目的

之一。此書寫成之後，他又特將其遍寄諸公，並在序言中，肯定劉歆、鄭玄的觀點，強調《周禮》是周公致太平之跡，批評何休、臨碩的見解：

> 鄙儒俗士，各滯所見，林之學不著，何說《公羊》誠不合禮，盜憎主人，夫何足怪？[65]

認為他們懷疑《周禮》，實在是由於他們識見不高，狹隘之論，實不足信。李覯也擬了幾道策問，似針對歐陽脩。其一曰：

> 周官六屬，其職三百六十，而員數多。……自比長以上，卿大夫士，萬八千餘人，此大可怪，學者每非之，而未見其說。抑序官之妄邪？[66]

在另一道策問中，他先指出《周禮》是「周公致太平之跡也」，又列舉幾處世人懷疑「非周公所嘗行」之處，問「二三子以為如何」[67]。從策問導向來看，他承認《周禮》中有一些不太合理的地方，但要在肯定《周禮》為周公所作的前提下，解釋其出入之處。

不過他所提出的理由，似乎不是很有說服力：

> 覯竊觀「六典」之文，其用心至悉，如天焉有象者在，如地焉有形者載。非古聰明睿智，誰能及此？其曰周公致太平者，信矣。[68]

就是說，此書規模宏大，記載完備，不是周公這樣的聰明睿智的聖人是寫不出來的，這種態度則近乎信仰了[69]。

就著手研究的時間先後來說，李覯研究《周禮》比《周易》要早一些。正是在研究《周禮》的過程中，他形成了自己的經學研究思路，並在後來《周易》研究中沿用。

上文已述歐陽脩對《周禮》著者的質疑。他的質疑還有另一方面：《周禮》可否適用於當代？如在《問進士策一》中他問：

> 自漢以後，帝王稱號，官府制度，皆襲秦政，以至於今。雖有因有革，然大抵皆秦制也，未嘗有意於《周禮》者。[70]

也就是說，即使承認《周禮》不偽，那還能施用於當今麼？歷史教訓倒是有，王莽、後周就是。康熙皇帝也對此提出過質疑，認為《周禮》不可能再施用於後世[71]。這就提出了如何應用《周禮》於當代的問題。

李覯研究《周禮》的目的，正是將其用於當代，其志絕不在於成為傳統意義上的經師。正如他在《周禮致太平論》的序言中所說的：

豈徒解經而已哉！唯聖人君子知其有為言之也。[72]

具體來講，就是要落實他的禮治天下的主張。李覯論政，一本於禮。他認為禮是聖人的創制，在三代時曾有一套非常完備的實施禮的具體制度。但經過時代變遷，去聖久遠，所以後世人就搞不清楚了。他決心從先秦的典籍中把先王遺制發掘出來，供當代治理天下者參用實行。漢代的今文學家本有通經致用的傳統，皮錫瑞指出：

武宣之間，經學大昌，……其學極精而有用。以《禹貢》治河，以《洪範》察變，以《春秋》決獄，以三百五篇當諫書，治一經得一經之益也。[73]

李覯繼承了他們的精神，其研究經典的成果都直接指向社會治理。這種研究取向，決定了他的經學研究必須有與漢唐諸儒章句訓詁之學不同的思路。

首先，他不再沿用逐字逐句詮解經文的寫作形式，而採用表達更為便捷的寫作形式，即胡適所說的「把一部《周禮》做成一部有系統的政治學說」[74]。他以時代急需解決的問題為中心，系統地整理原典中與此相關的論述，寫成系列專題。他追求的效果是，若有人要行周公之制，直接按照他的書去做就行了：

如欲舉周公之制，觀是書，按是圖以令之，其如取諸掌乎？若猶未也，敢私於學禮者，故書。[75]

他相信，即使他的書不能被採用，也會對研究《周禮》者有所幫助，這說明他是以嚴肅的學術態度對待《周禮》研究的。

其次，他主張對先儒注疏的合理運用。漢唐諸儒從文字訓詁、名物制度入手來研究《周禮》，李覯認為這樣很難全面正確地理解經典。他批評鄭玄的注疏：

鄭氏之學，其實不能該禮之本，但隨章句而解之。句東則東，句西則西，百端千緒，莫有統率。[76]

　　這樣研究經典，就把古人的知識搞得支離破碎。而且學者們對經典的理解不同，就形成了不同的家法師說。他指責「鄭康成、蔡伯喈輩泥文太過，遂成派分」[77]，他們的弟子又墨守家學，就造成了經學研究眾說紛紜的狀況。

　　這並不是說他完全否定先儒注疏。從文字訓詁、名物制度考證的角度來說，漢唐諸儒對《周易》、《周禮》等經典的注疏已經非常完備了。正如《總目》評價：

　　鄭康成注，賈公彥、孔穎達疏，於名物度數特詳，宋儒攻擊，僅捃其好引讖緯一失，至其訓詁則弗能逾越。[78]

　　可能當時有一些學者試圖從注疏入手創新，則不免流於空疏和新奇，所以李覯批評他們：

　　世之儒者，以異於注疏為學，以奇其詞句為文。[79]

　　並表示他不打算從注疏上對前人有所突破。誠然，對先儒的五經傳注及正義中存在的缺陷，要大膽改正，「志於道者宜其致詰」[80]。但完全拋開先儒注疏則是他不能接受的。我們看到，他解《周禮》和《周易》，基本上依靠先儒注疏立論的。

　　第三，參照不同的經典來考察古制，不依賴個別經典。如他對明堂制度的考察。在《上聶學士書》（亦見於《上蘇祠部書》）中，他說他看到《周禮·考工記》、《大戴禮·盛德記》、《禮記·月令》這些書關於「室個（即明堂）」的說法參差不齊，「由漢迄唐，老師大儒，各執一經，相為矛盾」[81]。他認為，《周禮》與《大戴禮》、《呂氏春秋》等典籍都是古代聖賢為記錄禮制而作。既然記載的對象一樣，記錄就不應該不同。於是他本著「挾而正之，決而通之，不以文害辭，不以辭害意」的原則，「反覆思念」，於是「三家之說，坦然大同」[82]。

　　在考察井田制時，他也在《周禮》鄭注之外，參考了《司馬法》、《孟子》、《春秋左傳》等經典，反覆比較，使得此書考證非常扎實。他對自己的方法很自信，稱：

　　經析其微，注擇其善，極數明用，會異於同，合正備具，無越此書矣。[83]

　　最後，也是最重要的，是超越文本，不拘泥於文字，以古人之心，探尋古人寫作的本意。他自述早年研究經典時，「開卷執筆，輒欲闚見古作者之貌」[84]，又說：

　　以古人之性授之，讀書屬文，務到聖處，其言周公之作、孔子之述，蓋多得其根本，漢以來諸儒曲見蕪說，頗或擊去。[85]

就是說，以人之常性、常理去理解古聖先賢，自然能得其根本，也就會有信心和能力，辨別、排除漢唐諸儒的曲說附會。如關於周代田賦制度的討論，李覯據《周禮》認為周代田制為稅夫無公田，但有不少人根據《詩》、《春秋穀梁傳》、《論語》、《孟子》等典籍，認為周有公田。鄭康成則提出周畿內用貢（即稅夫無公田），邦國用助（即制公田不稅夫）。李覯指出：

天子之政，自國而形天下。豈有天子之國自稅民田而令諸侯但為公田而不稅哉？[86]

因此這些說法都是「非通理之論也」。在肯定《周禮》的說法時，他也逐一解釋誤說的來源。他指出，孟子認為周有公田，是由於《詩經》提到公田；但《詩經》借古諷今，所言公田是以周初之政諷幽王。周文、武時，周公未制禮，故彼時周確實有可能還實行商制；又有人以孔子行商禮，便認為周亦行商代公田之制，但孔子只是因身為商人之後，而在私禮中行商制，對於公禮，他還是從周的。對於《司馬法》與《周禮》的不同，他也根據人情常理作了解釋，認為《司馬法》是周文王在西岐時作的，周公根據當時國家的具體情況，對之有所增損而寫成《周禮》。兩者雖有所不同，但救世之心則相同。

在我們看來，李覯對《周禮》的解釋未必皆當。但他在研究中的做法，如不泥於文字，取注不專主一家，旁徵博引以考證，揆之情理以釋古，確實為當時的經學研究帶來了新氣象。

二、李覯對《周禮》的闡發

《周禮》一書以設官分職的方式，勾勒出一整套社會治理方案。著者長於理論推理，故其結構嚴整，包羅萬象。而又追求精確，職位設置纖毫畢具，故其設想也難以落實，如對井田制的設想和龐大到不合理的官僚隊伍，等等。因此以周禮致太平，不可能是機械地落實《周禮》的制度，只能是「撮其大略而言之」[87]。即擇取一部分比較重要的官職，考察其職責所在，進而探求立制的精神，作為政治革新的指南。他研究《周禮》最早的成果是對明堂和井田制的考證。

明堂，據儒家經典記載，是夏、商、周三代的王室建築。據說周代的明堂是周公根據夏的世屋、商的重屋製作的。關於它的作用，李覯說：

明堂者，古聖王之大務也。所以事上帝，嚴先祖，班時令，合諸侯。朝廷之儀，莫盛於斯。[88]

因此，明堂是禮的具體體現。他希望朝廷能夠修建一座明堂，作為復興禮制的開始和憑藉：

聖神之衷，殆將經始於斯堂乎？四方有識，注望多矣。[89]

但儒家經典對明堂的制度記載不一，人言人異，所以他頗下了一番功夫考證明堂制度以供朝廷採用（巧的是他對明堂的考察在十幾年後還真的派上了用場，他還為此得到了朝廷的表彰）。

井田制是儒家傳說的夏商周時代的土地制度，是上三代王道政治的重要內容。李覯對井田制非常重視，認為它是解決社會問題的根本，所以對之考究甚詳，提倡甚力。在他最早的政論文章《潛書》中，他就提出應實行井田制以保障民生：

吾乃今知井地之法，生民之權衡乎？井地立則田均，田均則耕者得食，食足則要者得衣；不耕不要，不饑寒者不矣。[90]

晚於《潛書》幾年寫成的《平土書》中，他結合《司馬法》，認真考察了《周禮》中的大司徒、小司徒、載師、遂人、匠人等職掌，對周代的井田制度做了理想化的描述。他根據《周禮》還原出的井田制是這樣的：

（一）國土分野：以都為中心，按郊（又分近遠郊）、甸、稍、縣、疆，以百里為單位，向外環狀擴散（其格局類似今天北京的交通環線）。（二）行政系統：郊按家、比、閭、族、黨、州、鄉，建立六鄉；甸則按鄰、里、鄭、鄙、縣、遂，建立六遂。（三）都鄙（在郊甸以外，為王子弟、公卿大夫采地），按井田制組織社會。井田制下，土地則按井、邑、丘、甸、縣、都、同，層層分害地塊之間，按遂、溝、洫、澮、川建有排水系統；又按徑、畛、塗、道、路建有交通系統。（四）司空「度地以居民」，按行業分工教化民眾。每家授予住宅之地五畝，授耕作之田，「不易之田家百畝，一易之田家二百畝，再易之田家三百畝」[91]。對於王子弟食邑、公卿大夫的采地，也要根據其等級而限制大小。（五）司馬從鄉遂居民中徵發軍隊，建立六軍。（六）周代的賦稅制度，李覯認為是「稅夫無公田」，稅率大致在二十分之一到十分之二之間。

關於平土的重要性，正如李覯在序中指出的，「古之行王政必自此始」[92]。他認為，解決民眾生活問題的根本是讓他們擁有土地：

生民之道食為大，有國者未始不聞此論也，顧罕知其本焉。不知其本而求其末，雖盡智力，弗可為已。是故，土地，本也；耕獲，末也。無地而責之耕，猶徒手而使戰也。[93]

而使民眾生活有保障則是教化的前提，「食不足，心不常，雖有禮義，民不可得而教也」，就是堯舜復起也沒有辦法。所以他提出應當將井田制付諸實施，「復為一周乎」。

為什麼井田制能夠解決問題呢？其原因首先在於以上所說的第（四）條，即對農民家庭平均授田，並限制貴族階級占田的數量。

農業社會土地出產有限，若少數人聚斂過多，則另一部分人難免挨餓，故孔子說「不患寡而患不均，不患貧而患不安」，這實是對農業社會的深刻觀察。但在專制制度下，道德教化並不能制止人心的貪婪。多數朝代在其初期都會對土地進行分配，並努力限制兼併。但最後總是兼併過度，民不聊生。然後再改朝換代，重新洗牌。這幾乎是傳統中國的宿命。

宋代土地兼併也非常嚴重。在李覯生活的時代（宋朝最繁榮的時代），土地兼併就達到「貧民無立錐之地，而富者田連阡陌」的程度。李覯生平絕大多數時間生活在最底層，對民眾疾苦和社會貧富分化深有體會。所以他對政治的第一感觸便是要求均田，而實行井田制是最直接的手段。

傳統儒家談井田制，主要是防止兼併過度斷了農民的生路。李覯則於此之外，更提出均田能帶來的更多的財富。在《周禮致太平論》中，他講：

言井田之善者，皆以均則無貧，各自足矣。此知其一，未知其二。必也人無遺力，地無遺利，一手一足無不耕，一步一畝無不稼，穀出多而民用富，民用富而邦財豐者乎！[94]

就是說，井田制的好處，除了保證民生外，還在於「足國用」。因為土地兼併導致了貧者欲耕而無田，富者有地而無人勞作，由此饑饉不斷，稅賦減少。井地均

田則可使土地的效用最大限度地發揮，從而達致民富國豐的效果。李覯以土地生財的主張，受到了現代學者鄒枋的高度評價（見一之二節引文）。

李覯從《周禮》中發掘出的治國之策還有很多。他寫的《富國》、《強兵》、《安民》三策，取法《周禮》之處不少。退居後，他撰成《周禮致太平論》一書，按六個專題全面闡發《周禮》的治國之道（此書亦可以看做他對自己政治主張的全面梳理，三策中對《周禮》的發揮也被綜合進來，故不再專門討論之）。這六個專題是：

（一）內治

此專題討論後宮管理的問題。李覯根據《周禮》所載的以天官塚宰統領後宮妃嬪之制，闡發「天子無私人」之義，認為這是王道政治之始。

（二）國用

李覯肯定管仲「倉廩實而知禮節，衣食足而知榮辱」的主張，認為「民不富，倉廩不實，衣食不足，而欲教以禮節，使之趨榮而避辱，學者皆知其難也」[95]，故極為重視經濟建設。他從《周禮》中抉出以下富國之策，大致分為四個方面。

關於財政政策，他主張「量入以為出，節用而愛人」[96]的總原則。財政支出方面，主張「天子無私財」，所有開支都要「一以式法」。財政收入則要徵斂有度，注重因時、因地制宜。土均的職責是根據各地實際情況對禮俗進行調節，使民眾知道節儉；司書負責調查民眾的財產，以免厚斂；職方氏根據各地產出的物品來決定諸侯貢物；土訓則掌握各地物產生長規律，確定徵收時間，免得有不法之徒上下其手從中牟利；司稼根據收成確定稅率；廩人了解各地之間收成的差別，以便凶年在地區之間「移民就穀」。關於差役負擔，李覯呼籲進行公平和合理化改革。

關於社會財富的成長，如上文所述，李覯主張實行井田以富民、富國。作為土地生財的保證，他主張健全農政，如以遂人開掘水利備水旱災害，以遂大夫「簡稼器，修稼政」，提高農業技術水準；強調人力資源的充分利用，李覯認為「天之生民未有無能者也」[97]，主張所有人都勞而後得食。他舉出漢代抑商賈的政策，感慨尚為四民之列的商賈被如此困辱，而後來的「遊惰」之民，「去四民遠甚者，其類不可勝數，為國者非徒函容，或尊寵之，傷哉」[98]。他列舉《周禮》太宰以九職任萬民，閭師、載師懲罰懶惰者的制度，主張「任農以制天下之民，各從其能，以服於事」[99]。

關於市場管理，李覯提出國家應干預市場，抑制富人對老百姓的剝削，如果「君不理，則權在商賈；商賈操市井之權，斷民物之命」[100]。他推崇漢代桑弘羊的平準之策，主張以之平抑物價，防止商人剝削農民。他舉出《周禮》設立的泉府，其職責是「斂市之不售，貨之滯於民用者，以其賈買之，揭而書之，以待不時而買者」[101]。除了對市場徵稅，調節供需，還經營貸款業務。又有司市之職，其責任是調節市場上物品供應，以及限制奢靡物品，禁絕劣質產品等。

關於社會救濟，《周禮》以遺人掌管盈餘積蓄，以備凶年、困乏、養老等之用，後世義倉之設類此。應對疾疫流行，則有司救巡視民間的疾疫情況，賈師控制流行病發作期間的物價控制，司關、掌客調控國家非常時期對各種禮節有所控制，膳夫則對君主的飲食以做出調整。

（三）軍衛

此專題討論軍事體制。李覯指出，「先王足兵而未嘗有兵，後世有兵而未嘗足兵」，這是因為先王採取的是寓兵於民的制度。在井田制體系中，六鄉六遂既是生產生活單位，也是軍事單位，故「士不特選，皆吾民也；將不改置，皆吾吏也」[102]。又以大司馬透過「春蒐、夏苗、秋獮、冬狩」進行訓練，說明「守國之備，不可不素習也。不素習，則驅市人而戰之未足喻也」[103]。以宮伯、宮正督促太子及貴族子弟練兵，以培養其德性。以槀人、弓人、矢人等，說明提高兵器製作技術的問題。

（四）刑禁

此專題討論法律問題。李覯以大司寇「三典」之說，論刑罰使用要寬猛相濟，因時制宜；以小司寇「三訊」之義，闡明其慎刑主張；以鄉士、遂士、縣士欲行赦免須朝會之制，論慎行赦免；以掌囚之職，說明「王者不辨親疏，不異貴賤，一致於法」[104]。以司救、大司寇、司圜及時發現並懲戒民之過失，闡明先王防微杜漸，使民遷善遠罪之術；最後，以萍氏、司虣之職，說明其禁酒的主張。

（五）官人

此專題討論了《周禮》所載的官員選拔、任命、考核機制以及一些吏治原則，如關於官員任期以久為貴、宰相等居高位者須深入了解民情、主張分封王室、加強君臣間的交流、不寵信宦官等。

（六）教道

李覯重視培養民間禮俗以教化民眾，主張「立人以善，成善以教」，認為「移風俗，斂賢才，未有不由此道者」[105]。他以外饗、酒正掌養老之禮，論孝弟之風的養成；以大司徒、黨正掌鄉射飲酒之禮，論培養長幼有序的風尚；以太宰掌宗族事務，小司徒、鄙長掌宗族祭祀，鄉師掌管禮器，幫助人們按制行禮，提出以宗族祭祀之法醇厚民風；以典命規定各個等級器物的使用明禮之等級；以大司樂掌管音樂，大胥掌舞蹈，防止民風流於淫邪。以上是對於民間的教化，對於上層的教化，則有師氏、保氏負責對太子的教育。總之，透過禮的教化，「養天性，滅人欲，家可使得孝子，國可使得忠臣矣」[106]。

可見，李覯從《周禮》中挖掘出了大部分他所需要的社會治理的政策，如上文所述，其論政涵蓋了財政經濟、市場金融、社會救濟、官員選任、軍事法律等各個領域，即以現代國家而言，這也是非常全面的。

李覯對於《周禮》、《周易》這樣的經典，往往堅信成說，不願懷疑。這是其保守之處。但他於時代風尚變革之際，明智地放棄漢唐諸儒的訓詁考據之方法，代以議論解經，推動經學研究由考證之學轉為論辯之學，更加符合宋儒經世致用之需。故朱熹稱贊李覯「皆自大處起議論」，並認為李覯對《周禮》的詮釋與他相合[107]。

他研究《周禮》的思路對此後宋代《周禮》研究者頗具示範作用。王安石、鄭伯謙、陳傅良、魏了翁等人解讀《周禮》的著作，都以經世致用為宗旨，透過發掘經義闡明其治世主張。這是宋人《周禮》研究的特色，也是其長處，正如《總目》論《周禮》：

本漢唐之注疏，而佐以宋儒之義理，亦無可疑矣。[108]

李覯時時提倡復古，又大倡「周禮致太平」，給人一種復古主義的印象。筆者認為，早年他作為純粹的飽讀經典的書生，可能真的是個復古主義者。但在後期著作《常語》中，他明確指出：

世俗之說者，必曰復古，古未易復也。……生乎今之世，反古之道，如此者，災及其身也。[109]

則我們可以說，李覯之治經也是沿用儒家的託古改制熟伎了。

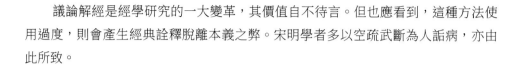

議論解經是經學研究的一大變革，其價值自不待言。但也應看到，這種方法使用過度，則會產生經典詮釋脫離本義之弊。宋明學者多以空疏武斷為人詬病，亦由此所致。

第三節 李覯對孟子的繼承與批判

孟子處於一個天下大亂的時代。周王室衰微，傳統的政治秩序完全被破壞，「世衰道微，邪說暴行有作，臣弒其君者有之，子弒其父者有之」[110]；各諸侯國對外連年混戰，對內政治昏暗，民不聊生，「民有饑色，野有餓莩」，「樂歲終身苦，凶年不免於死亡」[111]。

因此他提出了仁政主張，到處遊說諸侯，勸他們實行仁政，透過仁政的道德威力和示範作用，收取天下民心，以文王弔民伐罪式的戰爭來統一天下。正如我們所知道的，他沒有取得任何成功。

仁政的理論基礎是民本思想。孟子民本主張雖然還遠不是民主，但與他同時代的主張絕對君主的法家相比，與後來特別是元明清時代實際存在的專制制度相比，仍不失為是一種理想的制度。實際上，孟子思想的最大價值就在於以一種理想的制度、境界作為現實的參照，成為人們批判現實的理論資源。尤其是他關於湯武革命的議論，顯然不利於君主專制權力。據《漢書》記載，漢景帝時轅生與黃生在漢景帝面前爭論湯武革命是否正確時，景帝說：

食肉不食馬肝，不為不知其味，然學者無言湯武受命，不為愚。[112]

他乾脆不讓學者繼續深入討論下去了。在很長的歷史時期內，孟子的地位都不高。從宋代開始，孟子在士人階層獲得普遍認可。他在儒學中的地位急劇上升，《孟子》被列入「四書」。再往後，「四書」被官方指定為教科書。

在第二章中筆者已提到，李覯退居以後，「非孟」逐漸成為其思想的一個重要內容，以四十五歲時寫下的《常語》為代表。該文由一組歷史人物、事件的短評構成，其中以對孟子的質疑為主。為此李覯招致了宋代許多尊孟者的攻擊，給後人留下了「宋人多稱覯不喜孟子」[113]的印象。明清兩代，又屢有人出面為李覯申辯，有人甚至稱李覯「蓋深於孟子者」[114]。楊海文先生指出，在李覯的學術文化工作中，「尊孟抑或疑孟無疑是最為聚訟紛紜的一樁公案」[115]。

「李覯不喜孟子」是經學史上一大公案，但當代治李覯者對此討論不多。筆者所見，僅有夏長樸先生、楊海文先生就此作過深入考察，另有楊澤波先生在《孟子評傳》中，站在孟子的立場提到了此事，稱李覯非孟是「孟子升格運動」的「一股逆流」。楊海文先生的《李泰伯疑孟公案的客觀審視》（以下簡稱《審視》）一文對此公案進行了較為全面的文本梳理。但楊先生的梳理，是以此為案例論證他關於思想史文本解讀理念，非專為研究李覯而作。且《審視》一文專證李覯疑孟，這不僅不夠全面，還會產生一些誤導。筆者認為，李覯對於孟子，既有繼承，也有批評，下面分別述之。

一、李覯對孟子思想的繼承

李覯自述其早年刻苦讀書：

雞鳴而起，誦孔子、孟軻群聖人之言，纂成文章，以康國濟民為意。[116]

可見在學習時代，他是把孟子作為和孔子一樣的聖人來學習的。通觀李覯的著述，他對孟子思想至少在以下方面進行了繼承。

首先，他繼承了孟子的民本主張。在早年寫的《潛書》中，李覯認為君民關係是：

母以有子而尊，君以有民而貴。無子無民，母出君滅。[117]

李覯強調君之「貴」來源於民，君有義務愛民，因此君主應該簡役、輕賦，注重德行，這很容易令人想起孟子的民貴君輕論。孟子強調民貴君輕，本非為比較君和民究竟誰的地位更高的問題，正是強調君須得民才為貴。應該說，李覯在這裡接受並發展了孟子主張。在《安民策》中，李覯指出：

愚觀《書》至於「天聰明自我民聰明，天明畏自我民明威」，未嘗不廢書而嘆也。嗟乎！天生斯民矣，能為民立君，而不能為君養民。立君者，天也；養民者，君也。非天命之私一人，為億萬人也。民之所歸，天之所右也；民之所去，天之所左也。天命不易哉！民心可畏哉！是故古先哲王皆孳孳焉以安民為務也。[118]

在此他強調養民是君的職責，指出天命以民意為依歸，得民心得天下，這不難看出孟子的思想印跡。他關於安民「應先於教化」的觀點，也深受孟子的影響：

所謂安者，非徒飲之、食之、治之、令之而已也，必先於教化焉。[119]

他指出，如果不先教化民眾，「未知為人子而責之以孝，未知為人弟而責之以友，……未知男女之別而罪以淫，未知上下之節而罪以驕」，這無異於「納民於井也」[120]。他還有一個很有意思的關於「兵革之用」的觀點：

天之制兵革，其有意乎？見其末者曰：為一人威天下。明其本者曰：為天下威一人。[121]

就是說，武力主要不是用來震懾天下人的，而是為了天下來威懾「一人」的。這和孟子所說的關於民眾保有反抗暴君權力的「誅一夫紂論」有著異曲同工之妙。其次，上節已述李覯對井田制的考證和井地均田主張。李覯考察井田制雖依傍《周禮》，但他對井田制的偏好肯定受到過孟子的啟發。

孟子可能是中國古代最早主張恢復井田制的思想家[122]。《孟子·滕文公上》記載他對井田制的描述是：

方里而井，井九百畝。其中為公田，八家皆私百畝，同養公田。公事畢，然後敢治私事。[123]

他又據《詩經·小雅·大田》中「雨我公田，遂及我私」一句指出，周時實行的應該就是這種八家為井而有公田的井田制。但由於資料的極端缺乏，孟子雖提倡甚力，但語焉不詳。有學者認為，井田制本就是孟子「根據有限的歷史資料重新構建的一種理想」[124]而已。

李覯據《周禮》對井田制言之鑿鑿，並糾正孟子的一些主張，如周代是不是有公田的問題。但我們知道，《周禮》不僅非周公所做，連成書時間也可能與周代無關。此書很可能是漢初時人所著[125]，孟子當然沒有看到（有可能此書相關論斷也是根據孟子的觀點發揮來的）。所以《平土書》對孟子關於井田制的說法的補充、糾正亦非確論。但就井田制所體現出的均平精神，以及以井田保障民生的主張來說，李覯的確與孟子深為同調，故再三稱引孟子「古之行王政必自此始」[126]的話。

在社會政治制度的設計上，李覯認為仁政就是：

百畝之田，不奪其時，而民不饑矣；五畝之宅，樹之以桑，而民不寒矣。達孝悌，則老者有歸，病者有養矣。[127]

這裡明顯是李覯化用了孟子的主張，非為「便宜性引用」（楊海文語）。這個政策，孟子念念在茲，李覯也是時時提起。

值得一提的是此時李覯關於漢、唐的評價：

漢、唐其卑矣！……漢唐之盛，猶不足觀，漢唐之衰，萬世之鑑也。[128]

漢、唐為什麼「卑」呢？因為「不能純用先王之制」。這不免叫人想起朱熹和陳亮關於義利王霸的爭論。可以設想，此時的李覯當是站在朱熹一邊的。

第三，關於軍隊建設，李覯也繼承孟子的主張，提出以仁義為強兵之本的原則：

愚以為仁義者，兵之本也；詐力者，兵之末也。[129]

早在春秋時代思想家們就已認識到，國家間的軍事對抗最終取決於政治的較量。如《孫子兵法》指出：

主孰有道？將孰有能？天地孰得？法令孰行？兵眾孰強？士卒孰練？賞罰孰明？吾以此知勝負矣。[130]

孫子把政治的因素放在第一位加以考量，孟子則把這一點推到了極致，提出行仁政可無敵於天下的主張：

今王發政施仁，使天下仕者皆欲立於王之朝，耕者皆欲耕於王之野，商賈皆欲藏於王之市，行旅皆欲出於王之塗，天下之欲疾其君者，皆欲赴想於王。其若是，孰能御之？[131]

李覯進一步申明了孟子的主張，指出仁義並非是指小恩小惠，姑息縱容下屬，而是就國家總體治理而言：

賢者興，善者勸，惡者懲。賦斂有法，繇役有時。人各有業而無乏用，樂其生而親其上。[132]

他以腹心和手足之患比喻內政和外交，認為應「修諸內而後行諸外」[133]，並化用孟子以上仁者無敵的表述說：

彼貧其民而我富之，彼勞其民而我逸之，彼虐其民而我寬之，則敵人望之若赤子之號父母，將匍匐而至矣。彼雖有石城湯池，誰與守也？雖有堅甲利兵，誰與執也？是謂不戰而屈人之兵矣。[134]

和孟子不同的是，孟子只強調「本」，對於「末」，即具體的軍隊建設策略不屑置喙。這是因為戰國時代有太多的戰亂殺伐經驗，實在不需要他再來探討了。而李覯則對於「末」強調得很多，因為軍隊建設則直接關係到北宋國家的存亡（其具體觀點見下章）。

在李覯退居前的文章中，對孟子的義利之辨、王霸之辨、人性之辨、經權之辨都有所涉及，均採取吸收、發展的態度。與孟子不一致之處，李覯也並未特地提出批評。而細考孟子，其實在這些論辯上也未固執於一端。但就在李覯退居之後，思想界開始興起了一股尊孟的思潮，胡瑗、孫復、石介等人就是其代表。尊孟者逐漸把孟子推向一端，把義利之辨推向重義輕利一端（再往後發展就變成「存天理，滅人欲」了，這正是以後程朱一系的發展脈絡）。這難免會波及到李覯。

正如第二章所述，李覯不斷與這些尊孟者的發生辯論，這可能導致他在心理上對孟子產生了越來越強烈的抵觸情緒。尊孟者的情緒不斷升高，李覯的反應也就越強，最終便是《常語》的寫作。

二、李覯對孟子的批評及「疑孟公案」

李覯疑孟的言論，夏長樸先生曾經歸結為以下幾個方面：孟子不續道統，孟子背叛孔子，孟子懷疑六經，孟子不尊王。

筆者認為，《常語》所疑孟子之事，其實無關大本。李覯疑孟的直接目的是反對以孟子接於孔子之後的道統。更深一層，當是反對把孟子的「重義輕利」推向極端的「重義非利」的另一派宋學家。關於孟子的貴義賤利，馮友蘭指出：

孟子以為人皆有惻隱、羞惡、辭讓、是非之四端，擴而充之，則為仁、義、禮、智之四德。四德為人性發展之自然結果，而人之所以須發展人性，因必如此方為盡「人之所以為人者」，非因四德為有利而始行之也。四德之行，當然可生於社會有利之結果，此結果雖極可貴，然亦係附帶的。[135]

但孟子沒有將公利、私利分開、說明，引起後世聚訟紛紛。此外還可以從治學方法上考慮。正如陳次公所述：

余侍先生，得免、舜、禹、湯、文、武、周公、孔子之事甚詳，皆本書詩，非諸子之餘緒言也。[136]

從這裡我們可以看出，李覯治學「皆本書詩」，書詩和諸子是截然分開的。李覯立論的兩大基石是《易》、《禮》。現在尊孟者要把還是諸子之一的《孟子》推向經的地位，這是他所不能同意的。當然，大勢所趨，《孟子》最終還是被理學家們推到了經之前了。

在李覯寫《常語》的時候（公元一〇五三年），北宋學界尊孟的思潮已經很強烈。當時許多著名學者，如范仲淹、歐陽脩、孫復、石介等人都尊孟[137]。李覯在世時，他對孟子的看法大概就已經引起了許多爭議。門人陳次公在為他撰寫的墓誌銘中說：

> 其語如此，眾驚而萃非之，先生之志益堅。[138]

不過那時孟子尚未升格到「亞聖」的位置，學者們可以自由地說出他們對孟子的質疑，如司馬光、蘇軾等人都有類似著作。所以李覯的弟子並不為他避諱，還公開堅持他的疑孟立場。如門人陳次公在墓誌銘中引李覯的話：

> 大哉孔子！吾何能稱焉？……他人之道，借曰善焉，有之可也，亡之可也。夫子之道，不可須臾去也。[139]

強調李覯極為尊崇孔子的同時，又特地拿「他人之道」之可有可無作對比。對照李覯《常語》中的「吾以為天下無孟子可也，不可無六經」[140]之語，這裡說的就是孟子。

李覯的道統只講到孔子，沒有以孟子接續孔子，可見李覯對於孟子的評價確實不如後世那麼高。陳次公還撰有《述常語》一文，為李覯的非孟立場辯護：

> 孟子，吾知其有以曉然合於孔子者，《常語》不得不進之也。……《常語》之作，其不獲已，傷昔之人，以其言叛天子，今之人，又以其言叛《六經》。故曰：天下無孟子則可，不可以無《六經》；無王道則可，不可無天子。是有大功於名教，非苟言焉。[141]

他認為，《常語》對孟子的一些言論和做法進行批評是必要的，是出於不得已。李覯另一個門人傅野也寫有《述常語》，指出：

> 孟軻誠學孔子者也，其有背而違之者，《常語》討之甚明。[142]

他強調，孟子歿後，揚雄、韓愈兩位賢人尊奉孟子，而現在《常語》驟然提出有異於二子的說法，當然會導致這些尊孟者「相驚而饒饒」。但他們不知道「二子

尊柯處，《常語》亦尊之矣」。正如上文所說，李覯對於《孟子》，從根本上還是認可的。傅野認為，當時的尊孟子者把孟子地位抬得太高了：

> 至於今茲，其道乃高出於《六經》，《常語》不作，孰為究明？[143]

就是說，《常語》是為了糾正對孟子的一些不恰當的評價而作。再看其他宋人的文獻。宋人邵博著《邵氏聞見後錄》，該書第十一至十三卷著錄了十家非議孟子的文字，李覯、陳次公、傅野都羅列其中。宋人陳振孫著《直齋書錄解題》提到：

> 泰伯不喜孟子，《常語》專辨之。[144]

此兩書尚以中立的立場記載李覯等人疑孟之事。隨著尊孟氣氛的升溫，南宋余允文對李覯的疑孟立場提出了嚴厲批評。他寫有《尊孟辨》一書，對歐陽脩、李覯和鄭厚三個人非孟的言論進行批評，對李覯批評最烈。他在該書序中說：

> 溫公則疑而不敢非，太伯非之，而近於詆。[145]

朱熹則有《讀余隱之尊孟辨》一文，就余允文闡發未盡之處再作發揮，並指責李覯不懂《孟子》：

> 李氏以蘇、張、孫、吳班焉，蓋不足以窺孟子之藩籬，而妄議之也。[146]

可見，「宋人多稱覯不喜孟子」所言不虛。進入明代，孟子升格運動已完成。孟子之神聖地位牢不可撼，專制如朱元璋者亦拿孟子無可奈何。這時疑孟就是很嚴重的問題了，故屢有尊李覯者為之曲意回護，李覯疑孟的問題反倒撲朔迷離起來。

在這個問題上，明人左贊（李覯的同鄉）是個關鍵人物。成化年間，左贊上書朝廷請求重修李覯的墳墓並得到准許。他還編刻了現存的最早的李覯文集《盱江集》。或許是出於回護李覯的考慮，他對《常語》作了很多刪除（《審視》一文對此論證甚詳），在一定程度上緩和了李覯疑孟的力度。實際上這一刪除很沒有必要。四庫館臣對此批評道：

> （覯）不喜孟子，特偶然偏見，與歐陽脩不喜繫詞同，可以置而不論。贊必欲委曲彌縫，務滅其跡，所見陋矣。……其他文中，亦頗引孟子，與宋人所記種種相反，以所刪《常語》推之，毋亦贊所竄亂與！[147]

刪除反倒導致人們對李覯其他文章尊孟言論的懷疑。如明人楊慎《李泰伯不喜孟子》一文，專辨李覯不喜孟子事。他認為，所謂李覯不喜孟子的說法，是小說家言，不可信。他在李覯的著作中找到多處李覯引用孟子的地方，得出的結論是「泰伯蓋深於孟子者也」[148]。楊慎所據的應該就是經過了左贊編竄的本子。不管出於何種目的，刪改造成的更為嚴重的後果是，後人不易看到原著的真面目了。刪的部分尚可據他書補齊，改動的地方就沒法改回了。

楊海文先生的《審視》一文從兩個方面對李覯疑孟公案進行了考證：一是以「李泰伯閣試不識《孟子》事」為代表的李覯疑孟傳說[149]，也就是楊慎所說的小說家言；二是《常語》疑孟問題。作者認為前者純屬子虛烏有，後者則是毋庸置疑的。此外，作者還考察了《李覯集》中引孟子處，認為李覯援引孟子的話，都是便宜性引用而不是原則性引用，由此得出李覯疑孟的結論。

筆者認為，《常語》疑孟和李覯疑孟是兩回事。《常語》的確是疑孟的，但要說李覯疑孟，那就意味著李覯的全部思想體系都是排斥孟子的。這有以偏概全的嫌疑了。即使承認《審視》所說的，李覯引用孟子處都是便宜性引用，也還是成問題。因為除了引用，孟子的許多觀點還被李覯化用在自己的文章中，這些不能不算是他對孟子的贊同。

此外，籠統地說李覯疑孟或尊孟，而不從李覯的思想發展歷程和思想體系整體來考察李覯和孟子思想的關係，也不利於我們全面認識李覯的思想。因為人的思想是變化的。每個人走向思維的成熟本身就需要有個學習、調適的過程；即使一個人進入思維成熟期，也還會隨著時世的變遷和思考的深入對自己的思想進行取捨。如果不考慮一個人的思想變化而平面化地看待其著述，就會出現矛盾之處。

筆者認為，對於李覯和孟子的關係，應從歷時性和共時性兩個角度來看。從李覯的思想發展歷程來看，早年並無疑孟的傾向。從他的主要著作來看，對《孟子》的學習、吸收與其他經典並無區別。只是到了退居以後，他才逐漸走向「疑孟」，因此「疑孟」在他的思想史中只占一小部分。另一方面，在李覯的思想體系中，固然有對孟子的許多做法的批評，但李覯堅持並發展了孟子的民本立場，肯定了孟子的許多政策主張，這也是不容否定的。這不能僅以引用文字的「便宜性」或「原則性」來判斷。李覯對孟子的態度，或曰孟子對李覯的影響，不能以「尊」或「疑」來「一言以蔽之」。

在明清兩代，孟子神聖不可侵犯，疑孟自然是個嚴重的「罪名」，以至左贊為回護李覯而不惜刪改其文集。不過，在思想學術領域，質疑權威本學者的自由。孟子的文章以理直氣壯見長，但其中理不直氣也壯之處亦有不少。邏輯上有漏洞，自然會引發後人的質疑。

在宋學開創之際，李覯在延續儒學方面所做的工作和在當時的影響都不下於胡瑗、孫復和石介三人，但後來的理學家只承認「三先生」而不是「四先生」，晚年疑孟當是一個重要原因。

權威不容質疑是一個社會最可悲的事。今天看來，李覯晚年的疑孟，恰是其思想的光彩之處。

第四節 李覯對荀子的繼承與發展

荀子是戰國後期的儒學大師，除在理論上對儒學作了重要發展外，他對儒學的傳承也作出了巨大貢獻。據汪中考證，《毛詩》、《魯詩》、《左傳》、《穀梁傳》、《大戴禮》、《小戴禮》俱由荀子傳授下來，《韓詩》則為荀子之別子，荀子又善為《易》，汪中總結道：

蓋自七十子之徒既歿，漢諸儒未興，中更戰國、暴秦之亂，六藝之傳賴以不絕者，荀卿也。[150]

在漢代，荀子地位本與孟子不相上下。司馬遷將兩人並傳，董仲舒曾作書美孫卿[151]。至唐代，韓愈倡尊孟抑荀之說，提出「孟氏醇乎醇者也，荀與揚大醇而小疵」[152] 的論斷。宋學興起後，孟愈尊而荀愈抑，以至視荀子為申韓之異端。但在元豐訂孔廟從祀之制時，荀子還躋身其中。隨著理學的發展，明嘉靖年間改制，荀子被逐出孔門[153]。而到了清代，學界再次肯定荀子作為一代大儒的地位，如《總目》曰：

況之著書，主於明周孔之教，崇禮而勸學。……平心而論，卿之學源出孔門，在諸子之中最為近正，是其所長；主持太甚，詞義或至於過當，是其所短。[154]

清儒見解已無宋儒立門戶之偏見，故持論相對平易，但仍不免理學家的影響，故肯定韓愈的「大醇而小疵」的評價。在今天，我們應以更持平的眼光看待孟、荀之歧異，把荀子看成是儒家內部與孟子相須的流派，如馮友蘭先生言：

至荀卿而儒家壁壘，始又一新。[155]

荀子的思想代表了儒家思想務實的傾向，講求功利，倡言富國強兵，故其在戰國時代即以此攻汗孟子。李覯於宋代國家危機重重之際，發揮《荀子》的功利政治主張，大談富國強兵。韋政通先生指出，（李覯）以禮涵攝眾德，重視富強，重視利與欲，具有實用精神，反對迷信，反對玄學，抨擊孟子，經驗主義的性命論，這都是荀子思想的特色。在兩千多年的思想史中，在內容和精神上，他是最接近荀學的思想家。[156]

政治思想方面，李覯對荀子的繼承與發展主要有以下幾點。

一、禮與法

孔子一生倡言克己復禮，但他沒有發展出一套系統的關於禮的理論。荀子對禮進行了全面的發揮，包括以下幾個方面。關於禮的發生，荀子從人類社會的起源予以了解釋。人類原本是自然界中較弱小的種類，「力不若牛，走不若馬」[157]，但卻成了其他種類的主人，憑什麼呢？荀子指出，人不同於萬物者，在於人類有「義」的特性：

水火有氣而無生，草木有生而無知，禽獸有知而無義，人有氣、有生、有知，亦且有義，故最為天下貴也。[158]

由於人類有「義」的特性，所以他們能夠「辨」：

人之所以為人者何已也？曰：以其有辨也。……人之所以為人者，非特以其二足而無毛也，以其有辨也。夫禽獸有父子，而無父子之親，有牝牡而無男女之別。故人道莫不有辨。[159]

「辨」就是以父子、男女區分人類，這是一種較為自然的區別。在「辨」之上，還有「分」的區別：

辨莫大於分，分莫大於禮，禮莫大於聖王。[160]

「分」說的是人類社會的組織原則或結構。由於人天性多欲、好爭，所以必須透過「禮」把人們組織起來：

人生而有欲，欲而不得，則不能無求。求而無度量分界，則不能不爭；爭則亂，亂則窮。先王惡其亂也，故制禮義以分之，以養人之欲，給人之求。使欲必不窮於物，物必不屈於欲。兩者相持而長，是禮之所起也。[161]

可見禮的作用有兩方面：一是制止人們的爭鬥，二是可以組織人們發展生產，「不窮於物」，也就不必再爭了。在「辨」和「分」的基礎上，人類就能組織起來，以「群」來戰勝其他物種，並保障物質需要：

人能群，彼不能群也。人何以能群？曰：分。分何以能行？曰：義。故義以分則和，和則一，一則多力，多力則強，強則勝物；故宮室可得而居也。[162]

規定人類社會透過「義—辨—分—群」這樣的次第組織起來的規則就是禮。

所以禮是人類社會存在的基礎：

人無禮則不生，事無禮則不成，國家無禮則不寧。[163]

荀子認為，禮是先王的製作，其所規制的內容包括了人們的物質需求層面、倫理層面以及社會政治組織層面的內容，這是對孔子所說的禮的擴充性發揮。下章我們將看到，李覯繼荀子之後，對禮又進行了發揮，使其達到無所不包的程度，以至於把禮變成了「總名」、「虛稱」。

關於法，李覯的觀念對荀子亦有繼承。討論荀子關於法的看法，首先要明確今人所言的法，在荀子之時尚未完備。荀子所言的法，是禮之下具體的國家制度，他甚至將其鄙稱為「械數」：

械數者，治之流也，非治之原也；君子者，治之原也。[164]

荀子對於法的看法，集中體現在下面這段話中：

有亂君，無亂國；有治人，無治法。……故法不能獨立，類不能自行；得其人則存，失其人則亡。法者，治之端也；君子者，法之原也。故有君子，則法雖省，足以遍矣；無君子，則法雖具，失先後之施，不能應事之變，足以亂矣。[165]

荀子的治國理念，不以法為貴，關鍵在於治理者。若治者為君子，那麼法不完備也不影響國家治理，因此他與孔子、孟子的態度一樣，以君主修養為治國之本：

聞修身，未嘗聞為國也。[166]

故荀子雖談論法較孔孟為多，但其根本的重人治的精神，則與之一脈相承。

李覯雖有專文談論法的問題，但他同樣是把法置於禮的名下，法在治國中的作用終歸還是要服從於禮義。我們不僅不能以今日的法治理念考究李覯關於法的議論，其與法家之論法，也相去甚遠。因荀子、李覯都是把法置於禮之下，故在本節附論之。

二、功利思想

荀子異於孟子者，還在於荀子認真探討富國強兵之策，而孟子反對談功利。既反對個人的逐利行為，也反對國家以功利為追求，正如他對梁惠王所說名言「何必曰利」。這種差異與他們對人性的看法有關。

荀子對人性的洞察甚於孟子，在孟子看到「仁、義、禮、智」之端的地方，荀子看到了人性的複雜。他指出：

義與利者，人之所兩有也。[167]

人都有好利的一面，「雖堯、舜不能去民之欲利」；又有好義的本性，即使「桀、紂亦不能去民之好義」[168]。社會的治亂就決定於治國者能否控制好人性中義利的對比：

義勝利者為治世，利克義者為亂世。[169]

堯舜之世，只是使人們的好義本性不被好利的本性壓倒；而桀紂之世，則是使好利的本性壓倒了好義的一面。因此荀子關於義利之辨的看法，首先是先義後利：上重義則義克利，上重利則利克義。故天子不言多少，諸侯不言利害，大夫不言得喪，士不通貨財。[170]

個人修養也是如此。荀子說過：

先義而後利者榮，先利而後義者辱。[171]

又說：

唯利所在，無所不傾，若是則可謂小人矣。[172]

其次是計利而富民。人性中求利的一面也是不可能取消的。民眾生活需要有足夠的物質資源，國家發展需要有財富支援，國家安全需要有軍隊保證。所以荀子積極探討富國、強兵之道。

關於富國，荀子認為，富國首先要富民，民富則自然國富：

下貧則上貧，下富則上富。故田野縣鄙者，財之本也；垣窌倉廩者，財之末也。[173] 富國富民的具體策略是：

足國之道：節用裕民，而善臧其餘。節用以禮，裕民以政。彼裕民，故多餘。裕民則民富，民富則田肥以易，田肥以易則出實百倍。[174]

這包括兩方面的內容。其一是消極的方面，即節用。節用就是要透過禮的節制作用，調節物質資源的分配。正如上文所說的，社會物質資源是有限的，不可能完全滿足人們的需求。在這種情況下，禮就起到分配物質資源的作用，使得人們在物質資源不是平均分配的情況下也能各安其分，保持秩序，不發生爭鬥。當然他所說的節用與墨家的節用主張不同。他批評墨子：

墨術誠行則天下尚儉而彌貧，非鬥而日爭，勞苦頓萃而愈無功，愀然憂戚非樂而日不和。[175]

他指出，墨子不積極求財富的成長而一味節儉，則效果反而更差。他認為，不僅民眾應該滿足物質需求，君主更應當得到很好的物質保養和禮儀、權勢：

為人主上者，不美不飾之不足以一民也，不富不厚之不足以管下也，不威不強之不足以禁暴勝悍也。[176]

因此應積極發展經濟，促進財富的成長，即「裕民以政」。這是他富國政策的另一方面。荀子以農業為財富之源，其富國富民之策，主要是透過發展農業促進財富成長：

量地而立國，計利而畜民，度人力而授事。使民必勝事，事必出利，利足以生民，皆使衣食百用出入相揜，必時臧餘，謂之稱數。故自天子通於庶人，事無大小多少，由是推之。故曰：「朝無幸位，民無幸生。」此之謂也。[177]

關於量地、授事的做法，馮友蘭先生猜測可能是與李悝的「盡地利之教」差不多的一些政策[178]，其目的是增加農民收入，使百姓衣食百用出入相當且能有所盈餘。此外，還應當輕稅負、輕勞役：

輕田野之稅，平關市之徵，省商賈之數，罕興力役，無奪農時，如是則國富矣。夫是之謂以政裕民。[179]

這樣社會財富才能成長，達到富國的目標。關於強國之策，荀子不像孟子那樣只認同王道而反對霸道。荀子對霸道沒有嚴厲的批評，沒有把「王道」與「霸道」嚴格對立。他開列出三種不同的治國之道，最上等的是王道，王道的根本在於行仁義：

絜國以呼禮義，而無以害之，行一不義、殺一無罪而得天下，仁者不為也。[180]
在國家治理中嚴格執行禮義的要求，把義貫徹到方方面面：共事之人都是「義士」，國家法令都是「義法」，君臣上下所想都是「義志」。這樣就會使國家「名聲之部發於天地之間也，豈不如日月雷霆然矣哉」。因此行王道的結果是：

天下為一，諸侯為臣，通達之屬莫不從服。[181]

其次是霸道。對於道德風俗水準還達不到「仁義」的國家，可以以信立國。所謂信就是在治國中能夠嚴守法度：

政令已陳，雖睹利敗，不欺其民；約結已定，雖睹利敗，不欺其與。[182]

凡是已經公布的政令、約定，不管其後果是否有利，一定信守，不欺騙人民，這樣就可以「兵勁城固，敵國畏之。國一綦明，與國信之；雖末在僻陋之國，威動天下，五伯是也」[183]。

最下等的是亡國之道，其表現是追求功利，實行權謀：

絜國以呼功利，不務張其義、齊其信，唯利之求，內則不憚詐其民而求小利焉，外則不憚詐其與而求大利焉，內不修正其所以有，然常欲人之有。[184]

治國者唯以眼前的功利為目標，不伸張仁義，也不講究信用。對百姓以欺詐的方式取得小利，對外用權謀之術追求大利。這樣就導致國內的「臣下百姓莫不以詐心待其上矣。上詐其下，下詐其上，則是上下析也」；國外的「敵國輕之，與國疑之，權謀日行而國不免危削，綦之而亡」。這樣的國家有可能一時貌似強大，但實際上不堪一擊。

可見王道與霸道只是在程度上和實行條件上有所不同，並非截然對立的，「粹而王，駁而霸」[185]。統治者應根據國家情況至少選取其一而實行，否則國必亡。

關於強兵，荀子著眼於軍事背後的政治：

凡用兵攻戰之本，在乎一民。弓矢不調，則羿不能以中微；六馬不和，則造父不能以致遠；士民不親附，則湯武不能以必勝也。故善附民者，是乃善用兵者也。故兵要在乎附民而已。[186]

就是說，軍事上的強盛取決於國內政治的和諧與否，取決於民眾的支持，由此荀子提出了與孟子類似的以仁義為兵的主張：

齊之技擊，不可以遇魏氏之武卒；魏氏之武卒，不可以遇秦之銳士；秦之銳士，不可以當桓文之節制；桓文之節制，不可以敵湯武之仁義。[187]

荀子的政治主張既博採眾長又能堅持儒家的根本立場，而能對墨家和法家的作出恰當的批評。他在儒家中，最為明白曉暢地提倡「富國」、「強國」、「強兵」，使得儒家的理論範圍更加擴大，也對現實更具指導性，所以馮友蘭先生稱讚他使「儒家壁皇始又一新」。李覯對上述荀子的富國、強兵之策多有借鑑。正如謝善元先生指出，李覯的《富國策》《強兵策》這兩組文章，是循著《荀子》的思路在走。「富國」這兩個字事實上與《荀子》的「富國篇」篇名吻合。兩篇文章的內容也很相似。[188]

其具體主張我們下章再談。

三、民本與尊君

作為一個儒家學者，民本思想也是荀子在君民關係的問題上的出發點。如《王制篇》記載了傳統的君舟民水論：

馬駭輿，則君子不安輿；庶人駭政，則君子不安位。馬駭輿，則莫若靜之；庶人駭政，則莫若惠之。選賢良，舉篤敬，興孝弟，收孤寡，補貧窮。如是，則庶人安政矣。庶人安政，然後君子安位。傳曰：君者舟也，庶人者水也；水則載舟，水則覆舟。」此之謂也。[189]

在《哀公篇》中，他又提到這句話：

丘聞之：「君者，舟也；庶人者，水也。水則載舟，水則覆舟」。君以此思危，則危將焉而不至矣？[190]

廖名春先生認為，這是君舟民水論在古籍中首次出現，足可為荀子思想的代表[191]。在君民關係上，荀子也認為，君是為民而設的：

天之生民，非為君也；天之立君，以為民也。故古者列地建國，非以貴諸侯而已；列官職，差爵祿，非以尊大夫而已。[192]

可見荀子在根本立場上，仍是以民為本的。同孟子一樣，荀子以道義為君主得位當否的標準，因此對於湯武取天下予以正面評價，不認為這是犯上作亂：

湯武非取天下也，修其道，行其義，興天下之同利，除天下之同害，而天下歸之也。桀紂非去天下也，反禹湯之德，亂禮義之分，禽獸之行，積其凶，全其惡，而天下去之也。天下歸之之謂王，天下去之之謂亡。[193]

對於實行仁政的王道政治，荀子自然也是讚不絕口，認為高於霸道。荀子和孟子都尊君而反對墨家的君主和民眾同耕作的主張。不過孟子的理由是職業分工：勞心者治人，勞力者治於人。[194] 荀子則是從君主維持社會秩序的功能角度來談這個問題的，他指出：

君者，何也？曰：能群也。能群也者，何也？曰：善生養人者也，善班治人者也，善顯設人者也，善藩飾人者也。[195]

荀子以君主為禮義、秩序的維持者：

人之生不能無群，群而無分則爭，爭則亂，亂則窮矣。故無分者，人之大害也；有分者，天下之本利也；而人君者，所以管分之樞要也。[196]

同時君主也是民眾的表率：

君者，儀也，民者景也，儀正而景正。君者盤也，盤圓而水圓。君者，孟也，孟方而水方。[197]

可見君主對於國家具有極為重要的作用，故荀子主張尊君。尊君的體現首先是厚養君主，美之、安之、貴之：

故美之者，是美天下之本也；安之者，是安天下之本也；貴之者，是貴天下之本也。[198]

厚養君主也是君主執行其職務所必須的：

知夫為人主上者，不美不飾之不足以一民也，不富不厚之不足以管下也，不威不強之不足以禁暴勝悍也。[199]

更重要的是，從功利的角度，荀子指出，百姓對符合責任的君主應當待之如尊親：

故仁人在上，百姓貴之如帝，親之如父母，為之出死斷亡而愉者，無他故焉，其所是焉誠美，其所得焉誠大，其所利焉誠多。[200]

由於君主對於實現禮治有這麼重要的作用，荀子對尊君談得比較多，但沒有提出多少措施約束君主。這點上他不如孟子。孟子提倡禪讓，主張皇室貴族可以廢罷不道君主，還支持人民反抗暴君，所以孟子尊君實是建立在君主履行其對臣下、民眾職責的基礎上的。荀子尊君則達到了這樣的境況：

天子者執至重而形至佚，心至愉而志無所詘，而形不為勞，尊無上矣。……居如大神，動如天帝。[201]

所以他否定了禪讓的可能性：

有擅國，無擅天下，古今一也。夫日：堯舜擅讓，是虛言也，是淺者之傳，陋者之說也，不知逆順之理，小大、至不至之變者也，未可與及天下之大理者也。[202]

或許荀子尊君的本意是專指那些真正的仁君，但在實際的政治建構中，天子的至高無上的位置一建立，就很難再動搖：

天子者，執位至尊，無敵於天下，夫有誰與讓矣？道德純備，智惠甚明，南面而聽天下，生民之屬莫不振動從服以化順之。[203]

這樣的君主，人們如何要求他以民為本？讀者也很難看出，荀子尊君與那些完全維護君主立場的法家有什麼區別。

本節之初，筆者提到荀子被清代學者所肯定，恢復荀子從祀孔廟的呼聲漸高。但正如今天我們所看到的，荀子仍不在孔廟之列。這是因為彼時西學東漸，已有民

主意識的維新派人士極力抨擊專制傳統，而以荀子為專制制度的始作俑者。如梁啟超認為：

> 二千年政治，既皆出荀子矣。……然則二千年來，只能謂為荀學世界，不能謂之為孔學世界也。[204]

他認為，中國自秦漢以來，儒家傳授都是荀學一派，只知孔子的小康學說，孔子的大同主張被湮沒了。他的學生譚嗣同指荀子為「鄉愿」，說他「倡法後王而尊君統，務反孟子民主之說」，批評他：

> 二千年來之政，秦政也，皆大盜也；二千年來之學，荀學也，皆鄉愿也。唯大盜利用鄉愿，唯鄉愿工媚大盜。二者交相資，而罔不託之於孔。[205]

譚嗣同認為這種局面的造成，與孔子無關，是荀子違背了孔子學說所致。胡適、吳虞等人也都持這種觀點。

不過正如孟子的仁政導源於孔子一樣，荀子的尊君理論也是孔子禮論的延伸，只不過按照其理論內在的邏輯，推到極端就得出了與民本相反的結果了。孟子和荀子所代表的正是民本理論的兩個方向。筆者認為，若把孟子的民本推到極端，是可以得到民主的[206]，故清末民初孟子成為民主的先知。可惜在古代中國，民本非但沒有推出民主，連民本都屢受抵制。而荀子代表的另一個路向，不僅在理論上被推到極端，還更徹底地在政治中實踐。

宋初的政治制度建構是尊君理論的實踐，如上章所述。李覯作為一個求改革者，目睹君主獨斷的弊端，實在無須再為尊君提供什麼理論支持了。所以在君民關係上，李覯實則站在了孟子的民本立場上的，主張弱化君主權力的。

以上所述，僅是他在構建理論體系時所依傍的最主要的經典。除此之外，他還借鑑了大量的前人著述。根據胡文豐先生的統計，李覯在論述自己的經濟主張時，除儒家經典、史志外，還借鑑了管仲、李悝、商鞅、晁錯、董仲舒、桑弘羊、趙過、耿壽昌、師丹等人的思想主張[207]。

這裡有必要強調的是，先秦的功利主義思想也是李覯思想的重要源頭。他對功利主義所作的闡發，構成了他的理論體系的底色，也是他對中國古代政治思想貢獻所在。

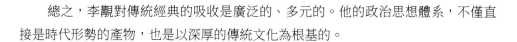

總之，李覯對傳統經典的吸收是廣泛的、多元的。他的政治思想體系，不僅直接是時代形勢的產物，也是以深厚的傳統文化為根基的。

註釋

[1] 馮友蘭：《中國哲學史》（下），載《三松堂全集》（第三卷），鄭州：河南人民出版社，1989 年版，第 6 頁。

[2] 李覯：《上孫寺丞書》，《李覯集》，第 296 頁。

[3] 孔穎達：《周易注疏序》，《十三經注疏》，北京：中華書局，2009 年版，第一冊第 18 頁。又有易歷四聖說。以今人的眼光看，這自然只是傳說。上世紀初，學界引入現代社會科學方法研究《周易》，有了迥異於古人的結論。一般認為，《周易》經文是由西周的史官根據西周前期卜筮的資料整理而成，非出於一人之手。傳文，即所謂的「十翼」，則作於東周時代，亦不能確指其作者。今人解易亦採取經傳分別對待的態度。不過這並不影響本文的探討。《周易》作為中華民族最古老的文獻之一，在歷史長河中被不同時代的人們用來建構其意識形態。對於思想史研究來說，哪種解釋更符合易的本源並不重要，重要的是探究其演變的軌跡以及造成演變的社會動力。

[4] 《四庫全書總目》，第 1 頁

[5] 《十三經注疏》，第一冊，第 13 頁。

[6] 《四庫全書總目》，第 3 頁。

[7] 《隋書·卷三十二·經籍志一》。

[8] 《四庫全書總目》，第 3 頁。

[9] 朱伯崑：《易學哲學史·北大版序言》（第一冊），北京：崑崙出版社，2005 年版，第 39 頁。

[10] 李覯：《易論第一》，《李覯集》，第 27 頁。

[11] 李覯：《上蘇祠部書》，《李覯集》，第 28 頁。

[12] 李覯：《上蘇祠部書》，《李覯集》，第 28 頁。

[13] 李覯：《易論第一》，《李覯集》，第 27 頁。

[14] 李覯：《上蘇祠部書》，李覯集》，第 28 頁。

[15] 李覯：《易論第一》，《李覯集》，第 27 頁。

[16] 李覯：《上富舍人書》，《李覯集》，第 277 頁。

[17] 李覯：《上富舍人書》，《李覯集》，第 278 頁。

[18] 李覯：《刪定易圖序論 . 論六》，《李覯集》，第 66 頁。

[19] 李覯：《刪定易圖序論 . 論六》，《李覯集》，第 66 頁。

[20] 李覯：《刪定易圖序論·論六》，《李覯集》，第 65 頁。

[21] 李覯：《刪定易圖序論．論六》，《李覯集》，第 66 頁。

[22] 李覯：《刪定易圖序論·論六》，《李覯集》，第 66 頁。

[23] 《十三經注疏》，第五冊，第 5449 頁。

[24] 王先謙：《荀子集解》，北京：中華書局，1988 年版，第 507 頁。

[25] 《宋史·朱震傳》。

[26] 《四庫全書總目》，第 5 頁。

[27] 李覯：《刪定易圖序論·序》，《李覯集》，第 5 頁。

[28] 李覯：《刪定易圖序論·論二》，《李覯集》，第 56 頁。

[29] 李覯：《易論第一》，《李覯集》，第 2 頁。

[30] 李覯：《易論第四》，《李覯集》，第 33 頁。

[31] 李覯：《易論第四》，《李覯集》，第 33 頁。

[32] 李覯：《易論第六》，《李覯集》，第 37 頁。

[33] 李覯：《易論第六》，《李覯集》，第 38 頁。

[34] 李覯：《易論第六》，《李覯集》，第 38 頁。

[35] 李覯：《易論第九》，《李覯集》，第 43 頁。

[36] 李覯：《易論第九》，《李覯集》，第 37 頁。

[37] 李覯：《易論第十》，《李覯集》，第 45 頁。

[38] 此處之命，應理解為與道德行為無關的意外事件的降臨，此種事件無法預料和防範，在人力修為之外。

[39] 李覯：《易論第十》，《李覯集》，第 46 頁。

[40] 李覯：《易論第十》，《李覯集》，第 46 頁。

[41] 王弼：《周易略例》，《王弼集校釋》（樓宇烈校釋），北京：中華書局，1981 年版，第 598 頁。

[42] 王弼：《周易略例》，《王弼集校釋》（樓宇烈校釋），第 604 頁。

[43] 李覯：《易論第十一》，《李覯集》，第 47 頁。

[44] 李覯：《易論第十一》，《李覯集》，第 47 頁。

[45] 李覯：《易論第十一》，《李覯集》，第 47 頁。

[46] 李覯：《易論第八》，《李覯集》，第 41 頁。

[47] 李覯：《易論第十三》，《李覯集》第 51 頁。

[48] 《四庫全書總目》，第 149 頁。

[49] 古代關於此書的爭議主要集中在此書是否為周公所做的問題上。有人疑其為六國陰謀家所作，也有人懷疑是劉歆做的偽書，茲不詳考。今人多認為，此書非周公所作，但亦非劉歆所偽，當為戰國末期至漢初年間的不知名學者所作。彭林先生對此考據甚詳，他認為是漢初時人所做。見彭林：《〈周禮〉成書年代研究》，北京：中國社會科學出版社，1991 年版，第 247 頁。

[50] 《漢書·景十三王傳河間獻王傳》載：「河間獻王德以孝景前二年立，修學好古，實事求是。從民得善書，必為好寫與之，留其真，加金帛賜以招之。繇是四方道術之人不遠千里，或有先祖舊書多奉以奏獻王者，故得書多，與漢朝等。……獻王所得書皆古文先秦舊書，《周官》、《尚書》、《禮》、《禮記》、《孟子》、《老子》之屬，皆經傳說記，七十子之徒所論。」《隋書·經籍志》對此記述稍異，其曰：「而漢時有李氏得《周官》。《周官》蓋周公所制官政之法，上於河間獻王，獨闕《冬官》一篇。獻王購以千金不得，遂取《考工記》以補其處，合成六篇奏之。」

[51] 對於《周官》在漢代較晚出的原因，馬融是這樣解釋的：秦自孝公以下用商君之法，其政酷烈，與《周官》相反，故始皇禁挾書，特疾惡，欲絕滅之，搜求楚燒之獨悉，是以隱藏百年。《十三經注疏》第二冊，第 1369 頁。

[52] 「至孝成皇帝，達才通人劉向、子劉歆，校理祕書，始得列序，著於錄略。《十三經注疏》，第二冊，第 1369 頁。

[53] 《漢書·劉歆傳》載：「及歆親近，欲建立《左氏春秋》及《毛詩》、《逸禮》、《古文尚書》皆列於學官。」劉歆在移書讓太常博士，亦未提及此書。

[54] 據《漢書王莽傳》，莽母功顯君死，劉歆與博士諸儒議功顯君服，讚揚王莽「發得《周禮》，以明因監。」也就是說是王莽發明了周禮之稱。

[55] 據《漢書·藝文志》載，《周官經》六篇，王莽時劉歆置博士，《周官傳》四篇。

[56] 關於《周禮》的授受，《隋書卷三十二經籍志一》載：「至王莽時，劉歆始置博士，以行於世。河南緱氏及杜子春受業於歆，因以教授。是後馬融作《周官傳》以授鄭玄，玄作《周官注》。」

[57] 林碩為鄭玄同鄉後進，而所學與玄殊異，兩人曾辯難。《後漢書·鄭玄傳》謂鄭著有《答臨孝存周禮難》，今佚。「林」亦作「臨」，林碩即臨孝存。

[58] 《十三經注疏》，第二冊，第 1369 頁。

[59] 《十三經注疏》，第二冊，第 1369 頁。

[60] 歐陽脩：《問進士策一》，《歐陽脩全集》，第 326 頁。

[61] 歐陽脩：《問進士題五》，《歐陽脩全集》，第 58 頁。

[62] 歐陽脩：《問進士策一》，《歐陽脩全集》，第 326 頁。

[63] 李覯：《周禮致太平論·序》，《李覯集》，第 67 頁。

[64] 李覯：《禮論七篇》，《李覯集》，第 19 頁。

[65] 李覯：《周禮致太平論·序》，《李覯集》，第 67 頁。

[66] 李覯：《策問三首》，《李覯集》，第 34 頁。

[67] 李覯：《策問六首》，《李覯集》，第 336 頁。

[68] 李覯：《周禮致太平論·序》，《李覯集》，第 67 頁。

[69] 《周禮》一書是否周公所作，清代學者考據已有定論。但是否可以完全否定它呢？現代學者以金文所載周朝官名考之，則發現此書亦非憑空杜撰，必有所本。張亞初、劉雨的《西周金文官制研究》一書，據金文材料提出：「完全肯定和基本否定《周禮》，是兩個極端，都是不妥當的。《周禮》在主要內容上，與西周銘文所反映的西周官制，頗多一致或相近的地方。正確認識和充分利用《周禮》，是西周職官問題研究中不容忽視的問題。」（轉引自李學勤：《從金文看〈周禮〉》，載《尋根》，1996 年，第四期：第 4-5 頁）就是說，《周禮》在歷史研究中還是有其資料價值的。不過這對於本文並無太大關係。我們只需知道，李覯在關於《周禮》的爭論中堅定地站在信古的立場上即可。

[70] 歐陽脩：《問進士策一》，《歐陽脩全集》，第 326 頁。

[71] 參見李之亮：《歐陽脩編年箋注》第三冊，280 頁。

[72] 李覯：《周禮致太平論·序》，《李覯集》，第 67 頁。

[73] 皮錫瑞：《經學歷史》，北京：中華書局，1959 年版，第 90 頁。

[74] 胡適：《記李覯的學說》，見《胡適文存二集》，第 26 頁。

[75] 李覯：《平土書》，《李覯集》，第 213 頁。

[76] 李覯：《禮論七篇》，《李覯集》，第 15 頁。

[77] 李覯：《上蘇祠部書》，《李覯集》，第 28 頁。

[78] 《四庫全書總目》，第 149 頁。

[79] 李覯：《寄〈周禮致太平論〉上諸公啟》，《李覯集》，第 276 頁。

[80] 李覯：《答宋屯田書》，《李覯集》，第 32 頁。

[81] 李覯：《上聶學士書》，《李覯集》，第 286 頁。

[82] 李覯：《上聶學士書》，《李覯集》，第 286 頁。

[83] 李覯：《平土書》，《李覯集》，第 212 頁。

[84] 李覯：《上宋舍人書》，《李覯集》，第 21 頁。

[85] 李覯：《上江職方書》，《李覯集》，第 283 頁。

[86] 李覯：《平土書》，《李覯集》，第 209 頁。

[87] 李覯：《周禮致太平論·序》，《李覯集》，第 67 頁

[88] 李覯：《明堂定制圖序》，《李覯集》，第 12 頁。

[89] 李覯：《明堂定制圖序》，《李覯集》，第 12 頁。

[90] 李覯：《潛書·一》，《李覯集》，第 214 頁。

[91] 李覯：《平土書》，《李覯集》，第 20 頁。

[92] 李覯：《平土書》，《李覯集》，第 I83 頁。

[93] 李覯：《平土書》，《李覯集》，第 212 頁。

[94] 李覯：《周禮致太平論·國用第四》，《李覯集》，第 78 頁。

[95] 李覯：《周禮致太平論·國用第十六》，《李覯集》，第 89 頁。

[96] 李覯：《周禮致太平論·國用第一》，《李覯集》，第 75 頁。

[97] 李覯：《周禮致太平論·國用第一》，《李覯集》，第 78 頁。

[98] 李覯：《周禮致太平論·國用第七》，《李覯集》，第 82 頁。

[99] 李覯：《周禮致太平論·國用第三》，《李覯集》，第 77 頁。

[100] 李覯：《周禮致太平論·國用第一》，《李覯集》，第 85 頁。

[101] 李覯：《周禮致太平論·國用第十一》，《李覯集》，第 85 頁。

[102] 李覯：《周禮致太平論·國用第一》，《李覯集》，第 91 頁。

[103] 李覯：《周禮致太平論·國用第一》，《李覯集》，第 92 頁。

[104] 李覯：《周禮致太平論·刑禁第四》，《李覯集》，第 99 頁。

[105] 李覯：《周禮致太平論·教道第一》，《李覯集》，第 111 頁。

[106] 李覯：《周禮致太平論·教道第一》，《李覯集》，第 112 頁。

[107] 《朱子語類·卷一百三十九·論文》。

[108] 《四庫全書總目》，第 149 頁。

[109] 李覯：《常語下》，《李覯集》，第 3 頁。

[110] 《孟子·滕文公下》。

[111] 《孟子·梁惠王上》。

[112] 《漢書·轅固傳》。

[113] 《四庫全書總目》，轉引自《李覯集》，38 頁。

[114] 楊慎：《太史升菴集》卷四十八，轉引自《李覯集》，519 頁。

[115] 楊海文：《李泰伯疑孟公案的客觀審視》，載劉小楓、陳少明主編《荷爾德林的新神話》，華夏出版社，2004 年。

[116] 李覯：《上孫寺丞書》，《李覯集》，296 頁。

[117] 李覯：《潛書·五》，《李覯集》，216 頁。

[118] 李覯：《安民策第一》，《李覯集》，第 168 頁。

[119] 李覯：《安民策第一》，《李覯集》，第 168 頁。

[120] 李覯：《安民策第一》，《李覯集》，第 169 頁。

[121] 李覯：《潛書·一》，《李覯集》，第 217 頁。

[122] 《穀梁傳》論井田制與孟子類似。在宣公十五年「初稅畝」條下，其傳曰：「古者三百步為里，名曰井田。井田者九百畝，公田居其一。」但《穀梁傳》雖稱傳自子夏弟子穀梁赤，其成書肯定要晚得多，故其對井田制的描述，艮可能也得自孟子啟發。

[123] 《十三經注疏》，第五冊，第 5878 頁。

[124] 楊澤波：《孟子評傳》，南京：南京大學出版社，1998 年版，第 167 頁。

[125] 彭林：《〈周禮〉主體思想與成書年代研究》，北京：中國社會科學出版社，1991 年版，第 247 頁。

[126] 李覯：《平土書》，《李覯集》，第 18 頁。

[127] 李覯：《禮論·第三》，《李覯集》，第 10 頁。

[128] 李覯：《禮論·第七》，李覯集》，第 21、22 頁。

[129] 李覯：《強兵策第一》，《李覯集》，第 151 頁。

[130] 《孫子兵法·始計篇》。

[131] 《孟子·梁惠王上》。

[132] 李覯：《強兵策第一》，《李覯集》，第 152 頁。

[133] 李覯：《強兵策第二》，《李覯集》，第 153 頁。

[134] 李覯：《強兵策第一》，《李覯集》，第 152 頁。

[135] 馮友蘭：《中國哲學史》（上），第 364 頁。

[136] 陳次公：《先生墓誌銘並序》，《李覯集》，第 46 頁。

[137] 參見楊澤波《孟子評傳》第十章，南京：南京大學出版社，1998 年版。

[138] 陳次公：《先生墓誌銘並序》，《李覯集》，第 46 頁。

[139] 陳次公：《先生墓誌銘並序》，《李覯集》，第 46 頁。

[140] 李覯：《常語》佚文，《李覯集》，第 46 頁。

[141] 《邵氏聞見後錄·卷十三》。

[142] 《邵氏聞見後錄·卷十三》。

[143] 《邵氏聞見後錄·卷十三》。

[144] 陳振孫：《直齋書錄解題》，上海：上海古籍出版社，1987 年版，第 496 頁。

[145] 余允文：《尊孟辨》，上海：商務印書館，民國 26 年版，第 1 頁。

[146] 朱熹：《讀余隱之尊孟辨》，《朱子全書》（第 24 冊），上海：上海古籍出版社、合肥：安徽教育出版社，2002 年版，第 3525 頁。

[147] 《四庫全書總目》，轉引自《李覯集》第 538 頁。

[148] 楊慎：《太史升菴集》卷四十八，轉引自《李覯集》，519 頁。

[149] 如陳振孫所記李覯的逸事：世傳閣試論題，有全不記所出者，曰：「此必《孟子注》也。擲筆而出。」（見《直齋書錄解題》第 496 頁）。

[150] 汪中：《荀卿子通論》，載《荀子集解》，北京：中華書局，1988 年版，第 23 頁。

[151] 劉向：《敘錄》，載《荀子集解》，北京：中華書局，1988 年版，第 558 頁。

[152] 韓愈：《讀荀子》，《韓昌黎全集》，北京：中國書店，1991 年版，第 183 頁。

[153] 關於荀子在孔廟的升降，參見黃進興：《優入聖域》，北京：中華書局，2010 年版，第 16 章。

[154] 《四庫全書總目》，第 770 頁。

[155] 馮友蘭：《中國哲學史》（上），第 503 頁。

[156] 韋政通：《中國思想史》（上），第 241 頁。

[157] 《荀子·王制》。

[158] 《荀子·王制》。

[159] 《荀子·非相》。

[160] 《荀子·非相》。

[161] 《荀子·禮論》。

[162] 《荀子·王制》。

[163] 《荀子·修身》。

[164] 《荀子·君道》。

[165] 《荀子·君道》。

[166] 《荀子·君道》。

[167] 《荀子·大略》。

[168] 《荀子·大略》。

[169] 《荀子·大略》。

[170] 《荀子·大略》。

[171] 《荀子·榮辱》。

[172] 《荀子·不苟》。

[173] 《荀子·富國》。

[174] 《荀子·富國》。

[175] 《荀子·富國》。

[176] 《荀子·富國》。

[177]《荀子·富國》。

[178] 馮友蘭：《中國哲學史新編》（第二冊），人民出版社，1984 年版，第 397 頁。

[179]《荀子·富國》。

[180]《荀子·王霸》。

[181]《荀子·王霸》。

[182]《荀子·王霸》。

[183]《荀子·王霸》。

[184]《荀子·王霸》。

[185]《荀子·王霸》。

[186]《荀子·議兵》。

[187]《荀子·議兵》。

[188] 謝善元：《李覯之生平及思想》，第 99 頁注解 28。

[189]《荀子·王制》。

[190]《荀子·哀公》。

[191] 張豈之主編：《中國思想學說史》，第 374 頁。

[192]《荀子·大略》。

[193]《荀子·正論》。

[194]《孟子·大略》。

[195]《荀子·君道》。

[196]《荀子·富國》。

[197]《荀子·君道》。

[198]《荀子·富國》。

[199]《荀子·富國》。

[200]《荀子·富國》。

[201]《荀子·正論》。

[202]《荀子·正論》。

[203]《荀子·正論》。

[204] 梁啟超：《論支那宗教改革》載《飲冰室文集之三》（中華書局，1989 年，合訂本第一冊），第 57 頁。

[205] 譚嗣同：《仁學·第二十九》，《譚嗣同全集》，北京：中華書局，1981 年版，第 337 頁。

[206] 民本當然不是民主，蕭公權先生辨之甚明（詳見蕭公權：《中國政治思想史》，沈陽：遼寧教育出版社，1998 年版，第 87 頁）。但劉小楓先生指出，當代的人民民主理論，其精神來源非西方的馬克思主義一途，在《春秋》公羊學派中，亦有著強烈的民主、革命理論（詳見氏著《儒家革命精神源流考》）。

[207] 胡文豐：《李覯生平及其富國思想研究》，碩士論文，自印本，第 17 頁。

第五章 李覯政治思想的基本內容

在重用文人的政策導向下，經過大半個世紀的「養士」，到十一世紀中期，真正體現宋人氣質的一代知識分子成長起來。仁宗時代，社會危機加重，他們即挺身而出，以天下為己任，積極探索達致太平之道，形成了一股「回向三代」的思潮，即以三代為標準重建社會秩序。

李覯是「回向三代」思潮中的一個典型。余英時先生在《朱熹的歷史世界》一書中，特別提到了李覯在「回向三代」潮流中的特出表現：他不僅經常談到三代，還根據《周禮》寫出《周禮致太平論》，提出具體的改革意見、方案，「這種認真的態度在同時代人中是最為特出的」[1]。

其實李覯不僅提出了具體的社會改革主張，還依據儒家經典提出了唯物主義天道觀作為政治思想的哲學基礎；又根據他的社會歷史觀對儒家的核心價值體系進行綜合梳理，建立起一個理想社會的模式，作為「回向三代」的標準。

本章介紹李覯的政治思想體系，包括三個組成部分：其一是李覯政治思想的哲學基礎，即唯物主義天道觀；其二是他的理想社會模式；其三是他對儒家的捍衛，第四是他的政治改革主張，最後一節對他的政治思想特點作一概括。

▌第一節 哲學基礎

上章已述，李覯在易學研究方面，反對脫離人事，空言天道。但為了批評劉牧，他也不得不「諸所觸類，亦復詳說」，在論爭中闡發了他對宇宙本體、世界生成、事物發展規律等的認識。這就是作為他政治思想體系之哲學基礎的唯物主義天道觀。

一、唯物主義天道觀

李覯關於宇宙本體的看法是在「虛一所象何物」的討論中闡發的。韓康伯在注解《易·繫詞》「大衍之數五十，其用四十有九」時，直接引王弼的解釋說：

其用四十有九，則其一不用也。不用而用以之通，非數而數以之成，斯《易》之太極也。四十有九，數之極也。夫無不可以無明，必因於有，故常於有物之極而必明其所由之宗也。[2]

他根據有生於無的原則，指出作為世界本源的無，是透過天地萬物的有來表現的；一與四十九的對立，正是象徵了太極與天地萬物對立。故虛一象徵太極，太極是「無」。劉牧則認為，虛一當為「天一」，虛一象徵的是天。他指出：

　　大衍既後天地之數，則太極不可配虛其一之位也。[3]

就是說，大衍之數五十，是天地之數減五而用。天地本在太極之後，因此虛一不能是太極，只可以之為天一。劉牧也反對以太極為「無」。他認為：

　　太極者，元氣混而為一之時也，其氣已，非無之謂，則韓氏之注亦迂矣。[4] 劉牧不便直接否定王弼，所以說韓康伯的說法是「韓氏之寓言，非輔嗣之意也」。其實韓康伯是王弼的忠實追隨者，即使所引並非王弼原話，亦不會離題太遠。

　　李覯支持韓康伯，認為《易繫詞》以「虛一」之後的四十九分而為二，以象兩儀；又說太極生兩儀，則虛一與太極都在兩儀之前，所以虛一即是太極。他指出，大衍之法在天地之數以後，但「其所取象，固在數先」[5]。這樣，按劉牧的說法，若以虛一為天一，就等於說天一在天地之先了。至於韓康伯所說的太極為「無」，李覯指出，「無」是無形體的意思：

　　其氣雖兆，然比天地之有容體可見，則是無也。[6]

　　實際上，李覯在這裡對玄學中的「有」、「無」概念重新進行了解釋，以元氣無形為「無」，以天地有形為「有」。朱伯崑先生對李覯的這個觀點評價很高，說這是「以太極之氣為世界本源的唯物主義宇宙觀」[7]，認為他把「有無問題」納入氣論哲學的體系之中是對宋明哲學史的一個貢獻。

　　在易學中，太極生成天地萬物，代表了宇宙的本體。對於太極有無的討論，也就是對世界本源問題的討論。不過由上文可知，在反對玄學以「無」為世界本源這一點上，劉、李二人的立場倒是一致的。

　　關於宇宙的生成，李覯是在討論從天一到地十這十個數的意義時闡明的。劉牧解釋十數，以一至五為五行之生數，六至十為五行之成數。五駕一、二、三、四而生六、七、八、九。李覯則認為，無形的元氣，即太極是宇宙的本體。太極是如何生成宇宙的？他以陰陽二氣的作用來解釋。他指出，太極分為天地，陽氣在天，陰氣在地。陰陽二氣相互會合、交感形成了萬物，即：

夫物陰陽二氣之會而後有象，象而後有形。……天降陽，地出陰，陰陽合而生五行，此理甚明白。[8]

因此劉牧以五駕一、駕三，是以陽與陽和，違背了陰陽會合而後能生的基本原理。那麼天一地十這十個數所指何物？李覯認為，十數並非代表實物，只是說明天地之陰陽二氣出降、生成萬物的次序。陰陽二氣出降的次序為：

初一天氣降於正北，次二則地氣出於西南，……次九則天氣降於正南。[9]

李覯又透過闡發「元亨利貞」，來說明宇宙萬物運行發展的規律，即天道，並從天道落實到人道即社會政治倫理上來。《文言》將《易·乾卦》之卦辭「元亨利貞」[10] 發揮成四德，即：

「元」者，善之長也；「亨」者，嘉之會也；「利」者，義之和也；「貞」者，事之幹也。[11]

認為君子應該踐行這四種品德。注疏者對四德的作用又進一步發揮：

元以始物，亨以通物，利以宜物，貞以幹物。[12]

但李覯認為這還不夠，因為沒將天道運行過程說清楚，君子就無法效法。他進一步對天道如何始物、通物、宜物、幹物作了說明：

始者，其氣也；通者，其形也；宜者，其命也；幹者，其性也。[13]

就是說，「始、通、宜、幹」這四種作用，是分別就「氣、形、命、性」而言的。他指出：

走者得之以胎，飛者得之以卵，百穀草木得之以勾萌，此其始也；胎者不磧，卵者不祇，勾者以伸，萌者以出，此其通也；人有衣食，獸有山野，蟲豸有陸，鱗介有水，此其宜也；堅者可破而不可軟，炎者可滅而不可冷，流者不可使之止，植者不可使之行，此其幹也。[14]

可見，天道具備的元、亨、利、貞四德，就是提供條件使萬物能夠萌生、發育、成長，並各保持其本性。元德為萬物的開始提供氣，具備了氣，萬物得以開始；亨德就是能夠保障萬物的正常發育成形；利德是為萬物成長提供合宜的條件；貞德是能使萬物各自保持其本性。

李覯認為，君子應效法此四德來治理天下。具體來講，效法元德就要「制夫田」、「任婦功」、「輕稅斂」、「恤刑罰」，使民眾具備生養所需的物質資源；效法亨德，就是以冠、婚、講學、擯接等禮儀教導民眾，使民眾能夠正常生活；效法利德，就是使「四民有業，百官有職，能者居上，否者在下」，這是使人各得其所；效法貞之德，就是「用善不復疑，去惡不復悔，令一出不反，事一行而不改」[15]，使這個社會保持良好的運轉狀態。

李覯論《易》，最終還是落實到人道上來，可見他的易學研究是服務於他的政治理論體系之構建的。他不僅直接從《周易》中發揮出許多重要的政治主張，還發展出了唯物主義天道觀，為他以功利主義為主要特色的政治思想體系奠定了可靠的理論基礎。在《周禮致太平論》、《富國策》、《強兵策》、《安民策》等著作中，他進一步發揮他的功利主義政治主張，為當時的政治改革事業提供了有力的輿論支持，並在更深層次上促進了傳統政治文化的變遷。

二、人性三品五類說

人性論是儒家思想史上的重要命題。在李覯之前，關於人性問題的觀點主要有四家：孟子認為人性善；荀子認為人性惡；揚雄提出人性是善惡混雜；韓愈則分人性為三品，上品是善，中品是善惡混雜，下品則是惡。李覯認為韓愈的說法較為恰當，進提：

性之品三，而人之類五也。[16]

李覯所分的五類人中，最上等的是上智之人，不學而能，天生就具有仁義智信之性，即聖人。最下等的是下愚之人，即使學也而不能，徒具人的形體而已。兩者之間為中等人，又分為三種：能夠透過學習而得人性之本，可以達到聖人層次的是賢人，與上智同；其次者，雖然學習了，但還不能「得其本」，只能算作中人；最差的一類，不肯學習，是固陋之人，這部分人和下愚之人同。

李覯對於人性論並無特別創見，僅是肯定了韓愈的性三品說而進一步細化，目的是為「禮」打下更堅實的理論基礎：人性天然有高下之分，低層次者效法高層次者亦是天然合理。

李覯指出，聖人是天生的，其所具有的「仁、義、智、信」之性亦由天授：

天生聖人，而授之以仁、義、智、信之性。[17]

然後「仁、義、智、信」這些本性外化為「法制」。由於有「仁」之性，聖人為處於艱難困苦中的人們擔憂；由於「智」，聖人能夠製作以上諸多事物；由於「義」，聖人能夠恰當地節制以上所說的各種事物；而能夠守住以上這些創制而不變，就是聖人「信」的天性之體現了。這些「法制」，綜合起來就是「禮」。

第二節 理想社會模式

李覯以禮的概念整合了傳統儒家最為重要的政治原則，構建了一個理想社會的理論模型，作為重建社會秩序的依據。

在《禮論》在序言中，他指出寫此書的目的是：

推其本以見其末，正其名以責其實。崇先聖之遺制，攻後世之乖缺。[18]

就是說，要找到社會治理最為根本的原則，以之考察、完善現有的社會秩序。李覯認為，社會政治的完美境界，即「天下大和」，是這樣的狀況：

飲食既得，衣服既備，宮室既成，器皿既利，夫婦既正，父子既親，長幼既分，君臣既辨，上下既列，師友既立，賓客既交，死喪既厚，祭祀既修，而天下大和矣。[19] 如何達到天下大和，並長久保持這種狀態呢？李覯指出，無他，一於禮而已。[20]

這裡所說的禮，是經過李覯特別闡釋的禮不同於他以前的儒家所理解的禮，以後也沒有人再這樣用。

一、「一於禮」而「天下大和」

李覯：

飲食，衣服，宮室，器皿，夫婦，父子，長幼，君臣，上下，師友，賓客，死喪，祭祀，禮之本也。曰樂，曰政，曰刑，禮之支也。而刑者，又政之屬矣。曰仁，曰義，曰智，曰信，禮之別名也。是七者，蓋皆禮矣。[21]

據此，我們可以將李覯歸之於禮的內容分為四個層次，首先是物質資源，即「飲食，衣服，宮室，器皿」。李覯設想人類社會產生之初的狀態是這樣的：

人之始生，饑渴存乎內，寒暑交乎外。饑渴寒暑，生民之大患也。食草木之實、鳥獸之肉，茹其毛而飲其血，不足以養口腹也。被髮衣皮，不足以稱肌體也。[22]

在原始狀態下，人類完全依靠自然界來抵禦饑渴寒暑，但自然界不能提供足夠的物品滿足人們的需要。後來聖王出現，教會了人們種植農作物、飼養畜禽、烹製飲食、縫製衣服、製造器皿、建造房屋宮殿等：

聖王有作，於是因土地之宜，以殖百穀。因水火之利，以為炮燔烹炙。治其犬豕牛羊及醬酒醴酏，以為飲食。藝麻為布，繅絲為帛，以為衣服。夏居槽巢，則有顛墜之憂；冬入營窟，則有隱寒重腿之疾，於是為之棟宇。取材於山，取土於地，以為宮室。手足不能以獨成事也，飲食不可以措諸地也，於是範金斲木，或為陶瓦，脂膠丹漆，以為器皿。[23]

其次是人倫交際。除了溫飽，人們還需要過安定有序的社會生活[24]，因為「夫婦不正，則男女無別；父子不親，則人無所本；長幼不分，則強弱相犯」，「君臣不辨，則事無統；上下不列，則群黨爭」，「人之心不學則懵」。於是聖王又教導人們結成「夫婦，父子，長幼，君臣，上下，師友」等社會關係，並為維護這些關係而規定了「婚姻、孝悌、朝覲、庠序、賓客、死喪、祭祀」等儀節：於是為之為婚姻，以正夫婦。為之左右奉養，以親父子。為之伯仲叔季，以分長幼」，「於是為之朝覲會同，以辨君臣。為之公、卿、大夫、士、庶人，以列上下」，「於是為之庠序講習，以立師友」，「人之道不接則離也，於是為之宴享荀苴，以交賓客。死者人之終也，不可以不厚也，於是為之衣衾棺槨，衰麻哭踊，以奉死喪。神者人之本也，不可以不事也，於是為之禘嘗郊社，山川中霤，以修祭祀」[25]。這一整套的制度，保證了人們安定有序的社會生活。

第三層次是包括樂、政、刑在內的社會約束機制。樂是音樂，包括樂器和音律。其作用是引導人們遵守禮。

人之和必有發也，於是因其發而節之。[26]

人們遵行禮的規定，達到「大和」的狀態之時，其情緒必然會不由自主地表現出來，於是聖人製作了音樂，「以導人之和心，以舞人之手足」，使人們「倡和有秩，節奏有差。詘伸俯仰，必有齊也；綴兆行列，必有正也」[27]，達到範五行、調八風、均百度、象德行、明功業、觀政治、和人神的效果。

政即政府及其管理制度，其作用是督促、強制人們遵守禮。人們長久地處在「大和」的狀態下，必然會在守禮方面出現懈怠。聖人於是「出號令，立官府，制軍旅，聚食貨」，透過政府管理行為，「率其怠而行之」，督促人們守禮。

官各有守，事各有程。先後有次，遲速有檢，以辨國之大事，以平天下之民，以躋至治。[28]

刑即刑罰，其作用是懲罰性的：

率之不從也，於是罰其不從而威之。[29]

如果人們不遵守禮，又不聽從政府的號令，那麼就要動用各種刑罰懲罰之，使之遷善遠罪，因而刑也可以看作政的延伸而從屬於政。

樂、政、刑三者都是為維持禮的運轉而設，是「同出於禮而輔於禮者也」[30]，因此樂、政、刑是禮的三支。

第四層次是仁、義、智、信等道德原則。李覯認為，傳統儒家所重視的這些道德原則，都應該在政治層面有所體現。他指出，仁是「溫厚而廣愛」，具體做法是：

若夫百百之田，不奪其時；五百之宅，樹之以桑；達孝擇以養老病，正喪紀以藏其死，修祭祀以饗鬼神。

義是「斷決而從宜」，具體表現為：

定君臣，別男女，序長幼，興廉讓，立誅諍，設選舉，正刑法。

智是「斷決而從宜」，具體表現為：

為衣食，起宮室，具器皿，異親疏，次上下，列官府，記文書，築城郭，治軍旅，親師傅，廣學問。

信是「固守而不變者也」，表現在：

為號令律式、祿位班次、車馬服御，官守民業，言而必中，行而必果。[31]

仁、義、智、信，屬於原則的範疇。與前面所列諸方面相比，沒有具體的物來表現之，所以李覯稱它們「無其物」，因而是「禮之別名」。

可見，舉凡構成一個文明社會的要素，包括物質生產、社會關係、國家機器、法律制度、道德原則等諸方面，都被李覯納入到了禮的名下[32]。外延越廣，內涵越少，故李覯說：

> 禮者，虛稱也，法制之總名也。[33]

李覯對禮的這種闡釋，被韋政通先生稱作「膨脹性發揮」。韋政通先生認為：在中國思想史上，以禮作為建構思想的準據，並把禮的功能作膨脹性發揮的，先秦的儒家中有荀子，宋明新儒家中有李覯。李覯是儒學復興初期，第一個使禮占一重要地位的人物。[34]

李覯所建起的這個涵蓋整個文明體系的「禮」，其實質就是以農業生產為基礎的儒家社會理想的綜合體。

李覯以「禮」為核心，打造了一個理想社會的模型。接下來，他需要證明何以「禮」——亦即儒家的思想體系——應該成為社會秩序重建的標準。李覯透過追溯禮的起源，並結合人性論的討論，對此進行了論證。其基本思路是：禮源自聖人之性，聖人之性又源自於天。

從禮產生、發展的歷史來看，李覯根據儒家經典指出，器物人倫、樂政刑的創制，都始自三皇即伏羲、神農、黃帝時代。之後經過堯、舜、禹、湯、文、武的實踐、完善，周公「修之」，孔子「著之於冊」，孔門弟子七十子之徒「奉之以為教」，然後「樂、刑、政」之用，「仁義智信」之教才得到全面地闡發。經過這一系列「聖人」的創造，禮才達到完備的規模。上文所說的聖王，其實就是伏羲、神農、黃帝、堯、舜、禹、湯、文、武、周公、孔子等人。李覯以孔子為最後一個傳聖王之道者。

從邏輯上講，禮順應人的自然需要而產生，即：

> 夫禮之初，順人之性欲而為之節文者也。[35]

這裡的自然需要包括物質和精神兩方面的內容。正如上文所述，無論器物的製造，夫婦、父子、長幼、君臣、上下、師友等社會關係的形成，還是樂、政、刑的製作，仁、義、智、信諸原則的提出，其根本都是為了滿足人們天性的需要。不少論者據此認為李覯是個唯物主義者，這是一種的誤讀。誠然，李覯認為禮是為滿足人的需要而產生，但單純的需要並不能產生禮。這就好比我們都需要食品，但我們的需要

本身不可能生產出食品來一樣。李覯強調的是，以上諸種事物均由聖人製作，並加以節制，才產生了禮。李覯強調，「所謂禮者，為而節之之謂也」[36]。並不是任何基於「人之性欲」產生的類似於「樂、政、刑」和「仁、義、智、信」的東西都屬於禮。這裡的關鍵在於「節」。只有經過聖人製作、並對其進行了節制的「樂、政、刑」和「仁、義、智、信」才可以歸於禮。李覯列舉了「非禮之樂」、「非禮之政」、「非禮之刑」、「非禮之仁」、「非禮之義」、「非禮之智」、「非禮之信」的表現：因為它們沒有經過聖人的節制，故似是而非。

李覯將禮的產生歸之於聖人的觀點，如果在《禮論》第一篇，還有些模糊的話，在後文中李覯就更明確地指出，禮是聖人創造的：

聖人率其仁、義、智、信之性，會而為禮，禮成而後仁、義、智、信可見矣。[37]

上一節筆者已經說明，李覯以聖人之性為天生神聖，因而聖人所制之禮應當成為「人道之準，世教之主」，也就是人世間理想社會的模型。

二、對《禮論》的捍衛

以上李覯在《禮論》中所闡發的主張，並非僅是少年思想活躍時期的想法，而是一生所持之主張。在後來他遇到與其主張不同者，也作論辯，亦是繼續發揮其主張。

先是胡瑗。胡瑗曾作《原禮篇》，但非為與李覯論辯而作。李覯從別人那裡看到後，專門寫信給胡瑗，提出不同見解。信中引述胡瑗《原禮篇》的主要觀點云：

民之於禮也，猶獸之於圈也、禽之於紲也、魚之於沼也。豈其所樂哉？勉強而制爾。民之於侈縱奔放也，如獸之於山薇也，禽之於飛翔也，魚之於江湖也。豈有所使哉？情之自然爾。[38]

若李覯徵引不誤，則我們可以推定胡瑗關於禮的看法有兩點：其一，人喜歡放縱其天性；其二，禮是外在的約束，人不會喜歡而必須施以外在強制，迫使其遵守。

李覯指出，這樣看待禮會產生很嚴重的理論後果。一方面，君、師是以禮教導人的，若說禮與人情相對，那麼君、師豈不是專與人情相對，強人所難麼？簡直可以把他們叫做仇敵了。另一方面，「若以人之情皆不善，須禮以變化之，則先生之視天下不啻如蛇豕，如蟲蛆，何不恭之甚也？」[39] 簡直是厚誣天下人了。若胡瑗之

說得行，則「先王之道不得復用，天下之人將以聖君賢師為讎敵，寧肯俛首而從之哉？」[40] 李覯委婉地說，這可能是他思想不成熟時期的作品，要求胡瑗一定要消除其影響，否則會貽害社會。

李覯闡述了他的觀念，即禮出於人的天然需求，非外在於人：

人之生也，莫不愛其親，然後為父子之禮；莫不畏其長，然後為兄弟之禮；少則欲色，長則謀嗣，然後為夫婦之禮；爭則思決，患則待救，然後為君臣之禮；童子人所慢也，求所以成人，然後為之冠禮；愚者人所賤也，求所以多知，然後為之學禮；死者必哀之，然後為之喪禮；哀而不得見也，然後為之祭禮；推事父之恩，而為養老之禮；廣事兄之義，而為鄉飲酒之禮。[41]

總之，禮的製作是根據人情進而對之控制，使人能有所成就。透過禮的節制，人們可以適當地順遂其性情，在社會上活動，正像獸之在山，鳥之在天，魚之在淵。這種說法大致類似於今天我們常說的，透過遵守法律而得到自由。當時另一個著名學者章望之專門寫了一篇《禮論》，批評李覯的觀點。有人把這篇《禮論》拿給李覯看，李覯對章望之的歪曲他的主張極為憤慨，寫《禮論後語》與之辯論。從李覯的文章看，章望之對他的發難之一，是指責他：

率天下之人為禮不求諸內，而競諸外。人之內不充而唯外之飾焉，終亦必亂而已矣。亦猶《老子》之言「禮者，忠信之薄」。蓋不知禮之本，徒以其節制文章，獻酬揖讓，登降俯仰之繁而罪之也。[42]

章望之指責他的另一個觀點是：

夫章子以仁、義、禮、智、信為內，猶饑而求食，渴而求飲，飲食非自外來也，發於吾心而已矣；禮、樂、政、刑為外，身猶冠弁之在首，衣裳之在，必使正之耳，衣冠非自內出也。[43]

李覯對章望之「為禮不求諸內，而競諸外」的指責很是反感，他在文中重申自己的觀點後，批評章望之：

章子有目邪？抑矇且瞶邪？有則奚不視吾文，聽吾言？[44]

因為他的主張是「有諸內者必出於外，有諸外者必由於內」，禮應內外兼修。從李覯引章望之的指責來看，章是把「仁、義、智、信」劃歸於內，把「禮、樂、政、刑」劃歸於外。李覯指出：

> 章子之惑甚矣！夫有諸內者必出於外，有諸外者必由於內。孰謂禮、樂、刑、政之大，不發於心而偽飾云乎？且謂衣冠非自內出，則寒而被之葛，熱而被之襲可乎？夏則求輕，冬則求暖，固出於吾心，與饑渴之求飲食一也。而章子異之，不已惑乎？故天下之善，無非內者也。[45]

他的主張是內外相通，內有「仁、義、智、信」，發之於外，則是「樂、政、刑」，內外本來就是相通的。這兩個人的爭論其實是名詞之爭。李覯指責章望之「以揖拜為禮，宜乎其不得以兼仁義也」[46]。也就是說，章望之還是以狹義理解禮，而李覯則實際上重新定義了禮，這是其差別所在。當章望之指責李覯為禮不求助內的時候，他可能是看到李覯把「樂、政、刑」都劃歸禮的名下，故提出批評。鑑於章望之的《禮論》未有留存，不再詳論。

三、李覯與朱熹對儒家核心價值體系的不同梳理

李覯把仁、義、智、信四德都劃歸禮的名下，以之為「禮之別名」，這是對儒家核心價值體系的一種概括。關於儒家核心價值體系的概括，歷代儒學大師各有不同。

儒家創始人孔子最為推崇的仁與禮。禮本是周公所創的一系列制度規範。孔子時代，禮崩樂壞，禮所規定的具體制度規範已不可能再應用於社會實踐。人們開始尋求禮背後蘊含的精神實質，禮逐漸與儀脫離，而成為一種文明的象徵。孔子則明確把仁規定為禮的內在價值，強調外在的禮制必須以仁為內涵，否則只是形式而已。他的：

> 人而不仁，如禮何？人而不仁，如樂何？[47]

仁與禮以外，孔子提到過其他許多價值觀念。如他曾說過：

> 若聖與仁，則吾豈敢？抑為之不厭，誨人不倦，則可謂云爾已矣！[48]

實際上，這裡所說的聖才是孔子心目中的最高境界。子貢問他「博施於民而能濟眾」算不算仁的時候，他說：

何事於仁，必也聖乎！堯、舜其猶病諸！[49]

可見，聖的境界是連堯、舜達到都有難度的，遑論普通人了。仁與禮則是普通人可以做到的（當然也很難），所以他談論的重點在仁與禮。

孔子曾以仁、智、勇並列，說「知（智）者不惑，仁者不憂，勇者不懼」[50]；以知（智）、仁、莊、禮並列[51]；以孝、悌、謹、愛、信與仁並列[52]，等等。但這些價值觀念在孔子那裡都遠不能和仁與禮的地位相比。

孟子將仁具體化為仁政，作為他的政治主張；又大大提高了義的地位，以之與仁並舉，故有「孔仁孟義」之說。孟子把仁、義、禮、智四者連用，並認為四者皆發源於人心：

惻隱之心，仁之端也；羞惡之心，義之端也；辭讓之心，禮之端也；是非之心，智之端也。人之有是四端也，猶其有四體也。[53]

在另一處，他明確指出，四德是人所固有的：

惻隱之心，仁也；羞惡之心，義也；恭敬之心，禮也；是非之心，智也。仁義禮智，非由外爍我也，我固有之也。[54]

他認為，統治者能夠不失其赤子之心，發揮人之善性，便可達致仁政。荀子於仁、義之外，特別強調了禮。他指出：

禮者，法之大分，類之綱紀也。[55]

他認為，人們的思想、生活、交際、治國，都要遵行禮：

凡用血氣、志意、知慮，由禮則治通，不由禮則勃亂提僈；食飲，衣服、居處、動靜，由禮則和節，不由禮則觸陷生疾；容貌、態度、進退、趨行，由禮則雅，不由禮則夷固、僻違、庸眾而野。故人無禮則不生，事無禮則不成，國家無禮則不寧。[56]

故他最為重視禮在治國中的重要作用。他把仁、義、禮、樂作為一個貫通的價值體系，指出：

推恩而不理，不成仁；遂理而不敢，不成義；審節而不和，不成禮；和而不發，不成樂。故曰：仁、義、禮、樂，其致一也。君子處仁以義，然後仁也；行義以禮，然後義也；制禮反本成末，然後禮也。三者皆通，然後道也。[57]

荀子認為，仁、義、禮是相互倚重的，但禮更為接近道。董仲舒是漢代儒學復興最重要的思想家。他對儒家價值觀念進行了系統的整理，吸納了法、墨、陰陽各家的思想，提出了「五常」體系，即：

仁、誼（義）、禮、知（智）、信，五常之道。[58]

這一提法為後人廣泛接受，成為儒家核心價值體系的標準表述，並在《春秋繁露》中對五常進一步做了說明[59]。王充也討論過五常之道，對五常之間的關係作了探討，認為：

五者各別，不相須而成。故有智人，有仁人者；有禮人，有義人者。人有信者未必智，智者未必仁，仁者未必禮，禮者未必義。[60]

他的結論是，五者之間並沒有必然的聯繫。

漢代以後，儒家在意識形態領域中的地位逐漸下降，釋、道則在此後幾百年的時間裡風頭超過儒家。直到宋代，儒學再次復興。復興的過程也是理論重建的過程，這其中必然要涉及到對儒家倫理體系的闡釋與整理。李覯和朱熹提出了兩種截然相反的思路。

孟子的「四德說」和董仲舒的「五常說」是最被認可的兩種概括，在儒學發展史上有著深遠影響。宋代的學者們對儒家核心價值體系的討論也都沒有超出以上兩種提法，但他們對各種價值之間關係進行了較為深入的梳理。如李覯把禮作為價值體系的核心。與李覯相反，理學家們則把仁作為最高的範疇。如果把理學的集大成者朱熹對這個問題的看法與以上李覯的觀點做個對比，我們可以看到他們的思想體系內在理路、學術傳承之不同，也可以看出，儒家內部關於社會治理觀念的不同取向。

朱熹對儒家核心價值體系的梳理，也是在一個大的體系中展開的。作為理學的集大成者，朱熹以太極、理、氣等概念為核心，建立起了一個龐大而又精緻的理論體系，說明宇宙生成、社會發展、天地鬼神、心性情意、倫理道德等幾乎涉及人類文明所有方面的問題，其深度和廣度都遠超過李覯。

朱熹認為，太極是宇宙萬物的本源。所謂太極，並非是在萬物之先有個獨立的物，實際上太極就是天地萬物之理。理生出氣：

有此理，便有此氣流行發育。[61]

氣生出後，便獨立於理。理和氣的關係，既相互區別：

氣雖是理之所生，然既生出，則理管他不得。[62]

又互相依存：

天下未有無理之氣，亦未有無氣之理。[63]

朱熹還曾以形而上、形而下來說明理與氣的關係。雖然他說過「先有理、後有氣」的話，但綜合以上所說，理只是邏輯在先而已。理、氣共同作用而生成天地萬物。

朱熹認為，人是理與氣的混合體：

人之所以生，理與氣合而已。[64]

由此朱熹引出天命之性和氣質之性的區分，以此評判前人關於人性善惡的種種說法。他認為，每個人都以「理一分殊」、「月印萬川」的方式，分有一份天理，這就是天命之性。天命之性源於理、反映理，故他屢稱「性即理」、「性只是理」[65]。就「性即理」來說，人性無有不善。以此他否定了韓愈的性三品之說，並指出，孟子就是從這個角度稱性善的。

理、天命之性雖無不善，但人是由理、氣共同造就。所謂人性，必然是具有了形體的人之性，而形體所稟受的氣質必然有差異。這種差異就會影響到人們對理的接受、體認。朱熹以江水比喻理，以勺子和碗比喻人氣質的差異。不同氣質的人對理的稟受，就像以勺子和碗去舀江水，所得之理自會有差異。朱熹又以清水喻理，而以淨、濁不同的容器喻不同的氣質，以不同的容器盛同樣的清水，則水難免會表現清濁的不同。荀、揚論性惡，說的就是受到氣質的拘限而表現出來的性。以此朱熹肯定程顥的說法：

論性不論氣，不備；論氣不論性，不明；二之則不是。[66]

朱熹進一步指出，這個源於理而且「無不善」的性的本體，就是仁義禮智：

仁義禮智是性之體。性中只有仁義禮智。[67]

這樣，朱熹便將儒家的倫理價值觀念與作為宇宙本源的理聯繫在一起了。朱熹論儒家價值觀體系時，既用四德（仁、義、禮、智）說，也採五常（仁、義、禮、智、信）

說。兩者差別在於信。曾有人問朱熹，可否在仁、義、禮、智之外加上信，稱為「五性」。朱熹認為：

> 信是誠實此四者，實有是仁，實有是義，禮智皆然。[68]

他認為仁、義、禮、智是人性中實有的，信則只是明確前四者之實有，其本身則是虛，與前四個是有區別的。他還以五行的關係來論證他的這個看法。人性是天道的反映，天道是陰陽五行之運，則人性是剛柔五常之德。五常與五行的對應關係是：仁木，義金，禮火，智水，信土。五行中的土是承載另外四者之用，正如信是對前四者的確證，「以見仁義禮智實有此理，不是虛說。」[69] 因此朱熹對四德的提法用得更多一些。無論四德還是五常，朱熹都是以仁為最重要者，如他說過：

> 以先後言之，則仁為先；以大小言之，則仁為大。[70]

又說：

> 百行萬善揔於五常，五常又揔於仁。[71]

他寫過一篇《仁說》，專門解釋他對仁的看法，認為心之德「雖其總攝貫通無所不備，然一言以蔽之，則曰仁而已矣」[72]。他指出：

> 天地以生物為心者也，而人物之生，又各得夫天地之心以為心者也。[73]

人之心來源於天地之心，人之心是天地之心的反映，故兩者有相同的結構。天地之心為「塊然生物之心」，則人之心為「溫然愛人利物之心」。天地之心有四德，即元亨利貞，元統攝其他；天地之心四德的發揮，表現為春夏秋冬，而春之生氣貫通四季。相應地，人心則有仁義禮智四德，仁包含其他；四德的發揮，就表現為愛、恭、宜、別之情，愛即惻隱之心包含其他。由此，仁義禮智四者，「仁無不包」，可以用「仁」來直接描述人心。孟子說的「仁，人心也」，舉一仁而四德都包括在內了。

可見，仁作為道，是貫通天地與人之心的。人得之於天地，先天具有，如果能夠體察之、保有之，則「則眾善之源、百行之本，莫不在是」[74]。朱熹認為，這是孔門必使學者汲汲於求仁的原因。在與弟子門人的討論中，朱熹還以體用關係描述仁與其他三者的關係：

> 仁者，仁之本體；禮者，仁之節文；義者，仁之剛斷；智者，仁之分別。[75]

又以已發、未發描述人心的活動。四德作為一個整體以及人性之本體，是處於未發的狀態。待其已發之後，便是中庸。因此四德與中庸也存在體用關係：

> 仁、義、禮、智，乃未發之性，所謂誠。中庸，皆已發之理。[76]

對各個德目的解釋，朱熹不同於李覯之處在於測重把它們落實到個人修養上：

> 大抵人之德性上，自有此四者意思：仁，便是溫和的意思；義，便是慘烈剛斷的意思；禮，便是宣揚發揮的意思；智，便是收斂無痕跡的意思。[77]

對於仁，朱熹辨析地更多一些，如他強調仁與愛與覺的關係，愛是仁之用，但不是仁之體；覺是仁之用，即智，但不能說覺是仁之本體。

總之，朱熹對於儒家核心價值體系的看法，是以仁為重心的。他對仁的發揮，在儒學思想史上具有重要的影響。當然，以仁為本也並非朱熹首創。稍晚於李覯的理學家程顥就指出：

> 學者須先識仁。仁者，渾然與物同體。義、禮、智、信皆仁也。[78]

由朱熹對四德說的重視，也可以很明顯地看出他對孟子學說的發揮。

在筆者看來，仁、義、禮、智、信（或者更多的傳統道德觀念）之間是否有著內在的聯繫，並無多大現實意義。筆者倒是更多認同王充的看法：各種道德價值觀念之間並無實質的聯繫，畢竟價值觀念的判斷根本上取決於主體。而且，兩人所用的方法主要都是類比論證。無論他們將價值體系歸於禮或仁，都經不起現代邏輯的認真推敲。但從他們對這個問題的不同分析、辨疏上，我們可以窺見儒家內部關於社會政治思想的不同理路、取向。

如上所述，李覯把儒家核心價值統一於禮。禮源自人的自然需求，更決定於聖人之天性。所謂「夫禮之初，順人之性欲而為之節文者也」，說明禮之重點在於聖人所加的節制。因此外在的約束——樂、政、刑——就是良好的社會治理必不可少的。雖然李覯後來強調，禮是兼內外而言的，「有諸內者必出於外，有諸外者必由於內」[79]，但由於李覯在人性論上持人性有差異的觀點，並非每個人都內在地具有聖人那樣的天性，所以為禮必須依靠外在的約制。從李覯政治思想整體及他提出的政治改革方案來看，他直接關注的是外王，也即社會制度的建設。他呼籲改革，談王論霸，主張富國強兵，被後人看作儒家功利思想的代表。

朱熹則把儒家核心價值歸結為仁。仁（及其所包含的其他價值觀念）是人性的本體。人性不僅天然完善，而且眾人平等。人性表現出的差異，是因人所稟受的氣質不同。他關於社會治理的思路是，使每個人都克服氣質之性的約束，把先天具有的仁發揮出來，社會自然趨於大治。正如他在回應「學者講明義理之外，亦須理會時政」這個觀點時所說的：

學者若講得胸中義理明，從此去度量事物，自然泛應曲當。……只是講明義理以淑人心，使世間識義理人多，則何患政治不舉耶！[80]

由此他闡發了內聖外王之道，而重點在內聖。

李覯與朱熹的這兩種不同取向，其實在先秦儒家那裡便有體現。前文已述，孔子重仁也重禮。禮代表的是外在的制度，仁則是內在的德性。之後，孟子發展了孔子重仁的一面，並把人性作為仁政的源頭，認為發揮人性之本善即可行仁政。而荀子則發展了孔子重禮的一面，強調了外在約束的重要，隆禮重法。他的弟子韓非和李斯都成為法家的代表，從學術思路上講，也是其來有自的。但在儒家思想內部繼承了荀子理路的，自然非李覯莫屬，正如朱熹接續了孟子的理路（當然，朱熹直接繼受的是二程等理學先驅）。

應當承認，李覯的理論體系之複雜、精緻程度遠不如朱熹。但我們不可把兩者之間的差異歸因於時代先後所導致的成熟程度的不同，雖然朱熹比李覯晚出生一百餘年。兩人對儒家核心價值體系的不同歸納，反映了儒家思想內部關於社會治理思路的不同取向。

第三節 捍衛儒學

在傳統社會（或曰專制社會）中，社會治理的主體是君主及其所屬的官僚組織。大多數情況下，民眾純粹是被動的客體。不過，民眾的安定，也就是社會的穩定，既是社會治理的目標，也是檢驗社會治理效果的標準。因此治民之道的選擇是統治階級首要考慮的問題。

關於治民之道，儒家最不同於法家之處，就是主張透過禮義教化而不是嚴刑峻法來達到社會穩定的效果。李覯堅持傳統儒家的立場，把教化看做安民維穩的重要策略，認為教化之於治民，優越於刑法。

不過，在李覯時代，對儒家的威脅主要不是來自法家，佛教對民眾的廣泛吸引力才是儒家危機的真正來源。李覯認識到，必須加強儒家自身思想理論的建設，因而將其對佛教的批評轉到儒家文化自身建設的層面上來。

一、教化先於刑罰

儒家傳統中關於仁政與霸道的爭論，落實到現實政策的層面，就是教化與刑法孰先孰後的問題。李覯認為，對於安民的目標，教化是更為根本的手段：

所謂安者，非徒飲之、食之、治之、令之而已也，必先於教化焉。[81]

（一）教化安民

李覯強調教化，主要針對當時「俗士」所持的「貴刑法而賤禮義」的論調。他們不看重教化，認為加強刑法才是保持社會安定的主要手段：

聞有稱王道誦教典也，則眾共笑之矣。必謂殺之而不懼，尚何有於教化乎？[82]
他們的邏輯是，亂民連殺頭都不怕，教化還有什麼用呢？李覯指出，這是弄錯了事物的因果關係。社會惡化是教化不當的後果，而刑法只是事後的懲罰措施，其發揮作用必須以教化為前提。刑法不能克服惡，並不能導出教化更不能「勝惡」的結論。就像人體，導養得當就不會生病；如果導養不當得了病，吃藥不能治好病，就說導養不可用，豈不是很荒謬的嗎？

另一方面，他又以居山者不知漁、居澤者不知獵為例，說明生活習俗決定人們的行為。如果不先對民眾加以教導，使他們知道什麼是正確的行為，什麼是錯誤的行為，又以他們不熟悉的行為標準來懲罰他們，即：

未知為人子而責之以孝，未知為人弟而責之以友，……未知男女之別而罪以淫，未知上下之節而罪以驕。[83]

這就等於是納民於阱，坑害民眾，不會帶來社會穩定的成果。在社會物質資源有限的社會裡，物資分配不可能平均。透過禮分化人的等級，神聖化資源分配不平等，使得分配中獲利較少的那部分成員——在人數上占絕大多數——認可這種分配方式，止邪於未形，這是禮教更為根本的作用。這一點，李覯也說得很清楚：

苟不節以制度，則匹夫擬萬乘之富或未足以厭其心也。故《周禮》大司徒之職，施十有二教，其九曰：「以度教節，則民知足。」謂以法度教民，使知尊卑之節，則民之所用雖少，自知以為足也。[84]

同時，禮也要求強權者不可過分剝奪窮人，必須保障地位較低的那部分成員的份額，以及尊嚴：

如使上下有等，奢侈有制，在執則尊，無列皆賤，富不得獨文，貧不得獨質，萬金之居，與下戶為伍，則飽食之餘，無所復用，庶乎廉讓可興，而和平可致也。[85]

這樣才能貧富和平相處，社會保持穩定。至於如何實施教化，李覯認為，學校是首選的手段。這裡所講的學校，既不同於今天我們所理解的主要面向未成年人的、傳授知識的場所，也不是當時服務於科舉考試的太學及各級學校。他心目中理想的學校，是《周禮》所講的社會教化功能齊全的機構，是全社會菁英產生和匯聚的地方。這裡的老師由退休的老臣來擔任，他們是國家最有道德和政治經驗的人：仕焉而已者，歸教於閭裡。大夫為父師，士為少師，閭裡之細，猶以國之老臣為師，況其大者乎？[86]

他們既教授知識，也培養學生的道德。經過不斷的選擇與淘汰程序，最後學校培養出來的士，都是一流的人才，都是君子。未來社會的管理者——除了天子——將從他們中產生。他們是民眾仰慕、學習的對象，因此他們可以領導社會的風氣。國家各種重要典禮在學校舉行：

天子於是養老焉，世子於是齒胄焉，黨正於是飲酒焉，鄉大夫於是賓賢能焉。[87]天子再次行養老之禮，父事三老，所以教天下之為人子也；兄事五更，所以教天下之為人弟也。[88]

天子本人以身作則踐行孝悌，天下人自然會效仿奉行。鄉大夫、黨正都在此組織舉行鄉射飲酒之禮，在這種集會上透過鄉人公議選舉出人才，隆重地貢獻給天子；同時也透過飲酒這種集體活動，使人們熟習長幼有序、鄉黨和睦的氣氛，使社會風氣得以淳化。太子的教育，也是在此進行的。所以學校是進行教化的最為重要的工具：

古之王者，建國君民，教學為先也。[89]

李覯非常推崇上古時代這種學校養士的制度：

教而用之，學校之興於古也；不教而用之，選舉之隆於今也。教則易為善，善而從正，國之所以治也；不教則易為惡，惡而得位，民之所以殃也。[90]

可見他對當時的學校教育甚是不滿，認為當時的學校「師以講說為名，而不掌於教育；士以文辭為業，而不舉其道德」[91]。

教化還有其他的途徑，李覯比較重視的是宗族祭祀。他以《周禮》太宰之職掌宗族祭祀事務，提出透過宗族祭祀之禮，可以培養人們孝悌和睦的民風。為此他還特地製作過一幅《五宗圖》（今僅存其序），講解宗族關係，在《序》中他總結道：

先王之所以治天下，此其本與？[92]

他還以《周禮》小司徒、鄙長、鄉師、典命、大司樂等的職掌，說明應該在財力、器物上，為實施宗族祭祀的做好保障，亦應明確各等級進行祭祀時器物使用之等級，等等。

總之，李覯認為，透過禮的教化，「養天性，滅人欲，家可使得孝子，國可使得忠臣矣」[93]，「移風俗，斂賢才，未有不由此道者」[94]。

（二）一致於法

雖然法律（包括李覯所稱為刑法、刑罰、刑禁在內）對於社會穩定的價值不如禮教，但也是社會治理必不可少的工具。李覯依據《周禮》，闡發了他對法律看法。關於制定法律的目的，李覯指出：

非好殺人，欲民之不相殺也，非使畏己，欲民之自相畏也。[95]

法律的目的不是殺人或使人畏懼官府，而是透過其震懾作用，使民眾內心消除違法的念頭。

關於制定法律的原則，李覯指出君主應當慎出令。君主治理國家，主要是透過令的頒布和執行進行的：

民之所從，非從君也，從其令也。君之所守，非守國也，守其令也。[96]

法令一定要考慮成熟後才能發出，一旦發出了就不能輕易更改，朝令夕改會使法律失掉權威。這裡所說的令，當主要是就行政法律而言的。他以《周禮》掌囚的職責為例，說明法的施行的普遍性原則：

法者，天子所與天下共也。如使同族犯之而不刑殺，是為君者私其親也。有爵者犯之而不刑殺，是為臣者私其身也。君私其親，臣私其身，君臣皆自私，則五刑之屬三千止謂民也。賞慶則貴者先得，刑罰則賤者獨當，上不愧於下，下不平於上，豈適治之道邪？故王者不辨親疏，不異貴賤，一致於法。[97]

法律適用應根據時代變化而有所調整。他引《周禮》大司寇職掌關於「刑新國用輕典」、「刑平國用中典」、「刑亂國用重典」的論述[98]，說明執法不可拘泥。他對於那些執法過嚴、執法寬鬆以及死守法律的官員都提出批評，主張應該按照孔子所說的「寬以濟猛，猛以濟寬」的原則來執法[99]。李覯指出，人是萬物之靈，出於尊重生命而應該慎行殺：

凡有血氣之類，莫不愛其生，君大夫士之於牛羊犬豕猶無故不殺，況於人者萬物之靈，父母生之，拊畜長育，顧復之恩至而後免於其懷。……刑期無刑，蓋不獲己，苟得其情，亦哀矜而勿喜，矧可不慎以及於非辜者乎？[100]

《周禮》規定了折獄要經過五聽、八議、三宥、三赦這些環節，仍然怕有缺漏；又規定了要廣泛徵求意見後，才能定罪刑殺。對於赦免罪過，同樣要慎重行事。他指出：

殺人者死，而民猶有相殺；傷人者刑，而民猶有相傷。苟有以不忍而救之，則殺人者不死，傷人者不刑。殺傷之者無以懲其惡，被殺傷者無以申其冤。此不近於帥賊而攻人者乎？[101]

濫用赦免，既是對違法者的鼓勵，也是對受害者的不公。所以也要廣泛徵求意見後，才能行赦免。

李覯還提出，要及時懲罰那些小的違法行為。《周禮》設置司圜一職，掌管收教罷民（即不從教化、不事勞作之民）：

凡圜土之刑人也，不虧體；其罰人也，不虧財。[102]

及時懲罰他們的小過錯，免得他們不知悔改而釀成大錯。

二、儒理優於佛理

佛教傳入中國後，經過幾個世紀的傳播，在唐代中期達到頂峰。中國化了的佛教——禪宗的出現，說明佛教已經在中國文化中牢固地扎下了根。雖有「三武一宗」滅佛的打擊，佛教屢遭重創而流傳不絕。

在魏晉之後的幾百年間，佛教在思想文化領域的風頭蓋過了儒家，幾乎取代了儒家思想的主導地位。正如湯用彤先生指出的，魏晉時代玄學流行，而佛教則更依附玄理，大為士大夫所激賞。因是學術大柄，為此外來之教所篡奪。[103]

故此期間儒家學者始終面臨著如何排擊佛教，奪回在思想文化領域的主導地位的問題。

宋代之前，儒家排佛最著名的代表當屬韓愈。他主張對佛教要塞其流、止其行，「人其人，火其書，廬其居」[104]，以先王之道導之。在舉國上下都為迎佛骨而忽忽如狂的情況下，他上書皇帝，指出信佛並不會帶來國祚的長久，佛骨只是「枯朽之骨，兇穢之餘」，應該「投諸水火，永絕根本」[105]。但他激烈的排佛主張不僅沒有得到時人支持，為此還險遭不測。

宋初，隨著佛教的復興，一些立場堅定的儒生繼續韓愈的排佛主張，但都沒有取得什麼效果。李覯指出，對於佛教不僅要從外部進行批判，更重要的是返回儒家經典，挖掘理論資源，強化儒學自身的理論建設。他的排佛主張，與歐陽脩的「修本論」一樣，體現了儒家排佛策略的轉向。此後，理學家們援佛入儒，重建儒家理論體系，終於解決了佛教對儒學的威脅。

（一）李覯的排佛主張

在早年寫的《潛書》中，李覯指出，排佛必須提高理論辯論的技巧。韓愈排佛的不足之處在於僅言佛之過而不言其功，所以不能令之信服。他則先做出一些讓步，承認佛教對世道人心有一定的淨化作用，但這點好處遠不能彌補其對社會風氣的破壞。他指責佛教說：

爾之慈悲普濟而不以禮節之，……親疏不別，是夷狄也。爾之報應而不以信守之，一財媚佛，則反禍為福，是招權鬻獄，汙吏事也。爾之見性而不漸諸訓典，左右如其真，是赤子不得成人也。[106]

他認為佛教講求慈悲而不別親疏，是夷狄；雖倡言報應，但又受人錢財替人消災，類似汙吏；佛家教人明心見性，但不以儒家經典來教導人，這使人們的思想停留在很低的程度，等等。

在後來的《富國策》等一系列文章中，李覯非常透澈地分析了佛教對社會經濟的危害，提出佛教的十害與排佛的十利：

男不知耕而農夫食之，女不知蠶而織婦衣之，其害一也。男則曠，女則怨，上感陰陽，下長淫濫，其害二也。幼不為黃，長不為丁，坐逃徭役，弗給公上，其害三也。俗不患貧而患不施，不患惡而患不齋，民財以殫，國用以耗，其害四也。誘人子弟，以披以削，親老莫養，家貧莫救，其害五也。不易之田，樹藝之圃，大山澤藪，跨據略盡，其害六也。營繕之功，歲月弗已，驅我貧民，奪我農時，其害七也。材木瓦石，兼收並采，市價騰踴，民無室廬，其害八也。門堂之飾，器用之華，刻畫丹漆，末作以熾，其害九也。惰農之子，避吏之猾，以傭以役，所至如歸，其害十也（反之則是排佛的十利，不再具引）。[107]

這十害用現代的術語說，就是：加重社會負擔、違背人性自然、減少人力資源、耗費社會財富、破壞家庭倫理、占用土地資源、影響農業生產、抬高市場物價、造成奢侈之風、豢養閒民惡人等。

李覯對佛教的危害做了當時最為全面的概括，其批判比韓愈要深刻得多。他被人們認為是當時排佛的代表：

當是時，天下之士學為古文，慕韓退之排佛而尊孔子，東南有章表民、黃聱隅、李泰伯尤為雄傑。[108]

他提出的排佛策略也相對穩健。他雖贊同韓愈的立場，但對韓愈過激的滅佛政策不贊成。他認為佛徒不在四民之列，屬於冗民，政府應頒布法令，禁止佛教擴大成員，也不允許興建新的寺觀，逐漸迫使他們還俗務農。由於對佛教「修心化人」之功的認可，李覯也沒有像石介那樣對佛教惡聲相對。在他的文集中，有不少對佛教的讚美之詞。比如他寫道：

佛以大智慧，獨見情性之本，將驅群迷，納之正覺，其道深至，固非悠悠者可了。若夫有為之法，曰因與果，謂可變苦為樂，自人而天，誠孝子慈孫所不能免也。

[109] 這是說佛法之大，深知人性，提倡因果報應，解答世人困惑，能為世人指示方向。又如：

始傳佛之道以來，其道無怪譎，無刮飾，不離尋常，自有正覺。思而未嘗思，故心不滯於事；動而未嘗動，故形不礙於物。物有萬類，何物而非已？性有萬品，何性而非佛？佛非度我，而我自度。經非明我，而我自明。無緇素才拙，一言開釋，皆得成道。[110]

這是讚美佛教教義的精微，承認其教義可以薰陶、昇華人的精神境界。他為太平院的浴室寫下過這樣極富禪性的文字，告誡僧人不光洗身，還要洗心；擺脫欲望，持心平和方能成佛：

吾願釋子，毋意於水，將意於理。爾身以澡，爾心以洗。洗心謂何？匪塵匪沙，匪刮匪摩。去爾羨欲，任爾平和。無可無不可，所遇皆我，萬物一焉。何者為因？孰謂之果？道不離人，吾身佛身，吾偽亦真。門前舟梁，自失要津。[111]

這些文字使他被人誤解為立場變化了。有個叫黃漢傑的學者便為此寫信批評他。李覯回信說，他一向批評浮屠很堅決，《潛書》、《富國策》裡寫得很明確，怎麼會在年近四十這個意志更堅決的年紀更改立場呢？他解釋他表彰佛教的用意是：吾於此言乃責儒者之深，非尊浮屠也。……儒失其守，教化墜於地。凡所以修身正心、養生送死，舉無其柄。天下之人若饑渴之於飲食，苟得而已。釋之徒以其道鼓行之，焉往而不利云云。[112]

就是說，他讚揚佛教，是為了批評、刺激儒者。因為修身正心、養生送死這些事情，是每個普通人都要面對的。如何行這些事，本來應由儒者對民眾作出指導，但儒者們沒有盡到職責。而佛家恰恰對這些事情關注較多，所以百姓都到佛教那裡尋找答案。

李覯認為出現這種局面責任在儒者。因為根據他對佛經的研究，發現佛教、道教所談論的性命之理，其實儒家經典早都談到過，只是大家都沒有挖掘出來，所以人們只好到釋老那裡去求教：

欲聞性命之趣，不知吾儒自有至要，反從釋氏而求之。……及味其言，有可愛者，蓋不出吾《易繫辭》、《樂記》、《中庸》數句間，苟不得已，猶有老子、莊周書在，何遽冕弁匍匐於戎人前邪？[113]

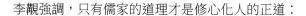

李覯強調，只有儒家的道理才是修心化人的正道：

夫所謂修心化人者，捨我堯舜之道，將安之乎？彼修心化人而不由於禮，苟簡自恣而已矣！[114]

因此他主張，儒者應該返回儒家經典，挖掘這方面的資源，豐富儒家的理論。他還拈出對於理學建立至關重要的文獻《中庸》，作為挖掘性命之理的資源，雖然他沒有進一步研究它。從這裡，我們可以隱約辨識出後來許多理學家們走過的「出入佛老數十載，然後返之於六經」的歷程了。

（二）李覯與宋儒排佛策略的轉向

李覯的排佛主張，除繼承此前儒者從儒家倫理道德角度對佛教的批判，又從社會經濟的角度，全面總結了佛教的十害與排佛的十利。更重要的是，他指明了排佛的新路向。

佛教經歷了後周世宗滅佛的打擊後，在宋初又逐漸恢復了它的影響力，這主要得力於宋代統治者對佛教的優容。太祖即位之初便廢止了周世宗的滅佛政策，大力扶持佛教。當時河南府有個叫李靄的進士，著《滅邪集》排佛，又集佛書綴為衾裯，竟被決杖配沙門島[115]，這對反佛者是個不小的打擊。太宗、真宗繼續奉行這個政策，以致修建佛寺成為宋代「冗費」的主要原因之一。而以智圓、契嵩等為代表的佛教徒，注意協調佛門與統治集團的關係，主動在理論上吸收儒學的一些觀念，也有利於人們對佛教的接受。

仁宗時代，社會危機逐漸凸顯，儒家學者排佛（老）的聲音逐漸強烈，石介便是排佛陣營中的一員猛將。他著有《怪說》三篇，把佛、老、楊億的文章並稱為「三怪」，一併斥之。

石介指出，違反常道的事物就是怪。中國的常道乃是堯、舜、禹、湯、文、武、周公、孔子之道。中國本為聖人之所常治、四民之所常居、衣冠之所常聚，為道德之所治、禮樂之所施、五常之所被。但佛教、道教流行，造成中國髡髮左衽，不士不農，不工不商，為夷者半中國，……汗漫不經之教行焉，妖誕幻惑之說滿焉。[116]

倫理綱常、社會風俗都被搞亂了，所以佛、老並為兩大怪。還有楊億的文章：

綴風月弄花草，淫巧侈麗，浮華篡組，剽鏤聖人之經，破碎聖人之意，蠹傷聖人之道，其為怪大矣。[117]

他表示，不怕世上眾生崇信此三怪者多，為排擊此三者，他不惜犧牲自己：

吾亦有死而已，雖萬億千人之眾，又安能懼我也。[118]

他又有《中國論》一篇，提出要辨華夷，各分居。他明確了中國與四夷的概念：

居天地之中者曰中國，居天地之偏者曰四夷。[119]

中國是內，四夷是外；中國上有二十八星宿，下有九州之分野；除了天文地理，更以儒家倫理，包括君臣、父子、夫婦、兄弟、賓客、朋友等人倫道德為特徵。他認為，佛、老都是外來者：

聞乃有巨人名曰佛，自西來入我中國；有龐眉曰聃，自胡來入我中國。[120]

佛老以欺騙、誘惑的方法，引誘人們入其門，亂了中國的常道，使中國不成其為中國了。他提出的解決辦法就是：

各人其人，各俗其俗，各教其教，各禮其禮，各衣服其衣服，各居廬其居廬。四夷處四夷，中國處中國，各不相亂，如斯而已矣。則中國，中國也；四夷，四夷也。[121] 石介性格激進，對排佛興儒事業身體力行。在南京任職時，他看見書庫有三教畫本，將儒、釋、道三家聖人並列。他當即命令去其二，並作《去二畫本記》記此事。幸好由於社會風氣的變遷，他的激烈言辭和行動並沒有為他招致李覯那樣的懲罰。

石介排佛不僅態度激進，文章也寫得很有鼓動性，時人無出其右者，故筆者以其為宋儒排佛的早期代表。不過他排佛老的策略無甚新意，理論水準並沒有超出韓愈。他們都只抓住佛教是外來者這一點，單從文化入侵者的角度排斥佛教，卻沒有考慮到佛教自身所具有的長處，故這種以外部排斥為主的策略不可能成功。儒學要想取勝，必須轉變思維。

李覯的排佛理論就體現了宋儒排佛策略的轉變。不過他指出了排佛的新路向，但由於其理論建構的外向性，使得他沒能在這個方向深入下去。最終完成排佛興儒使命的，是理學家群體。

佛教之所以對儒學構成挑戰，其根本原因在於佛教論及的許多問題恰是儒學的理論薄弱地帶，因此真正有效的排佛策略是強化儒家自身理論的不足。稍晚於李覯理學家群體，就沿著這個思路，模仿佛教的某些理論形式，並借鑑了佛學的一些觀念，挖掘先秦儒家的理論資源，經過數代人的努力，重建了儒家的理論體系。

理學家首先要解決的是人生、生命的意義問題，這是佛教對儒學衝擊最大的地方。佛教可以說就是為解決人的生死、人生苦難等問題而生，為此提出了一套精緻的理論，如輪迴、業報、緣起、解脫等，形成了獨特的、超脫的人生觀、價值觀。

追問生命的終極意義是人性的自然需要，特別是在生命朝不保夕的亂世，人們更需要一個穩定的超越世界做寄託，這正是佛教所擅長的。佛教不僅能給流離世間的眾生以精神上的安慰，也在實際生活中提供一些庇護，所以佛教的影響力才能不斷擴張，即使經歷過幾次大的官方的滅佛行動卻能屢廢屢興。而宋代以前的儒家把目光限制在今生，主要關注現實社會政治問題，迴避了超越的問題，也缺乏對個體生命的終極關懷。如孔子說過「未知生，焉知死」，又主張「敬鬼神而遠之」等。因此連不少儒者也頗為欣賞佛教的人生觀。

為與佛教對抗，韓愈從儒家經典中拈出《大學》，指明了個人修身之意義和目的在於治國平天下。這個思路為宋代的理學家們繼承並大力闡發。《大學》被推為儒家第一經典，內聖外王之道成為儒家對人生意義的標準答案。由此不僅明確了儒家和佛家入世出世之不同，也判別了兩者之高下。相比佛教主張的透過修行求得個人解脫的人生觀，理學家的人生觀無疑更有魅力和魄力。如張載「為天地立心，為生民立命，為往聖繼絕學，為萬世開太平」[122] 的「四句教」，這是何等豪邁的人生追求！正如大乘佛教以普渡眾生超越了小乘佛教一樣，理學家們以更為廣闊的胸懷和徹底的理論超越了禪學。

當然，理學家的這種人生觀的形成離不開佛教的啟發。正如胡適先生所指出的：

宋明理學的昌明，正是禪學的改進。[123]

其次，佛教有一套精緻的宇宙論，這是與解決人生問題相關的理論建構。佛教一方面指出宇宙是由地、火、水、風構成，安排了從天上、人間到地獄的複雜宇宙結構；又從本體論上論宇宙本質為空，所謂四大皆空；還有關於宇宙生成毀壞的「劫波論」，等等。

儒家本沒有刻意構建的宇宙論，僅有一套粗糙的天命論，還是從道家、陰陽家那裡借鑑來的。於是從周敦頤開始，理學家們著力構建宇宙本體論。周敦頤提出「無極而太極」，以太極作為宇宙的本體；張載提出了「氣一元論」，以氣作為宇宙之本體；二程提出「理一分殊」，以理作為宇宙的本體；朱熹把太極、理、氣等綜合起來，以「理一分殊」解釋宇宙的生成；陸九淵與朱熹論難，但也是以理為宇宙本體，認為「塞宇宙者一理耳」[124]。儒家終於建立起了一套可與佛教相抗衡的宇宙論。佛教將宇宙本體歸結為空，理學家們則將宇宙本體歸結為理。這個理就是儒家的倫理道德體系。佛教的空是對人世的否定，而儒家的理則是對自己社會理想的堅持，終歸將人導向修齊治平上來。

理學家對於佛教借鑑之處還有不少。佛教為探討眾生成佛的問題，對於佛性亦即人性有較多的探討。其重要的觀點，如眾生佛性平等、人皆可成佛、佛性本自圓滿等，為理學家借鑑用來完善儒家的心性論。程頤提出的「學以至聖人」[125]，以及朱熹「心與理一」、「理在心中」等觀點，都帶有明顯的禪理的痕跡。

佛教的修行理論，也在修養工夫方面給理學家們帶來啟示。如程頤「見人靜坐，便嘆以為善學」[126]，朱熹強調：

始學功夫，須是靜坐。靜坐則本原已定，雖不免逐物，及收歸來，也有個安頓處。[127]

朱熹與陸九淵關於治學的「支離」、「簡易」之爭，也不免使人想起佛教的頓漸之爭。就連儒家道統的建立，也脫不了對模仿佛教的嫌疑。

從北宋五子開創建道學（或籠統稱之為理學、新儒學），到朱熹集其大成，理學家們建立起一個龐雜的儒學體系，其內容非本文所能全面概括的，以上僅是舉其大要。理學家的理論工作常被稱做援佛入儒，這樣說可能並不太準確。但理學家們的理論模式和關注點深受佛教的啟發，並借鑑了佛教的不少觀點，這是毫無疑問的。

經過理學家們這樣的「修本」工作之後，儒學呈現出全新的面貌。新的儒學體系中，既有對宇宙、世界的解釋，也有社會政治理論，還可以指導個人的安身立命，可以說是一套完整的意識形態了。自身具足，儒家面對佛教有了充分的自信，佛教在學理上對儒家的威脅就解除了。此後，排佛就不再是儒家關注的重大問題了。儒、釋、道三家和諧相處，共同構成了中華文明的基石。

當然我們不能說理學家們是受到李覯的啟發才開始致力於儒學的重建工作。時代思潮前進的方向，既非個別人所能決定，亦絕非少數人的獨得之祕。思想家程度的高下，就在於他們對時代思潮方向的領悟。例如，與李覯同時代的歐陽脩也看到了這一點，明確提出了排佛應該立足於加強儒學自身理論建設的主張。

歐陽脩關於排佛問題的文章不是很多，而論佛教之害的文章更少。他的《本論》兩篇集中體現了他的排佛主張。《本論》指出，佛法為中國之患已有千餘年。雖有不少人想廢滅之，但佛教屢廢屢興，不能真正根絕，其原因在於沒有找到正確的方法。他以治病為喻：人得病是因為人體虛弱，疾病趁虛而入，所以善醫者注重養氣、固本。佛教之患也是這樣：

> 佛所以為吾患者，乘其闕廢之時而來。[128]

中國在三代之時，王政修明，即使有佛教也不會為害；三代之後，王政闕廢，佛教恰在此時趁虛而入，成為中國之患。由此他提出解決佛教之患的辦法是：

> 莫若修其本以勝之。[129]

本，就是禮義。勇冠三軍的武士見佛而下拜，一介之士卻不為佛所屈，還要驅絕之，這是因為士子能明禮義，明禮義則心裡有所守，故修明禮義才是勝佛之道。此外，佛教已是「千歲之患，遍於天下」，排佛不能操之過急，也不能硬堵，應像大禹治水那樣，以疏導為主，即修明王政，教導人民知禮義，這樣才能達到目的。

由於歐陽脩在文化史上的重要地位，其《本論》更為世人所熟悉。不過單就排佛而言，他的理論貢獻其實並不如李覯。故筆者於此，以宋儒由排佛到融佛所走過的這段饒有興味的歷程為背景，對李覯在排佛方面的理論貢獻做一說明。

▌第四節 政制主張

本節所論，乃是李覯關於社會治理的具體主張（故名之「政制主張」而非「政治主張」）。以今日學科分工而言，涉及政治體制、機構設置、行政管理等方面的，屬於政治學；涉及土地分配、生產發展、貨物流通、錢幣管理的，屬於經濟學；有關宗教、婦女、文化、教育、社會等方面的，亦多有專門之學科。但古人著述，無論其成就大小，均以天下為其論域，斷不會以今日之學科界閾來限定自己的研究。故本節闡述李覯的政制主張，亦不以狹義的政治學科為限。

以今天的眼光來看，李覯所持的社會政制主張，似乎泛泛而談，並無特出之處。但對於古代思想家，不應從他同今人程度有多麼接近來判其高下，而應看他比前人開拓了多少，尤應以其超出所處社會環境的程度為準。李覯的書被當時的人譽為「醫國之書」，必有其超卓於時代之處。本節梳理李覯的政制主張，不求面面俱到，而重點講述那些針社會現實提出的變革主張。

一、政體革新

前章已述，太祖、太宗兩代皇帝強化了君主集權體制。但到了真宗、仁宗時代，這種體制的弊端就開始表現出來，國家陷入「積貧積弊」的困境。所幸宋初即確立了重用文人的政策導向。在經過幾十年的「養士」之後，以范仲淹為代表的新型士大夫階層亦於此時期崛起。他們的政治參與意識很強，在宣揚士大夫以天下為己任的同時，也極力鼓吹君主當與士大夫同治天下的理念，說明士大夫階層對當時君主過於集權的政治體制的不滿。

李覯生活在真宗、仁宗之間，對於當時君主體制的弊端，自有其體會。他在《易論》中發揮的君臣之道，在肯定傳統的儒家君主觀念的同時，也針對當時的政治制度提出了一些改進主張。

（一）為君之道

關於為君之道，李覯所做的兩條發揮最為重要。

首先，李覯賦予君主以推行改革的責任。他引《否·九五》「休否，大人吉，其亡其亡，繫於苞桑」，指出在衰弱之世，君主應當「知危而懼」，實行變革以轉危為安，即他所說的「夫救弊之術，莫大乎通變」[130]。這句話作為李覯主張改革的名言，在上個世紀八、九十年代頗為研究者重視。

但同時李覯也指出：

民可與樂成，難與慮始，非斷而行之，不足以有為矣。[131]

此處民應不僅指普通民眾，更應該指既得利益階層，尤其是官僚階層。一種體制的確立，總要使一些階層從這種體制中獲得利益而支持它。體制的改革者首先要解決的就是既得利益階層的問題。無論該體制有多麼糟糕的弊端，既得利益階層（這並不排除有少數改革者從中產生）總會努力維持之。故李覯強調，改革者應有決斷

的精神，以強力推行變革，才能有所作為。他引《巽·初六》「進退，利武人之貞」，說明在剛發布革新的命令的時候，人們不聽從，就會出現反彈。這種情況下，就要用強力保證政令的實施。又引《革·上六》「君子豹變，小人革面」，說明以強力推行改革成功後，原來反對者就會改頭換面而擁護新政。總之，君主通常情況下應該「執剛體柔」，但在改革之際，必須「威武」，因為「令善而眾疑，不濟以威，是終不可為也」[132]。

考之當日形勢，真宗即位之初，就出現了一些變革的呼聲。但當時尚能維持繁榮表象，故君臣上下皆無動於衷。仁宗時代，也就是李覯寫作的年代，體制的弊端越來越嚴重，以范仲淹為代表的改革派的呼聲也越來越強烈。仁宗雖幾番欲改革，但都被龐大的守舊官僚勢力所阻撓（當然守舊並不一定在道德方面卑下）。范仲淹雖在慶曆年間推行改革，但其思想之醞釀，由來已久。李覯曾受范仲淹影響，故在《易論》中為之張目。

李覯論為君之道的另一個值得注意之處，則是關於君主委任大臣的主張。人君可不可以自己不處理政事，完全委之大臣？李覯慎重地給出肯定的答案：

茲禍福之機也。事有不可不然，亦不可必然，在度宜而行之耳。[133]

在君主政體下，難免會出現幼君踐位的情況，而且君主也不可能個個都英明，有時君主就是庸才。他引用《蒙·六五》「童蒙吉」，指出：

夫蒙之時，陰昧而陽明，五以陰質，居於尊位，不敢以其蒙昧自任，而委之剛陽，付物以能，故獲吉也。[134]

列舉類似的幾個六五爻之後，他總結道：

陰居尊位，未得剛正，在上而廢其聰明，委政於下也。[135]

當然，委任大臣並非否定君主體制，因為君主還是要始終把握最高的權力的：人君在位，苟不能獨斷，而牽於臣下，權時則可矣，以之為常，則非君之道也。[136]說明委任大臣是特殊情況下的舉措。對委任大臣可能出現的負面後果，他也作了提示，認為「得其人則民受其賜，非其人則職為亂階」[137]。

史上幼君、庸才繼位現象並不罕見，亦有成例應付之。李覯特地標出此事，當另有其用意。前章我們已經講過，處心積慮地防範大臣是宋代祖宗家法。但到了李

覯生活的時代，皇帝才能平庸，又不能充分信任和授權給大臣，國事自然每況愈下。此處李覯所論，正是對皇帝刻意防範臣下習氣的抨擊。

（二）為臣之道

論及為臣之道，李覯感慨：

君子之進也，難哉。[138]

筆者認為，其所言仕進之難，其實是強調君子出仕是大事，當謹慎從事的意思。他對於君子出仕問題亦有兩條值得注意的發揮。其一是強調「出處」。李覯指出，君子出仕是為了輔佐君主，而不是為了自己謀利，因此絕不能苟進：

苟進則諂，諂則何有於君？唯利而已。[139]

透過諂媚得以進身，只不過是滿足一己私利而已，對於君主則沒有益處。他以《否·初六》「拔茅茹，以其彙，貞吉，亨」為例，說明在時機不利於仕進的時候，君子絕不苟進。

其次是強調「得君行道」。李覯指出，一旦君子獲得機會，為君主任用，就要以作一番事業為己任：

體夫剛德，進不為利，閑邪存誠，志在大業。[140]

做事業則首先要取得君主的信任，在起初沒有獲得信任的時候就進諫，會被認為是謗訕。那麼如何取得君主的信任？他又引《損初九》「已事遄往，無咎，酌損之」說明，作為臣下，當以柔奉剛，克制自己的「剛」，逐漸取得君主的信任，即「合志」：

志既合，則道可行也。[141]

這才是君子出仕的目標。此外，李覯論為君之道，還列舉了恭儉、利民、溥愛、執剛用柔、以德服人、親賢人遠小人、齊家治國等等觀念。論為臣之道，也闡述理念君唱臣和，不可以臣制君；事君盡禮，致恭存位；為人不可至察，為政不可峻刻，做事不可過分；爭取民心等等主張。這些議論基本不出傳統儒家對君主的看法，故不再詳引之。

在半個世紀後成書的《程氏易傳》中，我們看到，程頤仍在對李覯提出的這些命題進行深入探討。如其論君主任用大臣：

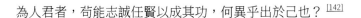

為人君者，苟能志誠任賢以成其功，何異乎出於己也？[142]

余英時先生據此認為，程頤的理想是建立「一種虛君制度，一切行道之事都在賢士大夫之手」[143]。又如程頤論進退之道：

賢者在下，可自進以求於君？苟自求之，必無能信用之理。[144]

余英時先生指出：

「進退之道」自孟子以下便少有人問津，至宋代才再度成為儒家中的一個重要論題。[145]

可見李覯深得宋代政治文化變遷的風氣之先。北宋中期，士大夫的政治主體意識的增強，他們倡導「君臣同治」的理念，在一定程度上軟化了宋初過度的君主集權體制，也為范仲淹、王安石等有抱負的士大夫登上政治舞臺、主導政治變革造就了輿論環境。於此世道變革之際，李覯的倡導之功，不可埋沒。

（三）後宮管理

關於後宮管理，在《易論》中，李覯指出：

夫治國始於齊家，王化本乎夫婦，百代不易之道也。……正家而天下定。[146]

在《周禮致太平論》中，他把《內治》作為第一個專題，詳細考察了《周禮》所載的治理後宮的制度，闡發他對治理後宮的見解。上章已述，李覯對女性有些偏見。在《內治》中，他又強調，「女色階禍，莫斯之甚」[147]：

蓋婦人之性，鮮克正也。陰則昧，柔則弱，昧不足自見，弱不足自立。與物而遷，直情忘返，其體一也。[148]

女人天性上的這些缺陷，往往是造成家庭衰敗的原因。普通人家還好說，君主以國為家，其後宮管理直接關乎國家治亂，故不得不慎重對待，治國必先治後宮。

李覯考察了《周禮》所載的後宮管理制度，如授予九嬪、世婦、女御、女祝、女史等人官職，由天官塚宰統領她們；內宰以禮教化後宮妃嬪；以世婦以下不言其數說明天子當慎擇後宮之人，寧缺毋濫；以女御之職論君主不應專寵；以王后親蠶、佐耕、事祭祀、執婦禮，為天下婦人之表率，亦可使她們知物來之艱，免得養成揮霍之習。由媒氏之職設，要求君主關心民眾的婚姻以蕃育人口，等等。

李覯認為，最重要的措施是由天官塚宰統領內宮。這樣安排看上去有些內外不分、公私不辨的嫌疑：

六宮內也，如家人，家人私也；六官外也，乃國事，國事公也。外內異處，國家異分，公私異宜。然而使嬪婦屬天官，無外內、國家、公私之辨者，何哉？

李覯對此解釋道：

聖人之意，於是深矣！彼婦人女子，而當於至尊，幽居九重，人弗得見，則驕蹇自恣，無所不至也。是故使之分職於內，而附屬於外。有職則當奉其法，有屬則必考其功。奉法則不敢不謹，考功則不敢不慎。舉宮中之人而知所勸勉者，官有其長之效也。[149]

他指出，給內宮的女人授職，納入外臣天官塚宰的行政管理體系，這正是聖人考慮深刻之處。因為她們居於深宮，無人監督，又受君主寵愛，難免放肆。由外臣對她們監督考勤，可以督促她們謹慎奉法。李覯進一步徵引漢高祖戚夫人和漢文帝慎夫人的典故，從正反兩方面證明大臣參與內事的重要性。

李覯認為，這樣安排更深一層的含義是：

天子所御，而服官政，從官長，是天子無私人。天子無私人，則群臣焉得不公？庶事焉得不平？「無偏無黨，王道蕩蕩」，此之謂也。[150]

實現公正無私的王道政治，當從王身邊的人、事開始。古人不重視婦女的教育，也不讓婦女參與社會，所以通常婦女見識不如男子。但這與天性無關，純由社會習俗造成。但君主又不可避免會受身邊婦女的影響，況且有時幼主踐位，太后甚至直接參與到政治決策中來，這在宋代也屢見不鮮的。

李覯對後宮管理如此重視，是有其現實針對性的，因為他所處時代便是太后政治。仁宗即位後，劉太后垂簾十年，至死方休。此例一開，以後英宗、神宗、哲宗時代，都不同程度地存在太后干政的問題。而部分權臣與太后結黨對付政敵，導致北宋後期朝政忽左忽右，在混亂中走向滅亡。李覯之見解，可謂意味深長矣。

（四）官員選拔

君主政體下，選拔官員是關乎治亂的大事，故李覯指出：

為君之道，任官其急也。[151]

因為君主本人不能直接治理百姓，必須依仗地方官員，他以親、子、乳保比喻君主、民眾和官吏的關係，說：

君者，親也；民者，子也；吏者，其乳保也。[152]

地方官員直接和老百姓打交道，舉動直接影響的百姓生活：

當今天下職官孰輕重哉？去於民不遠，事之一介必折諸其庭，莫如縣大夫者。[153]
所以置吏不可不慎重。李覯指出，選拔官員絕非易事，其難首先在於識人才真偽之難：

彼色屬內荏，言行不相顧者，滔滔皆是也，非久與居，胡能睹其真偽耶？久與居者，非鄉里鄉黨而誰耶？[154]

真正了解一個人的是他的鄉里鄉黨，故《周禮》規定，閭胥、族師、黨正、州長等各級地方長官定期組織民眾學習國家法度，按月、季、年定期考核發現人才並記錄下來，鄉大夫則每三年舉行一次「大比」，選拔出的人才將被以隆重的儀式推薦給天子。李覯認為，經過這樣詳細慎重的考核，「官鏴不戢，治道不登，未之有也」；相形之下，科舉考試不見其人之姓名，不知其身之善惡，才不才，決於數百言，難乎為無失矣。[155]

李覯對察舉即以名取士，和科舉即以文才取士兩種制度進行了對比。漢代的察舉、徵辟，其精神實質就是《周禮》所載的這種方式，流弊在於不能杜絕人為干擾；科舉則是古代中國人才選拔機制的另一大類型。宋代科舉取士，以糊名謄錄的方式摒絕官員上下其手，在公正方面是一大進步。但有得必有失，如李覯所言：

有司不得輕重焉，是吏之公也；君子之道不逞於童子之雕蟲，是法之私也。[156]
察舉有其弊端，不可再行於今日，但如何綜合兩種制度的長處呢？李覯對此的思考，對今天我們社會官員選拔也不無啟發意義。

選拔出人才之後，又面臨如何任用的問題。李覯認為，選拔的人才，必須接受一段時間的實踐考察之後才能正式授予官職。他舉《周禮》之制，司士掌管官員的爵祿授予：

凡賢者、能者，皆先試以事，久而有功，然後授之以爵，得祿食也。[157]

先讓地方推薦上來的賢士做事，表現合格的，再正式授予他們爵祿：

苟非試其事考其功，而遽與之爵祿，則曠天官敗公事何足道。[158]

貿然授職，萬一人非其選，則百姓遭殃。太宰、宰夫、司會負責考核官員升遷。《周禮》所載的考核體系嚴密，有日成（每日考核），月要（月度考核），歲會（每年考核），大計（三年進行一次）等名目。月度考核，不合格者要受到申斥；年度考核依政績對官員進行廢置，置者進其爵，廢者退其爵；三年舉行大計，由大宰綜合考核官員的政績，無功者不僅退其爵，還要問罪，有功者不僅增其爵，還予以賞賜。李覯高度評價這套考核機制：

先王所以課吏考功，如是其密也。日入其成，是無一日而可敖湣；歲終廢置，是無一歲而不勸懲；三年有成，則申之以誅賞。有功者驟獲其利，無功者卒伏其辜。雖能言之類，亦知勸勉愧恥矣，況智者乎？[159]

這樣周密的考核制度，自然能督促各級官員勤政廉潔、積極進取，從而使國家長治久安。

宋代取士額數遠大於前代，且封蔭範圍極廣，造就了龐大的官員隊伍。而又優容士大夫，對官員考核極為寬鬆，無過即可定期升遷，有過往往也不廢黜其祿位。在這樣的體制下，官員隊伍龐大而缺乏幹才，絕大多數官員因循守舊，不思進取。李覯對此批評道：

不求功實，而以日月為限，三年而遷一官，則人而無死，孰不可公卿者乎？[160]

可見李覯考察的用意實在於批評當下。此外，宋代政府為了打擊地方勢力的坐大，除了實行前面的差遣制度外，往往頻繁調動、升遷官員，造成官員「往來於道路間」的狀況，如范仲淹在連續三年三遷，居官多不足一年。官民之間不熟悉，確實無法形成地方勢力，但同時「吏以治所為傳舍」，「民視所屬如過客」，則「官何以修，眾何以服」，這是非常不利於地方治理的。《周禮》中則「世守其官」的制度，某些家族甚至以氏名官、以官名氏，李覯又舉出漢代往往有當遷而增秩留用的先例，態度看法是：

如其職事，則久之為貴。[161]

（五）強兵之策

宋代的祖宗之法以防範武將弄權為第一要務。但立國於四戰之地，又不得不保持足夠的軍事力量，故軍隊建設始終是朝野上下關心的大問題。仁宗時西夏戰事失利，極大地刺激了有識之士對宋代軍事體制進行反思。

李覯的軍事思想主要體現在《強兵策》十篇、《周禮致太平論·軍衛》四篇和一些書信中。其理論來源，既有歷史經驗，又有兵家理論著作如《孫子兵法》。不過最主要還是儒家經典，這樣說的理由是，他不光以仁義作為軍事的根本原則，還從《周禮》中挖掘出了他認為最有效的兵制。

上章已述，李覯發揮孟子的主張，以仁義為強兵之本，而以詐力為其末。不過他強調的重點在「末」，雖然他既批評一些儒生片面強調仁義，也批評一些武夫片面強調詐力，提出「本末相權，用之得所」[1162] 的主張。他寫《強兵策》時，西夏戰事方殷。他認為宋王朝「積德累仁，為之百年矣。黎民懷惠，且歌舞矣」[1163]，實在不需再討論仁義的問題，當務之急是如何制止戎狄的入侵。

李覯主張實行屯田以解決邊患。他列舉了對付夷狄的上、中、下三策[1164]。其下策是「帥師深入，贏糧而隨」，就是主動出擊，深入敵國，這樣取勝的可能性不大。中策是「宿兵於外，仰給於內」，這實際上就是宋朝當時的政策。宋朝往往在外敵入侵之際徵調禁軍戍邊，既不敢撤也不敢追，僅能抵擋入侵而已。從內地運糧，民眾負擔及物資損耗都非常大。因此李覯認為上策是「興屯田之利」，即徙民充邊，設置屯軍。屯軍從事耕稼，可為禁軍提供給養，又進行軍事訓練，可充當後備軍。禁軍就地補給，減少了國家和民眾的負擔；又與屯軍配合，以逸待勞，進可攻，退可守，邊將就可高枕無憂了。

他考察了《周禮》所載的寓兵於民的制度，指出「先王足兵而未嘗有兵，後世有兵而未嘗足兵」，因為在井田制的管理體系中，六鄉六遂既是生產、生活單位，也是軍事單位，故「士不特選，皆吾民也；將不改置，皆吾吏也」[1165]。此外，《周禮》還規定，大司馬以「春蒐、夏苗、秋獮，冬狩」的儀式訓練士兵；宮伯、宮正督促太子及貴族子弟都參與軍事訓練，既培養了將領，又加深了感情。又有專門的槁人、弓人、矢人等負責軍械的製作。這些制度都值得後世效法。

宋代地方基本上沒有軍事力量。州縣一級政府往往連規模稍大的流寇都對付不了。李覯對此感到擔心，故提出完善鄉軍以加強地方的守備力量，如果能選擇合適

的將吏，組織民兵加以訓練，可使「郡國之勢皆王之藩屏也」[166]。聯想到後來金國入侵，直達京師而一路上沒遇到像樣的抵抗，我們對此感觸就會更深。

此外，他還討論了選將用將之道，提出君主既要授權給將領，又要信任將領；將領要善於撫循士卒；用兵之際當隨機應變不拘守兵法，以及對軍功要慎賞罰，等等。

（六）東南策略

按中國的地勢西北高東南低，民風也是西北彪悍而東南柔弱，自古以來人們就有南人不如北人強壯的印象。中國歷史上幾次大分裂後的統一，都是從北向南進行的，唐德剛先生在《晚清七十年》一書中對此有過精闢的分析[167]。

李覯提出應重視東南地區的治理。他認為，東南軍隊是否不如西北，關鍵在於領導者。春秋戰國時楚國、吳國都曾與北方各國爭雄；孫權以東南之地抵抗曹操，曹操也拿他沒有辦法；宋武帝曾率東南軍隊打到洛陽。而且南方的地勢複雜，南方人攻打北方固然不可以，但若有人割據了南方，從北方攻取同樣存在諸多困難。

當時人們輕視東南，認為東南地區的人怯弱，這主要是從軍隊來看的。問題是當時但凡能自謀衣食的人，都不願當兵。官軍代表不了東南人的菁英。所以，東南人一旦為了自己的利益而戰鬥，或者說是造反，那就會很難對付：

為官軍則怯，為亂賊則勇矣。[168]

宋代經濟重心南移的現狀也為李覯的分析提供了佐證。他在寫給富弼的信中說：

當今天下根本在於江淮，天下無江淮，不能以足用，江淮無天下，自可以為國。[169]

因此必須重視東南的治理。新政失敗後，他將自己的擔憂寫入《長江賦》（公元一〇四六年）中。在其中，他批評了宋廷以「特舉」的優秀官員鎮守西北，而用來守東南的官員則是「累資」，即靠積累年資的庸官：

官以資則庸人並進，斂之竭則民業多隳。為貪為暴，為寒為饑。如是而不為盜賊，臣不知其所歸。[170]

後來儂智高之亂證實了他的預見，顯示了他對局勢把握的準確。前文已述，茲不再重複。

二、富國之策

富國之策是李覯政治思想體系的重要內容。他認為，保證民眾生活是實施教化的前提，充足的財用是治理國家的基礎：

人所以為人，足食也；國所以為國，足用也。[171]

他針對當時一些儒者「貴義而賤利，其言非道德教化則不出諸口」，提出「治國之實，必本於財用」的原則[172]，積極探討富國之策。王國軒先生在《李覯集》的《前言》中指出：

李覯的經濟思想，從當時看，是比較豐富的。他幾乎探討了封建經濟的各方面問題，如土地、勞力、徭役、賦稅以及農商關係等。[173]

下面從四個方面對李覯的富國策做一介紹。

（一）財政收支

李覯指出，社會物質的生產受各方面因素的制約：

天不常生，其生有時；地不偏產，其產有宜；人不皆作，其作有能；國不盡得，其得有數。[174]

國家財政收入有其規模的限制，因此財政收支必須堅持「量入以為出，節用而愛人」[175] 的總原則。

政府應嚴格按照法律規定支出。《周禮》所載太府的職責是管理賦貢的使用，每一種賦或貢都具體對應著一種用途，「凡頒財以式法授之」[176]。李覯據此指出：

凡其一賦之出，則給一賦之費，費之多少，一以法式。如是而國安財阜，非偶然也。[177]

他強調「一以式法」是有其針對性的。宋太祖收地方財權而設的封樁庫（見第二章）後來演變成內藏庫，是直屬皇帝本人的財政儲備，屬「天子之私財」，主要用於應付特殊時期政府財政的困難。內藏庫撥款給三司時，是政府向皇帝借款，原則上是要還的，雖然多數情況下三司無力償還而作罷。這樣既有利於皇帝控制財權，又向天下人宣示了皇帝的恩賜。

李覯根據《周禮》玉府和內府的職掌，對此提出了批評。玉府、內府管理天子的器用、財賄、燕私之物和所受貢獻等私人物品，但他們隸屬於太府。李覯發揮道：

王者無外，以天下為家，尺地莫非其田，一民莫非其子，財物之在海內，如在篋中，況於貢賦之入，何彼我之云哉？[178]

由此他以「自《禹貢》以來，未聞天子有私財者」，指責漢朝設置的「湯沐邑」，以及靈帝的西園實為亂政，實質是在指責當時的內藏庫制度。

對政府在徵收賦稅和攤派差役中存在的一些不合理制度，李覯也提出了改革主張。例如，宋承唐制，每年分春夏兩季徵收賦稅，徵收額度都由地方官預先根據前兩年的收成核定，一旦有災害，地方官往往出於政績的考慮而不上報，這樣農民負擔自然就加重了。

李覯據《周禮》司稼「巡野觀稼，以年之上下，出斂法」，要求政府根據每年實際的收成確定稅率，以減輕農民負擔。這和孟子對貢法（即不考慮實際年成的荒歉而按幾年收成的徵收賦稅平均值）的批評一樣。

又如差役負擔問題。宋代免除差役的範圍很廣，據李覯觀察：

今之品官，及有蔭子孫，當戶差役，例皆免之，何其優也！承平滋久，仕宦寖繁，況朝臣之先，又在贈典，一人通籍，則旁及子孫，下至曾孫之子，安坐而已。比屋多是衣冠，素門方繫徭役，日衰月少，朝替夕差，為今之民，蓋亦難矣。[179]

他寫過一首《哀老婦》[180]的詩，描寫一個寡婦為變更戶籍口數以逃避差役，在六十多歲時不得不改嫁的事，對差役負擔不公提出了抗議。他依照《周禮》所載的鄉大夫「以歲時登其夫家之眾寡，辨其可任者」的制度，要求減少免徵的範圍，以減輕農民的負擔。

此外他根據《周禮》所載，提出不少關於徵收賦稅注重因時、因地制宜的原則，如土均根據各地實際情況對禮俗進行調節，使民眾知道節儉；司書負責調查民眾的財產，以免厚斂；職方氏根據各地產出的物品來決定諸侯貢物，土訓掌握各地物產生長規律，確定徵收時間，免得有不法之徒上下其手從中牟利；廩人了解各地之間收成的差別，以便凶年在地區之間「移民就穀」，等等。

（二）增加社會財富

　　黜奢崇儉是傳統儒家關於治國的重要理念，李覯對此頗不以為然。他認為那些一味提倡儉德的說法不切實際：

　　貴為天子，富有四海，而使跣跣吝嗇下同匹夫，不得自廣，則安用尊卑為哉？[181]

　　實施禮制就要有一定的財用消耗，過於節儉有損於禮的實施。因此治國者首先要謀求富國。富國當然不是強徵豪取於民，而「在乎強本節用，下無不足而上則有餘也」[182]。

　　節用是從政府財政開支角度講的。他雖不特別主張節儉，但認為禮的實施應根據時代變化而有所豐殺，而當時正是國家憂患，財用不足的時候，則應該實行節儉的政策。

　　相比之下，強本更為重要。「本」是農業生產，強本之術就是透過推行井田制而富民富國。上章已述，李覯認為土地兼併使富者廣有土地而乏人勞作，貧者欲耕而無田；許多農民捨本逐末，遊離於土地之外，社會久安而財富不見成長，他提出實施井地均田以盡地力。為推行井田制，政府必須實行「抑末之術」。李覯指出：

　　今將救之，莫若先行抑末之術，以驅遊民，遊民既歸，然後限人占田。[183]

　　李覯的設想是，政府實行限田政策，富人不得不抛售土地，土地價降而易得；同時限制工商末業和冗食行當，使得逐末、冗食的遊民不得不回到土地上來。兩方面同時作用，農民就會一心一意在土地上耕作，國家財富就會增加。

　　政府抑末與驅遊民有兩方面的意義。從正面來講，抑末與驅遊民可以增加從事農業勞動的人口，從而增強國本。從反面來講，李覯認為不參加勞動的人是社會的負擔。他據《周禮》太宰「以九職任萬民」提出：

　　天之生民未有無能者也。能其事而後可以食，無事而食，是眾之殃、政之害也。[184]

　　他指出，古時人們連殘疾人都要根據其能力的大小為其安排工作，正常人就更不應該脫離生產勞動了。因此抑末與驅遊民是為國家減輕負擔。工商與遊民還有所區別。李覯認為，工商在四民之列，也是社會不可或缺的，但在價值上，是不能和農人相比的：

若夫工商，棄本逐末，但以世資其用，不可無之，安足比於農人哉。……聖王敦本尚檢，雖有工賈必不甚眾。[185]

政治良好的社會應該不會有太多的工商業者存在，而當時的問題是從事工商業的人過多，顛倒了本末。李覯認為這是由社會奢侈風氣造成的：

古者工不造雕琢，商不通侈靡。偽飾之禁，在民者十有二，……故工之所作，賈之所粥，商之所資，皆用物也。用物有限，則工商亦有數。今也民間淫侈亡度，以奇相曜，以新相誇。工以用物為鄙，而競作機巧。商以用物為凡，而競通珍異。或旬月之功而朝夕敝焉，或萬里之來而墜地毀焉。無亡益而利亡算，故民優為之，工商所以日多也。[186]

因此李覯強調「復樸素而禁巧偽」[187]，也就是限制社會奢侈品的消費。這樣一來，工商業者就無用武之地，自然會回到農業生產中來（限制消費奢侈品的意義非止一端，下面將要講到的教化民眾、管理貨幣等都與此政策有關）。

冗食者，包括釋老階層、官府的冗吏、巫醫卜相者流以及從事娛樂行業的人們，他們不在四民之列，比工商階層又等而下之了。李覯認為他們對社會沒有半點好處，應該完全地禁絕。他以漢代抑商賈的政策為例，感慨尚在四民之列的商賈都被如此困辱，而這些遊惰之民卻還受到「為國者」的優待：

去四民遠甚者，其類不可勝數，為國者非徒函容，或尊寵之，傷哉。[188]

他對此甚是不滿，提出了透過經濟制裁，斷絕他們的生路，迫使他們回歸農業。李覯關於增加社會財富的設想，其實質是強調土地資源和人力資源的結合。對農業社會而言，這的確是創造財富的重要途徑。對此今天的讀者會很容易想起威廉·配第所言，又經馬克思在轉述過的名言「土地是財富之母，勞動是財富之父」。李覯的主張符合農業社會的經濟規律，也有利於農業社會的穩定，這是應予肯定的。

但強本抑末、重農抑商政策與人類社會發展的趨勢不符。實際上，宋代就是一個工商業得到迅猛發展的時代。李覯沒有意識到工商業發展同樣是社會財富的重要源泉，這是他的眼光狹隘之處。正如胡文豐先生所說：

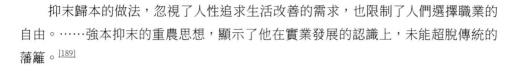

抑末歸本的做法，忽視了人性追求生活改善的需求，也限制了人們選擇職業的自由。……強本抑末的重農思想，顯示了他在實業發展的認識上，未能超脫傳統的藩籬。[189]

（三）經濟管理

李覯認為，為保護民眾利益，政府應當在社會經濟生活中扮演一個積極有為的角色。根據當時社會實際，李覯在以下幾個方面對政府的經濟管理提出了改革主張。

首先是政府應當透過平糴之法，維護糧食交易的公平，防止商人對農民的剝削。通常人們認為，穀賤傷農，貴則傷末。李覯則根據他的實際觀察指出，不僅穀賤傷農，穀貴也傷農。因為與農民有關的糧食交易都是季節性的，而且往往是必須的、亟需的。在收獲季節，農民為了繳納賦稅、償還貸款、生活日用等需要而賣糧換錢，集中賣糧則導致糧價下跌。農民儲存的糧食，往往不能堅持到播種季節，不得不去市場上購買穀物以播種或食用。農民相對集中的糧食需求又造成了糧價的升高。因此就形成了「賤則傷農，貴亦傷農。賤則利末，貴亦利末」的局面[190]。這種情況下，政府就應該出面干預穀物的價格：

財者，君之所理也。君不理，則蓄賈專行而制民命矣。[191]

對這個問題的解決，史有先例，就是從管仲開始推行的平糴之法，宋代的常平倉執行的就是這個功能。不過，宋代並沒有特別重視這個功能的發揮，存在著數少、道遠、吏奸的缺陷。數少是說地方沒有很多資金用來平糴；道遠是說倉庫一般設在郡治，不方便農民；吏奸則是指常平倉的管理人員徇私舞弊，以次充好，損害農民利益。李覯建議政府應該從這三個方面入手改進常平倉制度，使農民真正從這個制度中得到好處。

其次，政府亦應干預市場，防止商人控制物價而對百姓進行剝削。他根據《易·繫辭傳》「理財正辭，禁民為非曰義」指出，對於市場君不理，則權在商賈；商賈操市井之權，斷民物之命。[192]

他以《周禮》所載的泉府為例。泉府除了徵收市場稅，還負責「斂市之不售，貨之滯於民用者，以其賈（價）買之，物揭而書之，以待不時而買者」[193]，就是調劑市場供需。

這也是針對宋代一項不便民的政策而發。宋代實行兩稅制，夏稅徵收錢，秋稅收米。有時政府根據需要，讓農民交納同等價值的其他物品代替。農民往往只能到市場上購買這些物品，商賈趁機提高物價，農民「雖貴不得不買，倍其本什百可矣」[194]。商賈往往又趁機借高利貸給農民，使得農民經濟更加困難。李覯認為政府應該設立類似泉府的機構，負責平抑市場物價，而且可以經營貸款業務。

政府還應在市場設立司市之職，其職責是實時調節市場上的物品供應，以及限制奢靡物品，禁絕劣質產品等。

第三，關於錢荒的問題。李覯寫《富國策》時，宋已開國八十餘年。官府發行錢幣不少，但市場上卻出現了錢荒的問題，這引起了李覯的關注。他指出：

朝家治平日久，泉府之積，嘗朽貫矣。而近歲以來，或以虛竭，天下郡國亦罕餘見。[195]

錢幣不是衣服、食物，會被消耗掉，舊錢沒有銷毀，新錢不斷發行，錢幣總量應該越來越多；錢幣上下流通，不在官府，就在民間，而現在卻出現了錢荒，這中現象是不的。

他經過觀察後指出，造成錢荒的原因是有奸人銷毀銅錢。其目的有兩個，一是銷熔法錢以鑄私錢：

竊觀人間，或銷法錢，穀雜他巧，以為惡錢。[196]

有人把官方發行的貨幣（即法錢）銷熔後，摻雜別的賤金屬再鑄造成貨幣（即惡錢），以此牟利。但惡錢又不能在市場上廣泛流通，所以法錢越來越少。

二是有人熔毀法錢鑄造銅像銅器。佛道寺觀的發展，使銅制的神像法器需求量增大。官方的銅礦主要用來鑄造錢幣，而民間鑄造者就使用銅幣來製造神像法器了。

對於這兩種去向，李覯提出應採取不同的辦法。對於惡錢，李覯認為不能採取過於嚴格的手段：

去惡錢非急誅之謂也。……今人間既多惡錢，一旦急之，則莫敢出，莫敢出則是銷法錢之銅而積之無用之地。國既失實，民且傷財。[197]

　　若採取措施過激,民眾就不敢把錢拿出來,熔在惡錢裡的那部分銅就始終沒有用途。官民雙失。他主張官方下令收繳惡錢,規定期限和懲罰措施,並按照惡錢裡的含銅量給繳錢者一定的補償,這樣惡錢得去,官府得銅,百姓也得到一定的補償。

　　對於熔毀法錢鑄造銅像銅器,李覯認為應採取全面銷毀銅像銅器的做法。因為政府既沒有那麼多人手、即使有在技術上也很難查清每一個銅像銅器用銅的來源,所以採取「一取而銷之」的做法。這樣既擴大銅的收繳數量,也打擊了從事鑄銅業者(抑末)和緇黃之家(排佛政策)。

　　他還提到另一種可能,即「蠻夷之國,舟車所通,竊我泉貨」[198],使得一部分銅錢流向了國外。不過這只是他的猜測,他也未詳細考察。此外,李覯對貨幣的起源、流通等做了一些探討,茲不再詳述。

　　第四,關於茶鹽的禁榷。

　　宋代的鹽和茶都實行政府專賣制度。當然這不是宋代的發明。鹽的專賣始自漢武帝,茶葉專賣始自唐德宗,宋代只是繼承前朝制度而有所損益而已。李覯指出:

　　東南列郡,官自斥賣,舟運街尾,倉儲如坻。商旅之行,斂手無措。[199]

　　這是宋代的食鹽專賣制度不同於前朝之處,即不僅官方專賣,而且政府自行組織運輸和儲存,排除了商旅的參與。起初政府獲利甚多,官方儲備的鹽常常供應不足。但到李覯的時代,人口繁衍加倍,而政府賣鹽數量反而減少了,這是為什麼呢?李覯指出,食鹽從產地運到銷地的倉庫,主管官吏、押運人員、倉儲人員都會利用職權之便,私賣一部分官鹽牟利,而把雜物摻在官鹽中彌補虧空。在銷售環節,由於官鹽買賣不能賒銷,一般商人沒有足夠的資本經營,所以官鹽經銷點較少。鹽商為減少損失,也在交易中摻假作弊。另一方面,除了官方人員私賣官鹽外,私鹽交易的豐厚利潤也會吸引冒險之徒破壞法度,從事私鹽販運。這就造成了「公鹽貴而汙,私鹽賤而潔」[200]的局面,官鹽當然滯銷。

　　李覯主張部分放開食鹽專賣,即把食鹽的運輸、買賣等環節交由商人來操作。官府控制著食鹽的產地和成本價格,由此可以徵收各種稅款,財政收入不會減少。把鹽賣給商人後,原先由政府承擔的運輸、倉儲費用以及人員經費等都由商人來承擔,政府開支亦可減少。商人為了牟利,必然注重鹽的質量,提供給民眾合格的鹽。食鹽交易的正規管道暢通,也不會有人再去冒險販私鹽了,社會秩序也隨之改善。

茶葉的專賣也面臨著和食鹽專賣差不多的困境，即官茶質劣難銷、私茶猖獗難禁、官販衝突難止。對於茶葉，他主張比食鹽更為徹底地實行通商，「一切通商，官勿買賣，聽其自為」[201]。這樣，商人自市則所擇必精，所擇精則賣之必售，賣之售則商人眾，商人眾則入稅多矣。[202]

由此可見，李覯對於市場運行規律有著比較充分的認識。他認為嚴格的禁榷制度對於官府、民眾兩不利，還影響社會穩定。實行「通商」則公私兩便，不僅繁榮市場，也會增加稅收。

李覯不僅從實際利害的角度否定禁榷制度，他也在道德上對之否定。他認為禁榷制度是與民爭利的行為，只是一種權宜之計，不符合先王之道，希望「異日邦財饒衍，王道寖昌，棄之於民」[203]。就是說，應該完全廢除這個制度。

（四）社會救濟

農業社會難免會遭遇天災，故政府必須經常準備社會救濟工作。《周禮》的許多職官都與此有關，如以遺人掌管盈餘積蓄，以備凶年、困乏、養老等之用。隋唐時代都據此意設立過義倉。

到了宋代，雖有屢有皇帝和大臣提出設立義倉，但由於多方面的原因，始終沒能設立。李覯希望政府能設立義倉，但他也看到這裡面有著非常複雜的利益衝突，所以提出了一個折衷的「寄留」之法。其操作是：

以農末之民，各分戶等，每於秋成，以次入粟，謂之寄留。[204]

在災年來臨時，貧戶寄留的穀糧準數發還，富戶因為本身有儲備，所以他們的穀糧就轉給貧戶。政府記錄他們轉給貧戶的糧食數量，按其數量由政府賜予爵位。這樣貧戶可得實惠，富戶也有動力繳納。

此外，李覯指出，社會救濟應該是全面的和主動進行的。正如《周禮》所載，司救負責巡視民間的疾疫流行情況，賈師控制凶災之年的物價控制；廩人了解各地之間收成的差別，以便凶年在地區之間「移民就穀」，司關、掌客負責調控國家非常時期各種禮節的花費；就連膳夫也應該根據時變對君主的飲食花費做出調整。

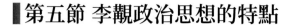

第五節 李覯政治思想的特點

綜上所述，李覯的政治思想具有以下幾個方面的特色：一是強烈的變革傾向；二是堅定的民本立場；三是義利兼行的功利觀。

一、強烈的變革取向

幾乎所有時代都離不開變革與保守的政治爭論。一種制度在其設立之初，一般來說是合於時世需要的，也是運行有效的，否則也不會被確立起來。但正如李覯所指出的，在制度開始的時候，上級用心推行，下級也考慮立功，加之法度嚴格，往往會取得一定的效果。但推行時間長了，事同凡常，吏或解馳，人或慣習，而奸謀日生，末以是弊也。[205]

制度的弊端逐漸凸顯，其約束力也逐漸廢弛。另一方面，制度得以產生的環境也是不斷變化的。當一種制度成功地解決了需要它解決的問題後，總會遇到新的問題，需要新的制度創設。而保守現狀，通常是人之常情最為自然的選擇。即使制度出現弊端了，人們也不願意改動它。商鞅變法，杜摯與他辯論，說：

利不百，不變法，功不十，不易器。[206]

司馬光在反對變法時也說過：

治天下譬如居室，敝則修之，非大壞不更造也。[207]

因此他主張「祖宗之法不可變」。此外，反對變法還有一個更為實際和有力的理由，那就是現有制度的既得利益階層對自身利益的維護。前章筆者已述，歷代的改革多是由於既得利益集團的反對而失敗，而宋代的制度惠及的人群最為廣泛（當然，這裡的廣泛只是相對來講的。相對於整個社會，受益者畢竟也還只是少數），因而反對改革的力量也最大。

李覯是一個堅定的改革主義者。他懷著憂懼的心情，提出了「夫救弊之術，莫大乎通變」的口號。他以自己深厚的學養，洞明當時社會的危局，根據儒家經典精神，提出了詳盡的社會政治改革方案。由於身分所限，他不能直接發動或參加改革，便以自己的著作為改革吶喊，為改革派提供理論支持。其理論的實效如何且不論，其對變革的呼籲，自是其思想體系的華彩樂章，也是傳統文化的寶貴財富。

二、堅定的民本立場

民本思想是儒家的一個基本立場，最早由周公提出。周公總結商代滅亡的歷史教訓，認識到天命無常，認為統治者必須明德慎罰、敬天保民，才能獲取天的保佑。他提出「人無於水監，當於民監」[208]，上天是否保佑，只有透過民情民意才可確證。

孟子較為詳盡地論證了民本思想，提出兩個重要的民本命題。其一是「民為貴，社稷次之，君為輕」[209]。這是對「民」的價值判斷：民為邦本，一國之中民為重。

其二是「制民之產」。他指出：

民之為道也，有恆產者有恆心，無恆產者無恆心。苟無恆心，放僻邪侈，無不為己。[210]

因此，明智的統治者首先要保證民眾擁有足夠的財產以養老育幼，「樂歲終身飽，凶年免於死亡」，這樣民眾才會樂意為國君服務。孟子引用《尚書泰誓》的話「天視自我民視，天聽自我民聽」，指出民意是君主權力正當性的主要來源。統治者必須重視民意，由民意而知天命，由體察民眾而獲得上天的保佑。這種天命與民意相結合的觀念為後世的思想家所繼承，成為儒家思想一以貫之的論證思路。

李覯繼承了孟子的民本立場，指出「君以有民而貴」，君主有保障民生、愛護民眾的責任，批評那些「倚君之貴而不能愛民」者，是「國之喪王也」。他對當時兼併嚴重導致貧富差距過大的現狀十分不滿，主張平土均田，保障民生。不僅他的井田制主張是為底層民眾而提出，他的政治思想設計始終是站在民眾的立場上的，如他的免役之法、平糴之法、寄留之法、救災政策等等。

儘管從實踐的效果來看（下文筆者將以熙寧新政的效果來評價李覯的思想），他的政策設想可能未必如他所設想的那樣有效，但他的出發點，則是堅定的民本立場。

三、義利統一的功利觀

儒家學說中另一個重要辯題是義利之辨。二程曾經說過：

大凡出義則入利，出利則入義，天下之事，唯義利而已。[211]

說明義利之辨是儒家內部流派分判的一個標誌。在李覯的時代，貴義賤利的社會風尚已經建立起來，如他所批評的：

愚觀儒者之論，鮮不貴義而賤利，其言非道德教化則不出口矣。[212]

李覯對這些人的反駁，仍以儒家經典為據：

《洪範》八政，『一曰食，二曰貨』。[213]

他批評孟子「何必曰利」的過激，指出「焉有仁義而不利者乎」。他的主張是義利統一，治理國家要義利兼行。我們從他對「禮」的闡釋中可以很明顯地看到這一點。

儒家學說首先是一種政治學說，不可能不關注現實的社會治理，也不可能不追求富國、富民，關鍵是如何達到這個目標。理學家們都是有很強的責任感的人，他們都不曾徹底否定利的存在，關鍵是義利關係的處理。如果說李覯是兼顧義利的話，理學家則把義利排出個先後來。如二程也提出過義利統一的觀點：

仁義未嘗不利。[214]

又說：

聖人於利，不能全不較諭，但不至妨義耳。[215]

朱熹強調的更明顯：

竊聞聖賢言治，必以仁義為先，不急於功利。[216]

再就是利的所指是什麼。如二程就把儒家的一些道德教條，如親親、君君等奉為利，而李覯、王安石等則是把具體的理財活動作為利。但理學家們的思路發展下去，就不免流於空談性命了，如朱熹說：

凡事不可先有個利心，才說著利，必害於義。聖人做處，只向義邊做了。[217]

這也是陳亮駁斥朱熹、強調義利雙行的原因所在了。

李覯則指出，治國安民，必須使國家財用充足，民眾豐衣足食。正是在這種功利觀的指導下，他在批評佛教時，提出了能使「民人樂業，國家富強，萬世之策」的「去十害，取十利」的主張。

註釋

[1] 余英時：《朱熹的歷史世界》（上冊），第 194 頁。

[2] 《十三經注疏》，第一冊，第 165 頁。

[3] 劉牧：《易數勾隱圖》，臺灣：商務印書館影印文淵閣四庫全書，1986 年版，第 8 冊，第 135 頁。

[4] 劉牧：《易數勾隱圖》，臺灣：商務印書館影印文淵閣四庫全書，1986 年版，第 8 冊，第 135 頁。

[5] 李覯：《刪定易圖序論·論一》，《李覯集》，第 56 頁。

[6] 李覯：《刪定易圖序論三》，《李覯集》，第 60 頁。

[7] 朱伯崑：《易學哲學史》（第二冊），北京：崑崙出版社，2005 年版，第 77 頁。

[8] 李覯：《刪定易圖序論一》，《李覯集》，第 55 頁。

[9] 李覯：《刪定易圖序論一》，《李覯集》，第 55 頁。

[10] 今人讀作「元亨，利貞」。如李鏡池先生指出，「元亨，利貞」是兩個「專門標誌吉凶休咎的術語」，「元亨約同於大吉，元，大也。亨，通也。利貞，利於占問，即吉」。見李鏡池：《周易通義》，北京：中華書局，1981 年版，第 1 頁。

[11] 《十三經注疏》，第一冊，第 25 頁。

[12] 《十三經注疏》，第一冊，第 64 頁。

[13] 李覯：《刪定易圖序論》，《李覯集》，第 64 頁。

[14] 李覯：《刪定易圖序論》，《李覯集》，第 65 頁。

[15] 李覯：《刪定易圖序論》，《李覯集》，第 67 頁。

[16] 李覯：《禮論七篇》，《李覯集》，第 12 頁。

[17] 李覯：《禮論七篇》，《李覯集》，第 15 頁。

[18] 李覯：《禮論七篇》，《李覯集》，第 5 頁。

[19] 李覯：《禮論七篇》，《李覯集》，第 7 頁。

[20] 李覯：《禮論七篇》，《李覯集》，第 5 頁。

[21] 李覯：《禮論七篇》，《李覯集》，第 5 頁。

[22] 李覯：《禮論七篇》，《李覯集》，第 6 頁。

[23] 李覯：《禮論七篇》，《李覯集》，第 6 頁。

[24] 這裡李覯沒有特別強調這些倫理關係是人所必須，或許他認為這根本不需要強調：夫婦、男女、父子、長幼、君臣、上下等都是人的天然需要。但在後來和胡瑗、章望之的爭論中，他強調了禮植根於人情這一點。

[25] 李覯：《禮論七篇》，《李覯集》，第 6 頁。

[26] 李覯：《禮論七篇》，《李覯集》，第 7 頁。

[27] 李覯：《禮論七篇》，《李覯集》，第 9 頁。

[28] 李覯：《禮論七篇》，《李覯集》，第 8 頁。

[29] 李覯：《禮論七篇》，《李覯集》，第 7 頁。

[30] 李覯：《禮論七篇》，《李覯集》，第 7 頁。

[31] 李覯：《禮論七篇》，《李覯集》，第 8 頁。

[32] 有論者認為，李覯的治國理念是「禮法並舉」，似不妥。對李覯而言，禮是政治哲學中的獨一的最高概念，樂、政、刑都是禮的分支，故其治國理念當是「一本於禮」。

[33] 李覯：《禮論七篇》，《李覯集》，第 14 頁。

[34] 韋政通：《中國思想史》，上海書店出版社，2003 年版，第 689 頁。

[35] 李覯：《禮論七篇》，《李覯集》，第 6 頁。

[36] 李覯：《禮論七篇》，《李覯集》，第 8 頁。

[37] 李覯：《禮論七篇》，《李覯集》，第 11 頁。

[38] 李覯：《與胡先生書》，《李覯集》，第 37 頁。

[39] 李覯：《與胡先生書》，《李覯集》，第 318 頁。

[40] 李覯：《與胡先生書》，《李覯集》，第 37 頁。

[41] 李覯：《與胡先生書》，《李覯集》，第 318 頁。

[42] 李覯：《禮論後語》，《李覯集》，第 22 頁。

[43] 李覯：《禮論後語》，《李覯集》，第 22 頁。

[44] 李覯：《禮論後語》，《李覯集》，第 22 頁。

[45] 李覯：《禮論後語》，《李覯集》，第 22 頁。

[46] 李覯：《禮論後語》，《李覯集》，第 26 頁。

[47] 《論語·八佾》。

[48] 《論語·述而》。

[49] 《論語·雍也》。

[50] 《論語子罕》。據說是子思所作的《中庸》將仁、智、勇並稱為三「達德」以之與五倫並列。見《中庸·章二十》：天下之達道五，所以行之者三。曰：君臣也，父子也，夫婦也，昆弟也，朋友之交也。五者，天下之達道也。知、仁、勇三者，天下之達德也。

[51] 《論語衛靈公》：知及之，仁不能守之，雖得之，必失之。知及之，仁能守之，不莊以涖之，則民不敬。知及之，仁能守之，莊以涖之，動之不以禮，未善也。

[52] 《論語·學而》：弟子入則孝，出則悌，謹而信，泛愛眾，而親仁，行有餘力，則以學文。

[53] 《孟子·公孫丑上》。

[54] 《孟子·告子上》。

[55] 《荀子·勸學》。

[56] 《荀子·修身》。

[57] 《荀子·大略》。

[58] 《漢書·董仲舒傳》。

[59] 董仲舒對五常的說明：「仁者，愛人之名也」《春秋繁露·仁義法》）「立義以明尊卑之分」《春秋繁露·盟會要》）「禮者，……序尊卑貴賤大小之位，而差內外、遠近、新舊之級者也。」（《春秋繁露·奉本》）「不智而辨慧狷給，則迷而乘良馬也。」（《春秋繁露·必仁且智》）「廣竭愚寫情，不飾其過，所以為信也。」（《春秋繁露·天地之行》）。

[60] 《論衡·問孔》。

[61] 《朱子語類·卷第一·理氣上》。

[62] 《朱子語類·卷第四·性理一》。

[63] 《朱子語類·卷第一·理氣上》。

[64] 《朱子語類·卷第四·性理一》。

[65] 《朱子語類·卷第四·性理一》。

[66] 《朱子語類·卷第四·性理一》。

[67] 《朱子語類·卷第五·性理二》。

[68] 《朱子語類·卷第六·性理三》。

[69] 《朱子語類·卷第六·性理三》。

[70] 《朱子語類·卷第六·性理三》。

[71] 《朱子語類·卷第六·性理三》。

[72] 朱善：《仁說》，《晦庵先生朱文公文集》，卷六十七。

[73] 朱善：《仁說》，《晦庵先生朱文公文集》，卷六十七。

[74] 朱熹：《仁說》，《晦庵先生朱文公文集》，卷六十七。

[75] 《朱子語類·卷第六·性理三》。

[76] 《朱子語類·卷第六·性理三》。

[77] 《朱子語類·卷第六·性理三》。

[78] 程顥：《識仁篇》，《二程遺書·卷二上》。

[79] 李覯：《禮論後語》，《李覯集》，第2頁。

[80]《朱子語類·卷十三·力行》。

[81] 李覯：《安民策第一》，《李覯集》，第 168 頁。

[82] 李覯：《安民策第一》，《李覯集》，第 16 頁。

[83] 李覯：《安民策第一》，《李覯集》，第 169 頁。

[84] 李覯：《安民策第四》，《李覯集》，第 173 頁。

[85] 李覯：《安民策第四》，《李覯集》，第 174 頁。

[86] 李覯：《安民策第二》，《李覯集》，第 170 頁。

[87] 李覯：《安民策第二》，《李覯集》，第 170 頁。

[88] 李覯：《周禮致太平論·教道第二》，《李覯集》，第 113 頁。

[89] 李覯：《安民策第二》，《李覯集》，第 170 頁。

[90] 李覯：《安民策第三》，《李覯集》，第 17 頁。

[91] 李覯：《安民策第二》，《李覯集》，第 170 頁。

[92] 李覯：《五宗圖序》，《李覯集》，第 13 頁。

[93] 李覯：《周禮致太平論·教道第一》，《李覯集》，第 112 頁。

[94] 李覯：《周禮致太平論·教道第一》，《李覯集》，第 111 頁。

[95] 李覯：《周禮致太平論·刑禁第一》，《李覯集》，第 96 頁。

[96] 李覯：《安民策第六》，《李覯集》，第 176 頁。

[97] 李覯：《周禮致太平論·刑禁第四》，《李覯集》，第 99 頁。

[98] 李覯：《周禮致太平論·刑禁第一》，《李覯集》，第 96 頁。

[99] 李覯：《安民策第七》，《李覯集》，第 178 頁。

[100] 李覯：《周禮致太平論·刑禁第二》，《李覯集》，第 97 頁。

[101] 李覯：《周禮致太平論·刑禁第三》，《李覯集》，第 99 頁。

[102] 李覯：《周禮致太平論·刑禁第四》，《李覯集》，第 101 頁。

[103] 湯用彤：《漢魏兩晉南北朝佛教史》，北京大學出版社，1997 年版，第 81 頁。

[104] 韓愈：《原道》，《韓昌黎全集》，北京：中國書店，1991 年版，第 175 頁。

[105] 韓愈：《論佛骨表》，《韓昌黎全集》，第 458 頁。

[106] 李覯：《潛書》，《李覯集》，第 224 頁。

[107] 李覯：《富國策第五》，《李覯集》，第 141 頁。

[108] 陳舜俞：《鐔津明教大師行業記》，轉引自余英時：《朱熹的歷史世界》，第 78 頁。

[109] 李覯：《修梓山寺殿記》，《李覯集》，第 26 頁。

[110] 李覯：《太平興國禪院什方住持記》，《李覯集》，第 258 頁。

[111] 李覯：《太平院浴室記》，《李覯集》，第 260 頁。

[112] 李覯：《答黃著作書》，《李覯集》，第 322 頁。

[113] 李覯：《答黃著作書》，李覯集》，第 33 頁。

[114] 李覯：《富國策第五》，《李覯集》，第 140 頁。

[115] 李燾：《續資治通鑑長編》卷七，乾德四年四月。

[116] 石介：《怪說》，《徂徠石先生文集》，北京：中華書局，1984 年版，第 60 頁。

[117] 石介：《怪說》，《徂徠石先生文集》，第 62 頁。

[118] 石介：《怪說》，《徂徠石先生文集》，第 64 頁。

[119] 石介：《中國論》，《徂徠石先生文集》，第 116 頁。

[120] 石介：《中國論》，《徂徠石先生文集》，第 116 頁。

[121] 石介：《中國論》，《徂徠石先生文集》，第 117 頁。

[122] 《宋元學案·橫渠學案》。

[123] 胡適：《中國禪學的發展》，《胡適學術文集·中國佛學史》，北京：中華書局，1997 年版，第 94 頁。

[124] 陸九淵：《與趙泳道四》，《陸九淵集》，北京：中華書局，1980 年版，第 161 頁。

[125] 程頤：《顏子所好何學論》，《河南程氏文集·卷八》。

[126] 朱熹、呂祖謙：《近思錄·卷四》（江永集注），上海：上海書店，1987 年版，第 91 頁。

[127] 《朱子語類·卷十二·持守》。

[128] 歐陽脩：《本論上》，《歐陽脩全集》，北京：中國書店，1986 年版，第 122 頁。

[129] 歐陽脩：《本論上》，《歐陽脩全集》，第 123 頁。

[130] 李覯：《易論第一》，《李覯集》，第 2 頁。

[131] 李覯：《易論第一》，《李覯集》，第 2 頁。

[132] 李覯：《易論第一》，《李覯集》，第 2 頁。

[133] 李覯：《易論第二》，《李覯集》，第 30 頁。

[134] 李覯：《易論第二》，《李覯集》，第 30 頁。

[135] 李覯：《易論第二》，《李覯集》，第 30 頁。

[136] 李覯：《易論第二》，《李覯集》，第 30 頁。

[137] 李覯：《易論第二》，《李覯集》，第 30 頁。

[138] 李覯：《易論第三》，《李覯集》，第 3 頁。

[139] 李覯：《易論第三》，《李覯集》，第 3 頁。

[140] 李覯：《易論第三》，《李覯集》，第 3 頁。

[141] 李覯：《易論第三》，《李覯集》，第 3 頁。

[142] 程頤：《程氏易傳·卷一》。

[143] 余英時：《朱熹的歷史世界》（上冊），第 163 頁。

[144] 程頤：《程氏易傳·卷一》。

[145] 余英時：《朱熹的歷史世界》（上冊），第 162 頁。

[146] 李覯：《易論第一》，《李覯集》，第 2 頁。

[147] 李覯：《周禮致太平論·序》，《李覯集》，第 67 頁。

[148] 李覯：《周禮致太平論·內治第一》，《李覯集》，第 68 頁。

[149] 李覯：《周禮致太平論·內治第二》，《李覯集》，第 69 頁。

[150] 李覯：《周禮致太平論·內治第二》，《李覯集》，第 69 頁。

[151] 李覯：《易論第二》，《李覯集》，第 29 頁。

[152] 李覯：《安民策第七》，《李覯集》，第 177 頁。

[153] 李覯：《上孫寺丞書》，《李覯集》，第 25 頁。

[154] 李覯：《周禮致太平論·官人第一》，《李覯集》，第 103 頁。

[155] 李覯：《周禮致太平論·官人第一》，《李覯集》，第 104 頁。

[156] 李覯：《安民策第三》，《李覯集》，第 17 頁。

[157] 李覯：《周禮致太平論·官人第二》，《李覯集》，第 104 頁。

[158] 李覯：《周禮致太平論·官人第二》，《李覯集》，第 104 頁。

[159] 李覯：《周禮致太平論·官人第三》，《李覯集》，第 105 頁。

[160] 李覯：《周禮致太平論·官人第三》，《李覯集》，第 105 頁。

[161] 李覯：《周禮致太平論·官人第四》，《李覯集》，第 106 頁。

[162] 李覯：《強兵策第一》，《李覯集》，第 151 頁。

[163] 李覯：《強兵策第一》，《李覯集》，第 152 頁。

[164] 李覯：《強兵策第一》，《李覯集》，第 153 頁。

[165] 李覯：《周禮致太平論·軍衛第一》，《李覯集》，第 91 頁。

[166] 李覯：《強兵策第三》，《李覯集》，第 15 頁。

[167] 唐德剛：《晚清七十年》，長沙：嶽麓書社，1999 年版，第 124 頁。

[168] 李覯：《寄上富樞密書》，《李覯集》，第 302 頁。

[169] 李覯：《寄上富樞密書》，《李覯集》，第 302 頁。

[170] 《長江賦》，《李覯集》，第 2 頁。

[171] 李覯：《周禮致太平論·國用第一》，《李覯集》，第 75 頁。

[172] 李覯：《富國策第一》，《李覯集》，第 133 頁。

[173] 王國軒：《李覯集·前言》，載《李覯集》，第 1 頁。

[174] 李覯：《周禮致太平論·國用第一》，《李覯集》，第 75 頁。

[175] 李覯：《周禮致太平論·國用第一》，《李覯集》，第 75 頁。

[176] 李覯：《周禮致太平論·國用第一》，《李覯集》，第 75 頁。

[177] 李覯：《周禮致太平論·國用第一》，《李覯集》，第 76 頁。

[178] 李覯：《周禮致太平論·國用第二》，《李覯集》，第 76 頁。

[179] 李覯：《上孫安撫書》，《李覯集》，第 32 頁。

[180] 李覯：《哀老婦》，《李覯集》，第 38-32 頁。

[181] 李覯：《富國策第一》，《李覯集》，第 133 頁。

[182] 李覯：《富國策第一》，《李覯集》，第 133 頁。

[183] 李覯：《富國策第二》，《李覯集》，第 136 頁。

[184] 李覯：《周禮致太平論·國用第三》，《李覯集》，第 77 頁。

[185] 李覯：《平土書》，《李覯集》，第 20 頁。

[186] 李覯：《富國策第四》，《李覯集》，第 13 頁。

[187] 李覯：《富國策第四》，《李覯集》，第 13 頁。

[188] 李覯：《周禮致太平論·國用第七》，《李覯集》，第 82 頁。

[189] 胡文豐：《李覯生平及其富國思想研究》，碩士論文，自印本，第 63 頁。

[190] 李覯：《富國策第六》，《李覯集》，第 14 頁。

[191] 李覯：《富國策第六》，《李覯集》，第 14 頁。

[192] 李覯：《周禮致太平論·國用第十一》，《李覯集》，第 85 頁。

[193] 李覯：《周禮致太平論·國用第十一》，《李覯集》，第 85 頁。

[194] 李覯：《周禮致太平論·國用第十一》，《李覯集》，第 85 頁。

[195] 李覯：《富國策第八》，《李覯集》，第 145 頁。

[196] 李覯：《富國策第八》，《李覯集》，第 145 頁。

[197] 李覯：《富國策第八》，《李覯集》，第 146 頁。

[198] 李覯：《富國策第八》，《李覯集》，第 147 頁。

[199] 李覯：《富國策第九》，《李覯集》，第 147 頁。

[200] 李覯：《富國策第九》，《李覯集》，第 148 頁。

[201] 李覯：《富國策第十》，《李覯集》，第 149 頁。

[202] 李覯：《富國策第十》，《李覯集》，第 149 頁。

[203] 李覯：《富國策第十》，《李覯集》，第 150 頁。

[204] 李覯：《富國策第七》，《李覯集》，第 14 頁。

[205] 李覯：《富國策第九》，《李覯集》，第 147 頁。

[206] 《商君書·更法第一》。

[207] 《宋史·司馬光傳》。

[208] 《尚書·酒誥》。

[209] 《孟子·盡心下》。

[210] 《孟子·滕文公上》。

[211] 《河南程氏外書》卷第七。

[212] 李覯：《富國策第一》，《李覯集》，第 133 頁。

[213] 李覯：《富國策第一》，《李覯集》，第 133 頁。

[214] 《河南程氏遺書》卷第十九。

[215] 《河南程氏外書》卷第七。

[216] 朱熹：《送張仲隆序》，《朱文公文集》卷七五。

[217] 《朱子語類·卷五十一·孟子一》。

第六章 李覯政治思想的影響

宋學在其興起的時代實際上承擔著兩方面的任務：一方面要往形而上的領域拓展儒家理論，以便在意識形態領域和當時最大的對手佛教爭地盤；另一方面也要關注現實政治，經世致用，以指導當時的政治運作。理學家們，從「宋初三先生」、「北宋五子」到朱熹，經過數代人的努力建立起的理學體系，較好地完成了前一方面的任命。在後一方面，即加強儒家思想的實用性，在北宋初期主要體現為李覯將功利主義重新引入儒家思想體系。

筆者認為，宋學是沿著內、外兩個方向展開的。要更準確地評價作為宋學重要開拓者的李覯的思想貢獻，我們不僅應該把他放到范仲淹、王安石、陳亮一系的思想脈絡中進行縱向的對比，還應該把他和同時代的理學初期人物的思想作一橫向的對比。

本章先把李覯與孫復、胡瑗、石介和張載這四位理學早期人物的思想進行對比，突出他與理學家思想脈絡之不同；然後把李覯與王安石、陳亮等功利學派的人物做比較。最後，以儒家內部的思想框架對李覯的政治思想的歷史地位作出評價。

▌第一節 李覯與早期理學家

宋學初期人物多與范仲淹有較為密切的關係，《宋史》說：

仲淹門下多賢士，如胡瑗、孫復、石介、李覯之徒，純仁皆與從遊。[1]

《宋元學案》則將胡瑗、孫復列為「高平講友」，張載、石介、李覯列為「高平門人」。

孫、胡、石、李等人在許多方面有共同之處。如他們都長期從事教育，除張載一直在地方執教外，孫、胡、石、李都曾入太學任職。在學術方面，無論是否受過范仲淹沾溉，他們在經學研究中都主發揮義理，重視《周易》，如李覯有《易論》、《刪定易圖序論》，胡瑗有《周易口義》，孫復有《易說》，石介有《周易解義》，張載有《橫渠易說》等。他們也都比范仲淹更明確和堅定地排佛，等等。另一方面，他們的學術旨趣和路徑，也有著明顯的差別。

一、李覯與孫復

孫復一生比較落魄[2]，受范仲淹知遇頗深。他年輕時屢試不第，大約在三十六歲左右，經范仲淹介紹去睢陽學舍謀得一個學職。其治學雖未必親炙於范仲淹，但其路數和范仲淹一樣，首重《周易》，次及《春秋》。石介說：

先生嘗以為盡孔子之心者大《易》，盡孔子之用者《春秋》。是二大經，聖人之極筆也，治世之大法也。故作《易說》六十四篇，《春秋尊王發微》十二篇。[3]

《易說》已佚，《春秋尊王發微》尚存。《春秋尊王發微》的成書過程，實屬搶救整理：

（孫復）既被疾，樞密使韓琦言於上，選書吏，給紙札，命其門人祖無擇即復家錄之。得書十五卷，藏祕閣。[4]

李燾曾評價孫復治《春秋》的學術風格，說孫復「治《春秋》不惑《傳》、《注》。其言簡易，得《經》之本義」[5]。

孫復對前人治《春秋》的態度，可以其《文王論》為例。《春秋》記載了襄公二十九年「吳子使札來聘」一事，《左傳》在此條下記載了季札觀周樂時所發的一通評論。人們通常認為季札是知樂者，孫復則對季札評價文王「猶有憾」表示不滿（「猶有憾」是說文王恨不能親自推翻商紂取天下），遂撰《文王論》辨之。他認為，文王若果如季札所言，就不配為聖人了，因為文王受商王室之封，位列諸侯。紂王雖然無道，畢竟是君，文王怎麼會身為人臣而有無君之心呢？為此他認為《史記》的相關記載是「散取雜亂不經之說，以廣其異聞爾」，服虔、杜預等注家「無卓識絕見以發明之，又乖謬之甚者也」[6]。既有此種認識，則他對於以往傳注的態度可明。他認為：

專守王弼、韓康伯之說而求於大《易》，吾未見其能盡於大《易》也。專守《左氏》、《公羊》、《穀梁》、杜、何、范氏之說而求於《春秋》，吾未見其能盡於《春秋》也。

專守毛萇、鄭康成之說而求於《詩》，吾未見其能盡於《詩》也。專守孔氏之說而求於《書》，吾未見其能盡於書也。[7]

　　觀其《春秋尊王發微》，純是以己意講解《春秋》經文，不提三《傳》，更不理會注疏，直接發揮他的尊王大義。在開篇的「王正月」條下，孫復指出：

　　孔子之作《春秋》也，以天下無王而作也。……《春秋》自隱公而始者，天下無復有王也。[8]

　　因此他認為《春秋》的微言大義是，透過黜諸侯、攘夷狄、斥亂臣賊子，體現尊王主旨。不過似乎孫復尊王有點過頭。傳統認為，春秋筆法是「一字褒貶」，則當有褒有貶，孫復只發揮了「貶」。《總目》對此提出「抗議」：

　　（孫復）謂《春秋》有貶無褒，大抵以深刻為主。晁公武《讀書志》載常秩之言曰：「明復為《春秋》，猶商鞅之法，棄灰於道者有刑，步過六尺者有誅。」蓋篤論也。而宋代諸儒，喜為苛議。顧相與推之，沿波不返，遂使孔庭筆削變為羅織之經。[9] 也就是說，孫復治《春秋》，將誅心之論推向極端，開宋儒「喜為苛議」之先河，故《總目》對此提出批評。關於孫復的春秋學來源，《總目》認為：

　　復之論，上祖陸淳，而下開胡安國。

　　徐洪興先生則指出，復治《春秋》，學本孟子[10]。孟子有多處討論《春秋》，如孟子說過：

　　世衰道微，邪說暴行有作，臣弒其君者有之，子弒其父者有之。孔子懼，作《春秋》。《春秋》，天子之事也。[11]

　　孫復認為孟子於孔門之功如大禹治水，可見其對孟子極為推崇，肯定受其影響。孫復的文章曾以《睢陽子集》傳世，但已佚亡。後人輯得其論十三篇、記二篇、書四篇、詩三首，合為《孫明復小集》。這些作品以論史事為主，也貫徹了他的尊王之旨。如在《舜制論》一文中，他認為舜的功績是「以一人之服，增五等之制」，因為這樣做使得「貴賤之序益明，天子之位益尊，此舜所以杜萬世僭陵篡奪無窮之禍也」[12]。就是說，後世無論什麼樣的製作，都不會超過這個了。

　　又有《辯四皓》，論及漢高祖欲廢太子劉盈，呂后用張良計，請四皓出山從太子遊，使得漢高祖認為太子得人心，遂罷廢立之心。今人看來，這不過是一種權謀策略。但孫復認為，四皓出山，不僅是為漢而出，而是為萬世明周之道。他把四皓

與伯夷、叔齊餓死首陽山的事情一起表彰，認為萬世之下，使臣不敢戕其君者，夷、齊是也；萬世之下，使庶不敢亂其嫡者，四先生是也。[13]

尊王即是倡儒道。在《儒辱》篇中，他說：

仁義不行，禮樂不作，儒者之辱與？[14]

仁義禮樂是治之本，禮樂不作是儒者之辱。儒之辱，古有楊、墨、申、韓之徒，今則有「佛老之徒，橫乎中國。彼以死生禍福、虛無報應為事，千萬其端，紿我生民」[15]。

他表彰了一系列有功於孔門者，包括孟軻拒楊墨（《兗州鄒縣建孟廟記》）、荀子、董仲舒（《董仲舒論》）、揚雄拒申韓（《辨揚子》），韓愈拒佛老。他批評漢元帝不能真用儒者（《書漢元帝贊後》），批評賈誼不能堅持儒道，而以鬼神之說干帝之聽（《書賈誼傳後》）；批評公孫弘只以持祿固位自圖，不能諫諍武帝，致使武帝溺於神仙之說（《罪平津》）。他決心以前賢為榜樣來排佛老以洗雪儒辱：

今之人，與人爭罵，小有所不勝，則尚以為辱，矧彼以夷狄諸子之法，亂我聖人之教耶。[16]

在褒揚先賢的同時中，他也建立起了他的道統論。在《信道堂記》中，他指出：

吾之所為道者，堯、舜、禹、湯、文、武、周公、孔子之道也，孟軻、荀卿、揚雄、王通、韓愈之道也。[17]

這裡，荀子、王通等人都被列入道統，反映了宋學初興時期人們對儒學較為寬泛的理解。

他寫的《無為指》，則是在理論上排佛的文章。他認為，所謂無為並不是無所事事的不作為。孔子稱舜無為，是因為他能繼承堯之道以治堯之天下，並使民不覺有異，這是無為的正解，因此只有儒家才有真正的無為。後世引佛老解釋「無為」者，「始則惑於清淨虛無之說，終則溺於神仙長生之事」，「始則惑於因果報應之說，終則溺於解脫菩薩之事」[18]，最終將會導致天下大亂。

孫復是三代古文運動的先驅人物。對其古文成就，蘇轍的《歐陽脩墓碑》中提到「修謂文得尹師魯、孫明復而意猶不足」，說明歐陽脩對之評價不高。清儒則肯定了他的古文成績：

蓋宋初承五代之弊，文體卑靡。穆修、柳開始追古格，復與尹洙繼之。風氣初開，菁華未盛。故修之言云爾。……復之文，根柢經術，謹嚴峭潔，卓然為儒者之言。與歐、蘇、曾、王千變萬化，務極文章之能事者，又別為一格。修之所言，似未可概執也。[19]

但歐陽脩對其經學研究則予以高度評價：

先生治《春秋》，不惑傳注，不為曲說以亂經。其言簡易，明於諸侯大夫功罪，以考時之盛衰，而推見王道之治亂，得於經之本義為多。[20]

可見，在經學研究方面，李覯與孫復的立場大致相同。在不貶荀子，排佛尊儒等問題上，兩人立場也是一致的。但在尊孟的問題上，孫復則異於李覯。尤其是兩人所關注的主要問題上不同。孫復關注得更多的是尊王攘夷大義，也就是正統問題，而李覯關注的則是富國強兵。

這種差異，與兩人所處時代背景有關。孫復生於公元九九二年，比李覯大十七歲，他主要生活在真宗時代。真宗時代的景德元年（公元一〇〇四年）發生了遼人入侵導致的澶淵之盟，對宋人的打擊非常大。此後宋真宗熱衷於東封西祀，消耗了大量國用，為此備受後人指責。但近年來也有一些學者指出，宋真宗此舉目的是宣示宋室王位的正統性，是在軍事上受到契丹威脅的反應。在學術上，孫復闡發《春秋》尊王攘夷大義，也是於此有關。

到了李覯的時代，宋室王位已傳四代，正統已經不是問題了，政治的關鍵問題是富國強兵，抵禦外寇，故李覯以富國強兵論為其主旨。

二、李覯與胡瑗

胡瑗[21] 主要作為教育家留名史冊，他的學生劉彝說他：

夙夜勤瘁，二十餘年，專切學校。始於蘇、湖，終於太學，出其門者無慮數千餘人。[22]

據《宋史》載，胡瑗到太學後，其徒益眾，太學至不能容，取旁官舍處之。禮部所得士，瑗弟子十常居四五。隨材高下，喜自修飭，衣服容止，往往相類，人遇之雖不識，皆知其瑗弟子也。[23]

他致仕東歸之日，太學諸生和其出仕的弟子們祖餞東門外，百里不絕，時以為榮。他的著作多已佚散，僅有《周易口義》、《洪範口義》、《皇祐新樂圖》流傳至今，《宋元學案》還載有他論《論語》和《春秋》的幾段話。

胡瑗的教育思想不是本文探討的重點，但透過他在教育活動中的一些作法和風格，我們可以了解到他的一些理念和原則。如《宋元學案》載他教人，立「經義」、「治事」二齋：

經義則選擇其心性疏通、有器局、可任大事者，使之講明《六經》。治事則一人各治一事，又兼攝一事，如治民以安其生，講武以禦其寇，堰水以利田，算曆以明數是也。[24]

這種兩分法就是胡瑗經學研究「明體達用」主張的體現。據《安定學案》載，熙寧二年，神宗問胡瑗弟子劉彝胡瑗與王安石孰優，劉彝對曰：

臣師胡瑗以道德仁義教東南諸生時，王安石方在場屋中修進士業。臣聞聖人之道，有體、有用、有文。君臣父子，仁義禮樂，歷世不可變者，其體也。《詩》、《書》、史、傳、子、集，垂法後世者，其文也。舉而措之天下，能潤澤斯民，歸於皇極者，其用也。國家累朝取士，不以體用為本，而尚聲律浮華之詞，是以風俗偷薄。臣師當寶元、明道之間，尤病其失，遂以明體達用之學授諸生。……故今學者明夫聖人體用，以為政教之本，皆臣師之功，非安石比也。[25]

此時胡瑗墓木已拱，生平事業早有定論。而王安石剛拜參知政事，改革尚未啟動，功業未著。兩人相比，則只能就其學問而論。劉彝認為，胡瑗的主要功績是提出並實踐明體達用之學。「體」是指孔孟之學的根本，聖人之道。「用」是實踐聖人之道，造福於民。劉彝又指出，在胡瑗之前，國家取士不以體用為本，而尚聲律浮華之詞，導致了「風俗偷薄」。胡瑗分「經義」、「治事」兩科教人，在教學中貫徹明體達用之學，改變了世風。這說明了胡瑗對當時取士制度的不滿及其改進。《宋元學案》載錄了胡瑗《論語說》中的幾段話，其一曰：

古之人取人以德不取其有言，言與德兩得之；今之人兩失之。[26]

上文已述，李覯對科舉制度也做過類似的批評。提倡明體達用，體現在學術上就是對專守先儒訓詁傳注之學風的批評。在這一點上，李覯與胡瑗也是一致的。胡瑗的經學研究，以《周易》的研究為代表，影響也最大。不過他沒有親自著書，一

個叫倪天隱的學生記錄整理了他的講課記錄，纂成《周易口義》一書。《總目》評價這本書，「其說《易》，以義理為宗」，並稱「是書在宋時，固以義理說《易》之宗已」[27]。不過胡瑗生前主要靠課堂教學而非以著述影響學生。程頤多年後回憶道：

往年胡博士瑗講《易》，常有外來請聽者，多或至千數人。[28]

因為是課堂講授，所以用語淺易平實，故朱熹評價他解《易》：

安定胡先生只據他所知，說得義理平正明白，無一些玄妙。[29]

胡瑗解《易》的影響，從程頤《程氏易傳》窺見一斑。人們通常受朱熹的影響，認為伊川易學承自周敦頤。清人劉紹攽在《周易詳說》中提出：

考之《易傳》，無一語及太極。於《觀》卦《象》詞云：予聞之胡翼之先生，居上為天下之表儀。於《大畜·上九》云：予聞之胡先生日，天之衢亨，誤加何字。於《夬·九三》云：安定胡公移其文日「壯於頄，有凶。獨行遇雨，若濡，有慍。君子夬夬，無咎。」於《漸·上九》云：安定胡公以陸為逵。考《伊川年譜》稱：皇祐中遊太學，海陵胡翼之先生方主教導，得先生所試，大驚，即延見，處以學職。」意其時必從而受業焉。世知其從事濂溪，不知其講《易》多本於翼之也。[30]

《總目》稱此說「為前人所未及」，並以程《傳》核對，確實如此。《總目》還引述了邵伯溫《聞見前錄》所記程子《與謝堤書》的說法，說程子認為讀《易》當先觀王弼、胡瑗、王安石三家，可見程子頗為重視此書。

不過從今人的角度看，《周易口義》對經義亦無多少獨出心裁的發明。在當時的影響大，應該是由於他在經學研究上的新思路。即繼承王弼以來的義理派傳統，不守傳注，不提象數等。其對易學研究確有方法論上革新的意義，這與李覯是一致的。胡瑗執教多年，從頭到尾全面解《易》言語平易，的確是較好的易學入門讀物。在這方面，李覯的《易論》就不能與之媲美了。

李覯與胡瑗在思想方面有所衝突的是關於禮的觀點。其衝突的觀點前章已述。由於胡瑗原作已經不見，我們無法判斷李覯對胡瑗思想的理解是否準確，也不知是否確實是其「少作」。但質諸胡瑗平生教學實踐，可能他的確就是這樣主張的。

胡瑗對禮很有研究。按照規定，初次朝見皇帝的人，都要到閣門學習儀式，胡瑗說：

吾平生所讀書，即事君之禮也，何以習為！[31]

大家認為他是「山野之人」，肯定會失禮，但胡瑗應對「大稱旨」，仁宗說他「進退周旋，皆合古禮」。既強調古禮，說明同當時的禮儀還是有所差別。胡瑗治家甚嚴，據其孫胡滌說：

先祖治家甚嚴，尤謹內外之分，兒婦雖父母在，非節朔不許歸寧。有遺訓，嫁女必須勝似吾家者，娶婦必須不若吾家者。[32]

《宋史》記他教育人：

瑗教人有法，科條纖悉備具，以身先之。雖盛暑必公服坐堂上，嚴師弟子之禮。[33]

他的弟子，如上文所引，「喜自修飭，衣服容止，往往相類，人遇之雖不識，皆知其瑗弟子也」，說明他的確注重於外在一面下功夫。又如《宋元學案》記徐積初見胡瑗：頭容少偏。先生屬聲云：「頭容正！」積猛然自省，不特頭容要正，心亦要直，自是不敢有邪心。[34]

可見胡瑗對禮的理解，確實是帶有某種強迫性的、注重外在約束的傾向。程頤作《顏子所好何學論》，把外在的約束移至內心，由禮的約束置換為性對情的約束：

覺者約其情使合於中，正其心，養其性，故曰性其情。愚者則不知制之，縱其情而至於邪僻，梏其性而亡之，故曰情其性。凡學之道，正其心，養其性而已。[35]

因此把禮的約束轉化為了主體的自覺行動，這是很高明地提升了胡瑗的禮論，故胡瑗「大奇之」，馬上約見，授以學職。此後兩人的感情頗深，程頤對胡瑗十分尊重：

（伊川）於濂溪（周敦頤）雖嘗從學，往往字之日「茂叔」，於先生非「安定先生」不稱也。[36]

相比之下，李覯的內外兼括的禮，雖內外兼修，無所不包，但也很難再向內提升了。歐陽脩作《胡先生墓表》，對胡瑗的評價是：

先生為人師，言行而身化之，使誠明者達，昏愚者勵，而頑傲者革。故其為法嚴而信，為道久而尊。師道廢久矣，自明道、景祐以來，學者有師，唯先生暨泰山孫明復、石守道三人。[37]

從胡瑗身上，我們可以更明顯地感受到後世理學家的氣質。不過他超人之處在於，他能「以身先之」，故在一個不尊師的年代，樹立起師道尊嚴來。這是韓愈想做而未能做到的事情，也是胡瑗對宋學興起的一大貢獻。

三、李覯與石介

石介[38]少年得志，故年齡雖比孫復、胡瑗小十三、四歲，在社會上發生影響的時間反倒比孫、胡早一些。但他是個好走極端的人，愛憎分明，鋒芒畢露，其人生不幸多由此招致。早年歐陽脩曾寫信給他，對其「自許太高，詆時太過」的毛病提出批評，他不以為然。他在南京秩滿後，本可由杜衍推薦入御史臺，但因他上書議不當求五代及諸偽國之後而罷。

他是范仲淹等改革派的追隨者。慶曆三年（公元一〇四三年）宋仁宗罷免呂夷簡，起用范仲淹、歐陽脩等人。夏竦本欲入樞密，為歐陽脩、王素、余靖等臺諫所攻落。石介於此時作《慶曆聖德詩》，揄揚其事，風行天下。詩中有「眾賢之進，如茅斯拔，大奸之去，如拒斯脫」之句，直指夏竦為「大奸」。他這樣猛烈地攻擊夏竦，於公則授人以柄，對新政不利；於私則由此與夏竦結怨，夏竦在他死後進行了惡毒報復。這說明石介不僅缺乏政治技巧，也不甚明於人情世事。范仲淹拒絕歐陽脩等薦引石介入諫院，當是有鑑於此。可見范仲淹對石介不如對孫、胡那麼器重。

石介一生事業在於繼道統、尊師道，辨華夷、排佛老，倡古文、排楊億。與孫復、胡瑗不同，石介更多的是一個文學家，韓愈、柳開是他的偶像。他在經學上的造詣不如孫、胡。他寫過一些經學著述，如《周易解題》，據陳振孫說，「止解六十四卦，亦無大發明。」[39]還有《春秋說》，從《宋元學案》載錄的幾段看，也沒有超過孫復的《發微》。可能是由於沒多少發明，其經學著作多不傳。

他關於經學的觀點，更多散見於他的文章中。如他在《錄蠹書魚詞》中，引文中子的話：

九師興而《易》道微，三傳作而《春秋》散。齊、韓、毛、正，《詩》之末也，大戴、小戴，《禮》之衰也。[40]

他認為，這些注家就像書蠹一樣把經書搞亂了。又如他以《周禮》、《春秋》為「儒家萬世之大典」，是周公、孔子的偉大製作，「《周禮》明王制，《春秋》明王道」[41]，故嘆惜漢武、隋文不能用董仲舒（研究《春秋》）、王通（即文中子，研究《周禮》）。對於《易》，他認為「《易》之作，救亂而作也，聖人不得已也」，絕不像王績說的，是「洩道之密，漏神之機，為始兆亂者」[42]。可見他的經學主張和孫、胡等人是一致的。石介的長處是寫文章。他發揚韓愈文以載道的傳統，以文章傳播他的理念。他在《上蔡副樞書》中說：

文之時義大矣哉！……兩儀，文之體也；三綱，文之象也；五常，文之質也；九疇，文之數也；道德，文之本也；禮樂，文之飾也；孝悌，文之美也；教化，文章明也；刑政，文之綱也；號令，文之聲也。[43]

差不多儒家的所有理念都被他涵括在「文」的名下，所以最後他稱，聖人是「職文者也」，簡直把文與道等同起來了。

石介和李覯一樣，動輒把儒家傳統的理念「打包」拿出。如上文把兩儀、三綱、五常、九疇、道德、禮樂、孝悌、教化、刑政、號令等都歸到文之中。說到「道」，石介提到其製作人包括伏羲、神農、黃帝、堯、舜、禹、湯、文、武、周公、孔子等十一聖，其內容包括君臣、父子、夫婦、男女、衣服、飲食、田土、宮室、師友、尊卑、冠婚、喪祭等。這些由列聖製作的禮樂、政刑、制度，「皆為萬世常行不可易之道也」[44]。

在他的道統譜繫中，孔子是最後一個製作道的聖人。道在孔子手裡得到完備，再往後就是捍衛道統的賢人了，包括孟軻、荀況、揚雄、王通、韓愈等人[45]，有時也會加上柳開。當然，韓愈是這五人中最卓越者：

孟軻氏、荀況氏、揚雄氏、王通氏、韓愈氏五賢人，吏部為賢人而卓。不知更幾千萬億年復有孔子，不知更幾千百數年復有吏部。[46]

在石介眼裡，韓愈是堪與孔子相媲美的人物。除了以文載道，提倡師道是韓愈給他的另一個啟發，所以他一直熱衷於拜師。在拜孫復為師之前，其實他已經先後以孫奭、孔道輔，還有一個不知名的趙先生為師了。徐洪興先生認為，他熱衷於拜

師是由於他內心的空虛、自卑所致，因為覺得自己的學養不夠深厚，所以汲汲於尋訪賢人而師之。

不過筆者認為，他這種行為還可以有另一種解釋。德國作家褚威格在《異端的權利》一書中，分析教改理論家喀爾文和教改活動家威廉·法惹勒的關係時指出，天生氣質是行動家的人，需要有一個理論家作為精神象徵，兩者配合才能造出時勢來。石介欲提倡師道，自為人師恐怕說服力不夠，所以寧可自為弟子，以實際行動來倡導師道。因此他拜孫復為師，其實是為提倡師道而作的姿態，並非真的為了學習。據徐洪興先生研究，在他拜孫復為師之前，代表他主要觀點的文章都已經寫出，此後也沒有太大變化。後來，孔道輔來拜訪孫復，「介執杖屨侍左右，先生坐則立，升降拜則扶之，及其往謝也亦然」[47]。孫復當時不過四十多歲，石介的舉動頗有作秀之嫌。但經他這樣示範之後，魯人由此識師弟子之禮，師道尊嚴算是樹立起來了。

提倡文與道的另一面則是排楊億、排佛老（這部分內容見前文「五之三之二儒理優於佛理」一節，不再重複）。

石介有較多政治論述，這也是他異於孫、胡兩人之處。上文已述，他是慶曆新政的支持者。他曾作《唐鑑》一書（今佚），「以戒奸臣、宦官、宮女，指切當時，無所忌諱」[48]。又曾作《三朝聖政錄》（今佚），搜集北宋前三代君臣為政之典範，說明他比較注意於治理之策。

在政治上，他堅持民本思想，在《根本》篇中，他指出：

民者，國之根本也，天下雖亂，民心未離，不足憂也；天下雖治，民心離，可憂也。……自古四夷不能亡國，大臣不能亡國，唯民能亡國。[49]

在治道選擇的問題上，他要求回至伏羲、神農、黃帝、堯、舜、禹、湯、文、武、周公、孔子」這十一個人的制度上來，因為這是「萬世常行而不易」之道。除非後世出現這十一聖人一樣的人物，否則就不應該改變他們的制度[50]。在《漢論》篇中，他指責是漢代而非秦代駁雜了古聖的王道。

他還寫過一篇《原亂》，指出國家亂所由生的七種原因：包括亂君臣之禮導致天下無王；聚斂之臣起，導致國削民貧；井田廢，經界不正，井隧不均，穀祿不平；男女內外之職不分；封建之制壞，天下微，王室弱，天子孤；后妃之數亂，品秩雜，上下瀆，女色盛，邦國殆；宦官佞幸進寵，正人君子疏遠。

由此可見，石介也借鑑、吸收了《周禮》的政治觀念。不過，李覯雖主張行井田，理後宮，但並未主張回復封建。倒是後來的張載，以恢復封建為說。

石介對於軍隊也有主張。在對比了歷代的政策失誤，如周失在諸侯大，漢失在諸侯強，唐失在將怙後，指出宋失在兵驕，對策在於慎擇主帥和慎賞賚[51]。

石介《過魏東郊》詩中，有這樣幾句：

六經皆自曉，不看注與疏。述作慕仲淹，文章肩韓愈。下唐二百年，先生固獨步。[52]

詩是為柳開而作，但更似是夫子自道，他一生亦為此孜孜以求。雖被人目為狂人，但有一種凜然正氣在身。他《擊蛇笏銘》有段文字：

夫天地間有純剛至正之氣，或鍾於物，或鍾於人，人有死，物有盡，此氣不滅，烈烈然彌亙億萬世而長在。在堯時為指佞草，在魯為孔子誅少正卯刃，在齊為太史簡，在晉為董狐筆，在漢武朝為東方朔戟，在成帝朝為朱雲劍，在東漢為張綱輪，在唐為韓愈《論佛骨表》、《逐鱷魚文》，為段太尉擊朱泚笏，今為公（指孔道輔）擊蛇笏。[53]

這段話被文天祥化用在《正氣歌》中，成為幾百年來砥礪人們捨生取義的名篇。這當也是他為後世理學家敬重的原因之一。

錢穆先生以石介之為孫復弟子，比之於徐績為胡瑗弟子。孫復以尊王為主，石介則攘夷為主。而又以胡瑗、徐績為南派之代表，以孫復、石介為北方之代表。南派為宋學所宗，北方派「在當時有一種推到一切的革命功績，也不可沒」[54]。

四、李覯與張載

若以三先生為理學之「前傳」的話，張載[55]則被後世奉為理學正式的開山人物了。張載和李覯均為范仲淹所器重，在人生關鍵時刻都受到過范仲淹的幫助，思想也都受過范的影響，所以方健先生把兩人並稱為「范氏門下雙傑」[56]。

以往人們受理學家的影響，常認為張載之學無所師承。方健先生在《范仲淹傳》中特地抉發張載在思想上同范仲淹的淵源，辨關學沒有淵源說之誤。他指出，張載的一些主要概念，如「氣」、「太極」、「太和」等，范仲淹都在他的論《易》的

文章中提到、使用過。張載的氣本論的宇宙本體論哲學、窮神知化的認識論，都可以在《易兼三材賦》、《窮神知化論》等文章中找到其雛形，甚至《正蒙》的篇名，也可以看到范仲淹《蒙以養正賦》的影響[57]。

張載初見范仲淹，范即以讀《中庸》相勸，應有其深意在。前章已談到，范仲淹在易學研究中提出了許多獨到見解，但都沒有展開。如他提出：

德，內也，位，外也；九二，君之德，九五，君之位；成德於其內，充位於其外。[58]

這種分別德內位外的思路，已經非常接近「內聖外王」的提法了。又如他對道的思考：

然則道者何？率性之謂也。從者何？由道之謂也。臣則由乎忠，子則由乎孝，行己由乎禮，制事由乎義，保民由乎信，待物由乎仁，此道之端也。子將從之乎，然後可以言國，可以言家，可以言民，可以言物，豈不大哉？若乃誠而明之，中而和之，揖讓乎聖賢，蟠極乎天地，此道之致也。[59]

這裡提出的由內修道，內誠明而外中和，然後言國、家、民、物的路向，我們不難在張載「民胞物與」的提法中辨識出來。

或許在張載拜訪他時，范仲淹已經有了打通內外的想法。經范仲淹點撥後，張載潛心治學，「訪諸釋、老，累年究極其說，知無所得，反而求之《六經》」[60]，最終完成了由外王反諸內聖的思想創造，也使得儒家學說有了足以和釋道相頡頏的基礎。王夫之在評價張載對於儒家闢佛的理論貢獻時說：

使張子之學曉然大明，以正童蒙之志於始，則浮屠生死之狂惑不折而自摧，陸子靜、王伯安之蕞然者亦惡能傲君子以所獨知，而為浮屠作率獸食人之悵乎！[61]

作為同出於范仲淹門下的李覯，在內聖一路亦即哲學體系的建構上，成就不如張載，因為李覯關注的更多的是外王方面。本文旨在探討政治思想，故對張載的哲學成就不再展開。下面略為分析一下張載政治思想與李覯的同異。

張載政治思想的綱領，與李覯等同時代思想家的提法一致，即回復三代之治。呂大臨作《橫渠先生行狀》，說他「慨然有意三代之治，望道而欲見」；熙寧二年他入見神宗，「上問治道，皆以漸復三代為對」[62]。關於興復三代的路徑，張載也選擇了《周禮》作為藍本，主張以禮治天下。他說：

《周禮》是的當之書，然期間必有末世添入者，如盟詛之屬，必非周公之意。[63]

可見他對待《周禮》的態度與李覯基本一致。對於禮的理解，張載與李覯略有不同。前文已述，李覯認為禮是包括物質生產、社會互動、制度約束、倫理道德四個層面在內的綜合體。關於禮的起源，李覯認為禮是「順人之性欲而為之節文也」，就是說禮產生於人的天性與欲望，聖王根據人的天性需求加以節制，就產生了禮。聖王制禮的依據是其天性，所以有資格制禮的聖人是有數的那幾個。

張載則把禮分為了兩個層面。其一是《周禮》等記載的具體的典章制度，這是「著見於外」的禮。另一方面，他認為：

禮非止著見於外，亦有無體之禮。蓋禮之原在心，禮者聖人之成法也，除了禮天下更無道矣。[64]

這抽象「無體」的禮，也被他稱作「理」。理是張載哲學的一個重要範疇，既指氣（張載哲學中的最高範疇）的聚散運動變化之條理，也指人類社會的倫理道德。如張載說：

禮者理也，須是學窮理，禮則所以行其義，知理能制禮，然則禮出於理之後。[65]就是說，制度層面的禮，是以抽象的理為根本的。由此禮應該以理為依據：今禮文殘缺，須是先求得禮之意然後觀禮，合此理者即是聖人之制，不合者即是諸儒添入，可以去取。[66]

由此，李覯和張載對禮的看法之不同在於，李覯對禮的闡釋中，同等強調了物質、精神、制度、倫理諸方面，張載則大大突出了理，即倫理道德的方面。與李覯一樣，張載也強調透過推行井田制，以達到均貧富的目標，作為治國之始：

仁政必自經界始。貧富不均，教養無法，雖欲言治，皆苟而已。世之病難行者，未始不以毆奪富人之田為辭，然茲法之行，悅之者眾，苟處之有術，期以數年，不刑一人而可復，所病者特上未之行爾。[67]

因此他說「治天下不由井田，終無由得平」，又說「周道止是均平」[68]。其對井田的描述，則多取諸《周禮》，與李覯所言大致相同，不多重複。

對於如何推行井田制，他有自己的看法。李覯提出的推行井田制的策略，是政府頒布限田令，迫使占田多者拋售土地，同時驅遊民回到農村購買。這樣做其實是強制均田，必然會受到占田多者的反對，所以幾乎不可能推行。張載提出的辦法相

對緩和，即「以『經濟地位』換『政治地位』，由『封建』帶動井田」[69]。他指出，推行井田不需要強制。對那些擁有大量土地者，可以用「封建」的辦法彌補其損失：

其多有田者，使不失其為富。借如大臣有據土千頃者，不過封於五十里之國，則已過其所有；其他隨土多少與一官，使有租稅人不失故物。[70]

田多者因限田受到的經濟損失，可以透過授予官職或分封爵位的辦法彌補，則田多者的反對自會減少。然後就可以逐步落實井田制度了：

其術自城起，首立四隅；一方正矣，又增一表，又治一方，如是，百里之地不日可定，何必毀民廬舍墳墓。[71]

所以他自信地說：

井田至易行，但朝廷出一令，可以不笞一人而定。[72]

今學者談及宋人論井田，往往認為他們只是取均田之意，而不認為他們真要推行井田。筆者認為，無論李覯還是張載，都是《周禮》的忠實信徒，他們是真誠相信井田制可以實行於當時，故是真誠主張推行井田制的。張載比李覯更為篤信井田制之可行。他認為即使不能推行於天下，猶可驗之一鄉。於是與同道一起買了一塊土地，準備按照《周禮》所載的井田制度，劃分田界，建設學校等配套設施，進行試驗，可惜未及施行便去世了。有一定的從政經驗的朱熹對井田論者進行了批評：講學時，且恁講。若欲行之，須有機會。經大亂之後，天下無人，田盡歸官，方可給與民。……若平世，則誠為難行。[73]

就是說，井田製作為理論在講學時說說可以，在正常年代是不能真正去實行的，因為這涉及到複雜的財產權等問題。均貧富之意固然不錯，但是否應當或可能透過剝奪富者的財產強制推行均貧富呢？朱熹以自己實際政治經驗為例，說：

這個事，某皆不曾敢深考。而今只是差役，尚有萬千難行處，莫道便要奪他田，他豈肯。[74]

只有經歷了朝代變更那樣的大動盪之後，人口銳減，無主地多，國家才可能進行重新分配土地。在這個問題上，無疑朱熹的認識更加清醒些。李、張二人提出推行井田，其動機都是為了縮小貧富差距。但若真的採取那樣的措施，或許帶給社會

的混亂更大。貧富差距拉大，在今日中國社會又成為一個很嚴重的問題，該如何解決，學者和政治家都要慎重思考。古以鑑今，特於此略為點出。

張載的另一條政治主張，推行封建，則是李覯不曾提起的。張載主張推行封建，固與其推行井田相關，即「井田卒歸於封建乃定」[75]，但又不盡於此。宋代以君權加強，君強臣弱為弊端。李覯主張以「政委大臣」以減弱其勢，張載則以推行封建弱化之。他說：

> 所以必要封建者，天下之事，分得簡則治之精，不簡則不精，故聖人必以天下分之於人，則事無不治者。……且為天下者，奚為紛紛必親天下之事。[76]

他認為，推行封建可以提高治理的效率，補充君主一人智力的不足。歷史上，封建制度（不是作為一種社會形態的封建制度）由於極易導致內亂而備受詬病，張載則否認封建必然致亂：

> 今便封建不肖者復逐之，有何害？豈有以天下之勢不能正一百里之國，使諸侯得以結交以亂天下！自非朝廷大不能治，安得如此？而後世乃謂秦不封建為得策，此不知聖人之意也。[77]

諸侯亂國的根本原因在於朝廷自身建設，若朝廷沒有失政，諸侯自不會導致亂國。張載還主張推行宗法制，作為井田、封建的支持。前章已述，唐宋變革中一個重要變化就是傳統家族制度的破壞，整個社會缺乏政府以外的組織力量。此時一些學者則考慮到宗族制度對社會的好處來，如張載指出：

> 管攝天下人心，收宗族、厚風俗，使人不忘本，須是明譜系世族與立宗子法。[78]

這是宗族法對於淳化社會風俗的重要作用。而對於國家來說：

> 宗子之法不立，則朝廷無世臣。且如公卿一日崛起於貧賤之中以至公相，宗法不立，既死遂族散，其家不傳。宗法若立，則人人各知來處，朝廷大有所益。[79]

透過宗族延續，使得「人人各知來處」，在歷史的傳承中確立起榮譽，其效果則與春秋時代的世卿世祿一樣，有世代忠於國家的大宗族。張載對於宗法的設想，還表現在他的名篇《西銘》（即《正蒙》第十七《乾稱篇》）中。在《西銘》中，他以宗法家族重新構建了君主體制，以宗族血緣的親和，消除君主專制的剛度。

可能李覯也注意到了這個問題。他曾寫有一篇《五宗圖序》，提出：

吾於三宗見孝弟之至焉！……先王之所以治天下，此其本與！[80]

不過李覯對這個問題沒有更多發揮，所以一般研究者很少注意到它。但聯繫當時社會欲重建宗族的思潮（歐陽脩亦曾提及宗族的問題），李覯探討宗族問題當非偶然。

張載並非專意於回歸古代的學者。他提出以上所列的井田、封建、宗法等諸項政治主張，都是針對當時社會政治之弊而發的。不過相對於范仲淹、李覯、王安石等人的政策，他的主張確實也難免復古之譏，不切於實用。

早期的宋學代表人物都與范仲淹有一定的淵源。范仲淹作為宋學的開山，既有深厚的學術根基，又有豐富的從政實踐，其思想有一種磅礴淋漓的宏大氣勢。這固然由於他非專職的理論家，思廣而不精，所以氣勢恢宏；也有他作為政治家，需要有對各方面都綜合包容的氣度的原因。不僅儒釋道三家思想都在他那裡匯集，心性的反思、功利的進取、貫通內聖外王的嘗試，也都在他身上有所體現，他的思想包羅了各種傾向。

范仲淹的學風自然會影響到他周圍的這些學人。在其「講友」、門人群體中，各種傾向就開始有了區分。胡瑗精通《易》理，提倡明體達用，近似於「內聖外王」式的思維結構。孫復主治《春秋》，明華夷之辨、尊王攘夷。李覯則發揮范仲淹「憂天下致太平」的思想傾向，注重實務，不尚玄虛，故重視《周禮》（范仲淹群體中人，興趣集中於外王即經世致用的還有歐陽脩，他也拒絕討論性命一類的「內聖」方面的話題）。張載則發揮了范仲淹向著內聖一路的思考。當然，在他們思考的背後，也隱含了時代格局的變遷。

在當時人眼裡，李覯是和胡瑗、孫復並列的人物。孫復去世，就以李覯入太學接替其職；胡瑗病逝，又以李覯接替管理太學，這體現了當時人的判斷。但正如《宋元學案·泰山學案》稱：

宋興八十年，安定胡先生、泰山孫先生、徂徠石先生始以師道明正學，繼而濂、洛興矣。故本朝理學雖至伊洛而精，實自三先生而始，故晦庵有伊川不敢忘三先生之語。

孫、胡、石被後世理學家推崇，而李覯則否，其原因何在？

從本節所述，我們可以看到，李覯與孫、胡、石等人在思想氣質上還是存在著明顯差異的。孫、胡注重道德正統、尊王攘夷，石介排佛排楊億，這幾個人都有一種凜然的道學家的氣象，雖然他們不像張載那樣已經高揚「理」的旗幟，但其道德理想主義的精神氣質則與重於實務的李覯判然有別。錢穆先生在評價那時候的儒者時指出：

他們在私生活方面，亦表現出一種嚴肅的制節謹度，而又帶有一種宗教狂的意味。[81]

我們可以尤其可以從石介身上看出這一點，他在當時就被看作是狂人。何兆武先生把他們的這種精神氣質指為「經院哲學」，認為可以「從他們的思想活動中看出宋學中作為新學對立面的理學在其形成過程中的經院哲學實質的雛形」[82]。

他們奉為「三先生」的另一個原因或許和他們的弟子們有關。他們雖在慶曆新政中站在了范仲淹等改革派的一方，但他們的門人弟子則多站在了王安石的對立面[83]，其中就有理學開創者程氏弟兄。

可能是李覯與三先生和張載的這些差別，影響了後世理學家建立理學譜繫時的選擇，雖然這些人未必真的在學術上與理學是一路，譬如張載就與二程有很大差距。

這種差異的進一步擴大，則表現在理學家與王安石的分歧上。從某種程度上說，李覯的功利主義政治傾向被王安石所繼承和放大，如同理學家們則將三先生、張載的傾向擴大。對理學家們的政治思想不再探討，下面就儒家功利傳統再作一些探討。

▋第二節 李覯與儒家功利主義傳統

今人所稱功利主義（utilitarianism）學說，是指由英國思想家邊沁建立，並經J·S·彌爾完善的一套道德哲學體系。它是工業文明及市民社會的產物，其理論基礎是近代啟蒙運動產生的理性主義、世俗主義、個人主義等學說。

西方功利主義理論認為，對每個人來說，快樂或幸福是內在的、終極的善或目的，其餘皆為外在的善或手段。社會整體的幸福是由社會中所有成員幸福的總和決定的。政府有責任推動社會幸福的最大化，即應以「最大多數人的最大幸福」為執政目標：

功利主義者的公理是，一切個人都尋求最大限度地實現自己的幸福，而政府的目的則是推進最大多數人的幸福。[84]

在政治學說方面，功利主義者以功利原則代替天賦人權作為自由主義的理論基礎，因此也可把功利主義看作是自由主義學說的一個發展階段。功利主義學說的實踐性很強，以它為基礎的哲學激進主義（philosophyradicalism）運動推動了十九世紀初的英國政治改革。

嚴格來講，中國古代思想史上並沒有一種完全符合西方功利主義定義的學說。不過，正如韓冬雪、曹海軍在他們合撰的《功利主義研究》一書中所指出的：

沒有系統的功利主義思想這種「主義」，並不等於沒有功利主義的思想要素和功利原則與觀念，但需要記住的是，功利要素和功利觀念不等於功利主義。[85]

也就是說，用功利主義稱呼中國古代思想中的某些流派，是以某些要素的相似性為基礎的，如以功利作為價值判斷的標準，承認人的利己傾向，追求私利與公利的統一，重視物質利益的改進，等等。把這些具有功利主義要素的中國古代思想流派稱為功利思想，可能會更準確一些。不過為方便起見，本文仍採用功利主義這一通俗的叫法。

中國古代的功利主義主要體現在政治學說上。功利主義者一般多是強調事功，注重實利，主張改革，謀求國家的強盛和人民的富裕。社會混亂或國家危亡之際，往往是功利主義呼聲高漲的時代。故先秦、宋代、明清之際是中國古代功利主義最為發達的三個時代。

在荀子之前，功利主義主要是儒家之外的學者，如墨子、慎到、申不害、商鞅等人發展的。荀子將功利主義納入到儒家思想體系，建立起儒家功利主義理論。但他最有名的學生韓非將功利主義推向極端，成為法家思想的集大成者。漢代的陸賈、賈誼、董仲舒等儒者，嚴厲批判了功利主義，重申了儒家重義輕利的傳統，儒家功利主義就此中斷。直到宋學興起，李覯重建儒家功利主義理論，並經王安石、陳亮、葉適等人的發展完善，使之成為儒學體系內的一個牢固的傳統。

一、先秦功利主義的發展

在討論先秦的功利主義理論發展之前，我們有必要回顧一下更早的功利主義實踐。如果以變法、事功、富國、強兵等要素作為古代功利主義的特徵，管仲就可謂是功利主義最早的實踐者了。

（一）管仲的功利主義實踐

本節不以「管仲的功利主義思想」而以「管仲的功利主義實踐」為題，是因為我們無法確定《管子》一書是否出自管仲[86]。筆者只能根據《管子》和其他史籍的記載，大致勾勒出管仲的功利政治實踐。至於較為系統複雜的思想理論，筆者認為還是不要和管仲本人聯繫為好。

管仲的執政目標就是成就霸業。桓公即位之初，向管仲請教安定社稷之策，管仲回答：

君霸王，社稷定；君不霸王，社稷不定。[87]

桓公有些猶豫，管仲就以拒絕任職促使他下定決心，從此齊國走上稱霸之路。管仲重視「民」在治國中的重要作用。他認為，成就霸業的基礎首先是取得民眾的支持：

政之所行，在順民心；政之所廢，在逆民心。[88]

因此執政者不要做民眾厭惡的事情：

民惡憂勞，我佚樂之；民惡貧賤，我富貴之；民惡危墜，我存安之；民惡滅絕，我生育之。[89]

就是說，只有滿足民眾的願望，民眾才會支持國君的事業。治理國家要從兩個方面著手。一方面是增加社會財富，滿足民眾基本的生活需求，這一點反映在他的著名口號「倉廩實而知禮節，衣食足而知榮辱」[90]中；另一方面則要依靠道德教化的作用：

國有四維，一維絕則傾，二維絕則危，三維絕則覆，四維絕則滅，傾可正也，危可安也，覆可起也，滅不可復錯也。何謂四維？一曰禮，二曰義，三曰廉，四曰恥。[91] 為使齊國盡快富強起來，達到民足、國富、兵強的目標，管仲進行了一系列改革：

在政治方面，強化君權，由國君掌握「殺、生、貴、賤、貧、富」六秉；建立起中央和地方兩級行政管理體制，中央設兩相、五官，地方上則行國、鄙雙軌制度，「參其國而伍其鄙」[92]；官員選拔，實行尊賢尚功的政策和逐級選拔的制度，國君親試被推薦的人才，定期考核，獎優罰劣；將全國人口按照職業劃分為「士、農、工、商」四民，分業、分居，各對國家承擔不同的義務。

在經濟方面，將國家控制的荒蕪土地分給農民，「相地而衰徵」，使農民的負擔相對合理；提倡「養桑麻、育六畜」，強調「毋奪農時」，保護農業生產，提高民眾生產的積極性；實行「關市幾而不正，廛而不稅」[93]的政策，促進工商業的發展，鼓勵商品流通，以達到「通貨積財」的目的；發展漁業；設鹽官煮鹽，設鐵官製農具；國家鑄造錢幣，適當調節物價。這些措施使齊國的經濟得到了迅速發展。

在軍事方面，管仲主張「作內政而寄軍令」，在「參其國而五其鄙」的基礎上，推行寓兵於農、兵民合一的政策[94]。建立在鄉里制度基礎上的軍隊，士兵相互熟悉，「守則同固，戰則同強」，故兵不多而有戰鬥力。

在管仲的輔佐下，齊國牢固地建立了霸主地位。齊桓公曾得意地稱：

諸侯莫違寡人。寡人兵車之會三，乘車之會六，九合諸侯，一匡天下。昔三代受命，有何以異於此乎？[95]

以至於還要封禪泰山，被管仲勸阻而罷。總之，管仲更多的是一個政治家而非思想家，是功利主義的實踐者而非理論家。他的政治實踐，基本上涵蓋了在古代農業社會和專制制度的條件下，實現富國、強兵、安民的策略。

管仲以霸業、功利為追求，而不是維護古代的禮制，這也給後人留下了爭論的空間，對他的評價也成為後世義利、王霸之辨[96]的經典論題之一。義利之辨[97]最早由孔子開啟。孔子有感於「禮崩樂壞」的社會現實，強調人們（尤其是統治者）行事的正當性，故於義利之間拈出一個「義」字加以推重：

君子喻於義，小人喻於利。[98]

君子和小人是兩個道德色彩很強的評價語，其高下就看在義、利之間如何取捨。他強烈反對不義的行為：

不義而富且貴，於我如浮雲。[99]

孔子如此強調義，可見當時必然有一味追求利而不顧義的風氣。不過孔子並非徹底否定利，他說過：

足食，足兵，民信之矣！[100]

因民之所利而利之。[101]

他的主張是，在求利的同時要顧及義，在堅持義的原則下取利，反對「不義而富且貴」。在孔子那裡，重義輕利的傾向還不是太嚴格。以他對管仲的評價為例，他對於管仲的某些行為很不滿意，批評他不知禮：

邦君樹塞門，管氏亦樹塞門；邦君為兩君之好，有反坫，管氏亦有反坫。管氏而知禮，孰不知禮？[102]

同時他又承認管仲維護文明之功：

管仲相桓公，霸諸侯，一匡天下，民到於今受其賜。微管仲，吾其被髮左衽矣！豈若匹夫匹婦之為諒也，自經於溝瀆而莫之知也。[103]

因而孔子許管仲以仁：

桓公九合諸侯，不以兵車，管仲之力也。如其仁！如其仁！[104]

對孔子而言，義更為根本一些，故他「罕言利」。這也為此後儒家重義輕利的傾向定下了基調。

（二）墨家功利主義思想

隨著義利之辨的深入，功利主義理論隨之展開。墨子（約公元前四七九至前三八一年前後）最先對重義輕利的傾向做出了回應。作為儒家的第一個辯論對手，他提出了較為系統的功利主義理論。

單從字面上看，墨家與儒家對義的重視是一致的。墨子有「萬事莫貴於義」的論述：

今謂人曰：予子冠履，而斷子之手足，子為之乎？」必不為。何故？則冠履不若手足之貴也。又曰：予子天下，而殺子之身，子為之乎？」必不為。何故？則天下不若身之貴也。爭一言以相殺，是貴義於其身也。故曰：萬事莫貴於義也。[105]

墨子認為，生命相比於財富、權力而言是寶貴的，義又比生命更寶貴。但在何者為義的問題上，墨家和儒家（孔孟時期）的看法就有了很大的不同。儒家所說的義，指的是「禮」、「君君、臣臣、父父、子子」、「親親、尊尊」這一套等級秩序，認為義與利往往是衝突的，追求「利」會妨礙追求「義」，所以一定要把義與利的高下分別開來。個人逐利自然被儒家否定，以天下、國家之利為追求，孔、孟不反對，但也不多談：孔子「罕言利」，孟子「何必曰利」。但對於墨家而言，「義」就是「利」：

義者，利也。[106]

義是利之名，而利是義之實，所以墨子直接把「利」作為判斷言行的三項標準即「三表」之一：

有本之者，有原之者，有用之者。於何本之？上本之於古者聖王之事。於何原之？下原察百姓耳目之實。於何用之？廢以為刑政，觀其中國家百姓人民之利。此所謂言有三表也。[107]

墨子判斷言行的價值標準，一是古聖王的權威，二是人們的實際經驗，三是國家百姓之利。在實際運用時，墨子對第三表即功利主義的價值觀發揮最為全面。根據功利原則，墨子認為興利除害是統治者的要務。他說：

仁人之所以為事者，必興天下之利，除去天下之害，以此為事者也。[108]

此語在《墨子》書中屢現，是墨子論政的核心。什麼是天下之利和天下之害呢？墨子指出：

今若國之與國之相攻，家之與家之相篡，人之與人之相賊，君臣不惠忠，父子不慈孝，兄弟不和調，此則天下之害也。[109]

消除這些狀況就是興天下之利了。要消除這些「害」，就要找到造成這種局面的原因。墨子認為，天下之害乃是由於人與人之間不能相愛造成的：

聖人以治天下為事者也，不可不察亂之所自起，當察亂何自起？起不相愛。[110]

他認為「天下兼相愛則治，交相惡則亂」[111]，若能實現「兼相愛」，則攻伐、內亂、盜賊、不慈、不孝等等天下之害就會消除，這就實現了天下之「大利」。諸害之中，國家間的攻伐戰爭是最大的，故墨子及其門人一生都為止戰而奔走。

從功利的原則出發，墨子主張節用，省掉一切非必需的飲食、衣服、舟車、宮室等費用。這些關於節用的主張，與儒家的衝突尚不太尖銳，因為儒家也主張節用。但墨子繼續按照功利原則提出節葬、非樂等主張時，就和儒家主張發生直接衝突了。

儒家重視喪葬，主張厚葬、久葬。墨子認為，厚葬、久葬之法，一是直接造成大量財富的浪費；二是使王公大人們不能處理政事，農夫不能耕作，百工不能製造，婦人不能紡績，間接影響社會財富的創造；三是守喪會對人們的身體造成損害，影響生育進而影響人口增加。總之，厚葬、久葬會造成「國家必貧，人民必寡，刑政必亂」、「出戰不克，入守不固」、不能「干上帝鬼神之福」[112] 等一系列後果，故墨子主張節葬：

古者聖王制為節葬之法曰：衣三領，足以朽肉；棺三寸，足以朽骸；堀穴深不通於泉，流不發泄則止。死者既葬，生者毋久喪用哀。[113]

這種完全從功利、實用的角度得出的結論，是儒家不能接受的。儒家重視音樂，認為樂在社會治理中具有重要作用，故禮、樂並提。墨子認為，音樂固然令人愉快，「然上考之不中聖王之事，下度之不中萬民之利」[114]，所以「為樂」是不對的。

儒家提倡「愛人」，又強調「老吾老以及人之老，幼吾幼以及人之幼」[115]，說明儒家的愛人，是由身及家、由近及遠、逐層推開、有差別的愛。墨子則提倡無差等的愛。他並不否認個人的私利，但認為人必須超越私利，追求公利，超越自愛，奉行「兼愛」，以實現「天下之利」。他說：

視人之國若視其國，視人之家若視其家，視人之身若視其身。是故諸侯相愛則不野戰，家主相愛則不相篡，人與人相愛則不相賊，君臣相愛則惠忠，父子相愛則慈孝，兄弟相愛則和調。[116]

墨子本人即是利天下的典範，墨家的論敵孟子說他：

墨子兼愛，摩頂放踵利天下，為之。[117]

這實在是一種極高的表彰了。由於墨子以「天下之利」為其學說的出發點和最高標準，近代以來的學者便把墨子稱為功利主義者，如馮友蘭先生稱「墨子哲學為功利主義」[118]。他指出，墨家與儒家哲學觀念的根本差別在於：

儒家「正其誼不謀其利，明其道不計其功」，而墨家專注重「利」，注重「功」。[119] 就是說，儒家的倫理基礎是以動機判定行為正當性的道義論，則墨家是以結果判定行為正當性的目的論者。墨子以天下公利為追求，主張兼愛、非攻，這反應了他對時代出路的思考。墨子之後崛起的法家則把功利主義推向了極端。

（三）法家功利主義思想

墨子及其門人為「興天下之利」而奔走，「墨突不黔」，在當時形成一股非常有影響的和平勢力。但對處於兼併戰爭日趨激烈的環境中的各國統治者來說，法家所主張的霸道更有吸引力。因此在墨家積極活動的時代，法家的政治家和思想家，包括李悝（公元前四五五至前三九五年）、吳起（公元前四四〇至前三八一年）、商鞅（約公元前三九五至前三三八年）、慎到（約公元前三九五至前三一五年）、申不害（約公元前三八五至前三三七年）、韓非（公元前二八一至前二三三年）等人，也非常活躍。事實上他們更能適應列強爭雄之需要。商鞅見秦孝公，第一次談帝道，秦孝公昏昏欲睡。第二次談王道，秦孝公稱善而不用。第三次談霸道，秦孝公非常感興趣，和他談話竟「不自知厀之前於席也」[120]，連續幾天也不煩。

法家多是極端的功利主義者，只站在統治者的角度考慮實際問題，包括如何鞏固統治和富國強兵等，禮義、道德等比較「虛」的問題不在他們考慮之列。功利是法家判斷言行的最高標準。韓非子說：

人主之聽言也，不以功用為的，則說者多棘刺、白馬之說。[121]

夫言行者，以功用為之的彀者也。[122]

不過與墨家講的功利不同，法家講求的功利，不是民眾的利，更不是天下公利。法家只考慮君主的利益。君主的利益是最高、最重要的：

欲利而身，先利而君；欲富而家，先富而國。[123]

因此法家最關注的是君主如何掌控權力。慎到重視勢，認為君主的權威與君主賢、不肖都無關，關鍵在於抓緊權力，鞏固「勢位」：

賢而屈於不肖者，權輕也；不肖而服於賢者，位尊也。堯為匹夫，不能使其鄰家；至南面而王，則令行禁止。由此觀之，賢不足以服不肖，而勢位足以屈賢矣。[124] 申不害強調君主的「術」，認為君主應善於運用權術來對付、控制臣下。具體來講，

就是君主應正臣之名，定其職守，「操契以責其名」[125]，即透過循名責實來督促臣下。商鞅重視法律在治理國家中的作用，主張透過法律達到鞏固君權、控制民眾、富國強兵的效果。韓非子作為法家的集大成者，認為法、術、勢三者都是君主所必需的，在治國中要綜合運用。

在法家看來，無論人臣還是民眾，其存在的價值就在於為國君服務、死命。法家看到好利是民眾的天性，如商鞅指出：

民之於利也，若水於下也，四旁無擇也。[126]

韓非子說：

利之所在，民歸之。[127]

但他們不考慮如何滿足人們對於利的需求，而是把利變成統治的工具。韓非子主張，統治者善於利用人的逐利本性實現有效的統治：

聖人之所以為治道者三：一曰「利」，二曰「威」，三曰「名」。夫利者，所以得民也。[128]

商鞅則提出：

利出一空者，其國無敵。[129]

法家認為，耕戰是實現富國強兵的途徑。因此在秦國，任何人要想獲得實利（包括官職、財富、名望等），都只能透過多立軍功與多種糧食。在這種激勵機制的作用下，秦國人被培養成好戰分子：

民聞戰而相賀也，起居飲食所歌謠者，戰也。[130]

秦人在戰場上看到敵人，就像餓狼見到了肉一樣，成為一支令人聞風喪膽的部隊。

法家認為，與耕、戰無關的一切職業都是多餘。如韓非子認為，社會上的學者（主要指戰國末期的儒家）、言談者（指縱橫家）、帶劍者（指遊俠）、患御者（指依附貴族私門的人）、商工之民，都是「邦之蠹也」[131]，人主應當毫不客氣地把他們清理掉。法家不相信道德倫理會在社會治理中有什麼作用，故在其理論體系中也沒有道德倫理的位置。

因為僅以功利為原則和目標，法家都是勇於變革者。商鞅認為，只要利於鞏固權力、富國強兵，無論法還是禮，都是可以隨時變更的：

法者，所以愛民也；禮者，所以便事也。是以聖人苟可以強國，不法其故；苟可以利民，不循其禮。[132]

總之，法家透過嚴酷的制度把社會生活簡化，造就了一個沒有人情的社會。特別是商鞅變法後的秦國，簡直就是一個高效運轉的戰爭機器。司馬談指出：

法家不別親疏，不殊貴賤，一斷於法，則親親尊尊之恩絕矣。可以行一時之計，而不可長用也，故曰「嚴而少恩」。若尊主卑臣，明分職不得相逾越，雖百家弗能改也。[133]

法家把功利主義推向極端，採取了重利棄義、強權專制的治國方略。雖然秦國在諸侯爭雄中取得了最後的勝利，但建立在極端功利主義基礎上的秦朝也很快就灰飛煙滅了。

二、從荀子到李覯：儒家功利主義的建立與重建

從孔子對管仲褒貶不一的評價，我們知道重義輕利在孔子那裡還只是個傾向性的意見。墨家和法家發展了功利主義，儒家代表人物孟子（公元前三七二至前二八九年）和荀子（約公元前二九八至前二三八年）也先後對功利主義作出了回應。

（一）儒家功利主義的建立

孟子將孔子重義輕利的傾向大大推進，變成原則。他見齊宣王，齊宣王想和他討論一下「齊桓、晉文之事」，他聲稱「仲尼之徒，無道桓、文之事者」[134]。他見梁惠王，梁惠王希望他能出點富國強兵的主意，問他「亦將有以利吾國乎」，孟子便毫不客氣地說：

何必曰利？亦有仁義而已矣。[135]

他向梁惠王指出，治理國家，不能以利為追求，要講仁義、行仁政。如果上上下下都一心求利，國家就處在危險中。他認為孔子等聖人之所以為聖人，是因為「行一不義，殺一不辜，而得天下，皆不為也」[136]。義利問題又與王霸問題緊密相關。孟子堅決認為，只有行王道，施仁政，得民心，才能無敵於天下。

在個人修養的問題上，他指出：

生亦我所欲也，義亦我所欲也；二者不可得兼，捨生而取義者也。[137]

在生之利與死之義二者只能擇一的情況下，他認為應該捨生取義。人們常說「孔仁孟義」，「義」的確在孟子的思想中占有特別重要的位置。當然孟子也不是完全抹殺利的存在。他認為，無恆產而有恆心者，唯士為能。若民，則無恆產，因無恆心。苟無恆心，放辟邪侈，無不為己。

因此統治者必須首先滿足民眾基本的物質利益和生活需要，然後才能對民眾進行教化：

故明君制民之產，必使仰足以事父母，俯足以畜妻子，樂歲終身飽，凶年免於死亡；然後驅而之善，故民之從之也輕。[138]

但從價值、原則上來講，利相對於義總是處於從屬地位的，這是毋庸置疑的。

這時期的另一部儒家重要經典《大學》也對義利問題作了闡發：

君子先慎乎德，有德此有人，有人此有土，有土此有財，有財此有用。德者本也，財者，末也。

治國者以德為本，有德自然會有人、有土、有財、有用，所以「國不以利為利，以義為利也」。這決非否定治國者應追求民富國強的目標，而是認為應以義導利，按照「義」來行事，自然就會得到民富國強的結果。

行仁政最後還要落實，並顧慮到能否為民眾帶來實利、能否使國家繁榮富強等層面。孟子向他所遊說的國君保證，只要認真推行仁政，就可無敵於天下。似乎沒有哪個國君敢冒這個險，而歷史給我們揭曉的最後答案卻是只講求功利的秦國最後統一了天下。

與孟子不同，荀子對功利主義的回應則相對溫和、折衷，在義利、王霸的問題上採取的是較為現實的立場。他反對極端功利主義者只求功利、純以權謀治國的主張：

君人者，隆禮尊賢而王，重法愛民而霸，好利多詐而危。[139]

他反覆強調，富國強兵不能離開禮義。他對墨家「興天下之利」功利態度有所認同，如他說：

湯武者，修其道，行其義，興天下同利，除天下同害，天下歸之。[140]

但對墨家功利主義的許多具體的主張，則更多的是批評。他反對墨家過度的節儉主張，指墨子「蔽於用而不知文」[141]。他主張既要讓民眾過上相對寬裕的生活，更主張君主得到優裕的物質、精神保養：

為人主上者，……必將撞大鐘，擊鳴鼓，吹笙竽，彈琴瑟，以塞其耳；必將雕琢刻鏤，黼黻文章，以塞其目；必將芻豢稻粱，五味芬芳，以塞其口。然後眾人徒，備官職，漸慶賞，嚴刑罰，以戒其心。[142]

墨家的非樂、節葬等自然也是重視「禮」的荀子所反對的。

他也反對孟子只講仁義不講功利、只談王道不談霸道的態度，主張在堅持禮義的前提下謀求富國、強兵，積極探討富國強兵之策。

荀子是戰國後期的儒學大師。他以儒家理論為基礎，吸納整合了功利主義，建立了儒家功利主義理論，豐富了儒家思想的內涵。

（二）儒家功利主義的中斷與重建

統一後的秦帝國沒有改變其尚武恃法、嚴刑重罰的治國策略，還進一步將專制政策推向文化領域。公元前二一三年，丞相李斯提出，「諸生不師今而學古，以非當世，惑亂黔首」[143]，會影響國家的穩定，請秦始皇下令在民間禁絕法家之外的各家學說。秦始皇接受了李斯的建議，秦代遂成為法家獨擅的時代。

但強大的秦帝國在統一後僅存在了十幾年便亡，反差如此強烈，不能不引起後人深刻的反思。繼起的漢代統治階級吸取秦的教訓，拋棄了法家在意識形態領域的指導地位，在最初的幾十年採取的是主張「無為」的黃老之術。到漢武帝時期（公元前一五六年至前八十七年），儒學取代了黃老之術，成為意識形態的指導思想。

儒學取得指導地位與一系列儒家學者的努力分不開的，如儒生酈食其、陸賈在劉邦打天下的時候就追隨他，叔孫通在漢高祖登基後主動為他制定朝儀。漢文帝時（公元前二〇三至前一五七年）又有儒生賈誼等人鼓動漢文帝採取儒學作為治國的主導思想。漢武帝即位（公元前一四一年）數年後，信奉黃老之術的竇太后去世（公

元前一三五年）。正值盛年的武帝渴望有所作為，於元光元年（公元前一三四年）下詔求賢良對策。董仲舒上《天人三策》，闡述了春秋大一統、尊王攘夷、天人感應等理論，並提出：

> 臣愚以為諸不在六藝之科孔子之術者，皆絕其道，勿使並進。[144]

董仲舒的對策甚得漢武帝的欣賞，漢武帝的反應是：

> 卓然罷黜百家，表章《六經》。[145]

後世學者往往據此發揮成「罷黜百家，獨尊儒術」，這有些不準確。《六經》是中華傳統文化的根柢，是諸家學說共同的根源。表章《六經》與獨尊儒術還是有一定差距的。事實上漢武帝及其後繼者們，既未認真按照儒家的理念來治國，也未禁絕其他各家學說。漢武帝之崇儒，只不過「好其名而不知其實，慕其華而廢其質」[146]，以儒學為其統治的合法性做「文飾」而已。在實際政治運作層面，漢代遵循的是「儒表法裡」、「雜王霸而用之」的家法。據史載，漢元帝作太子時，

> 見宣帝所用多文法吏，以刑名繩下，大臣楊惲、蓋寬饒等坐刺譏辭語為罪而誅，嘗侍燕從容言：「陛下持刑太深，宜用儒生。」宣帝作色曰：「漢家自有制度，本以霸王道雜之，奈何純任德教，用周政乎！且俗儒不達時宜，好是古非今，使人眩於名實，不知所守，何足委任？」乃嘆曰：亂我家者，太子也！」[147]

由此可見儒學在漢代統治者心目中的地位。儒學在漢代政治中的實際影響也可以從「文法吏」（文吏）的問題上看出來。儒學集團是漢代統治集團的一個重要來源，許多家族以儒術而得累代公卿，如東漢時的袁術家族「四世三公」。但儒生從未能完全壓倒文吏。東漢的王充在《論衡·程材》中對這個問題作了詳細討論。他：

> 將以官課材，材以官為驗，是故世俗常高文吏，賤下儒生。……科用累能，故文吏在前，儒生在後，是從朝庭謂之也。[148]

這說明文吏集團一直存在，儒生的治國能力倒是頗受質疑，故王充一再強調，儒生、文吏各有所長。他認為，在具體實務中，文吏長於儒生，但在決策諮詢方面，文吏則不如儒生：

> 文吏以事勝，以忠負，儒生以節優，以職劣。二者長短，各有所宜。世之將相，各有所取。取儒生者，必軌德立化者也；取文吏者，必優事理亂者也。[149]

若不是儒生受到歧視，王充也就不必這樣辯解了。可見，在號稱「獨尊儒術」的漢代，統治階級並沒有真正地、全面地貫徹儒家思想，而是「雜王霸而用之」。儒士也沒有真正成為統治階級的唯一台柱，儒士和文吏孰高孰下的較量一直沒有得到解決。

在這種情況下，儒家學者的對儒家思想的建設，一方面是進一步張大儒家思想中重仁義的一面，把義利之辨推向義的一端，強烈指責法家的不義。如賈誼《過秦論》中所說：

秦王懷貪鄙之，行自奮之智，不信功臣，不親士民，廢王道而立私愛，焚文書而酷刑法，先詐力而後仁義，以暴虐為天下始。[150]

董仲舒稱：

夫仁人者，正其誼不謀其利，明其道不計其功。是以仲尼之門，五尺之童羞稱五伯，為其先詐力而後仁誼也。[151]

另一方面，他們也吸收了其他各家的思想張大儒家理論。這方面貢獻最大的自然是董仲舒。他把陰陽家的天人感應、五德終始、災異符命等理論引入儒家思想體系，建立起一套宏大的意識形態學說，既為大一統的政治提供理論支持，也試圖對君權起到一定的約束、勸誡作用。

從理論的角度講，成為漢代國家意識形態的儒學，嚴格摒棄了功利主義在儒家思想中的存在。即使儒者參與實際的社會治理，不得不採用一些功利的措施時，也打著「通經致用」的旗號，保持自己的個性，以與文法吏集團區別。《漢書》為循吏與酷吏分別立傳，體現了這一點。

到東漢末年，儒學逐漸走向僵化。這既與當時的經學流於讖緯，理論建設不足致使其對知識階層的吸引力下降有關，也與儒學集團作為既得利益集團逐漸失去了道義的力量有關。

魏晉時代，統治集團以「名教」來打擊政敵，知識階層走上了「越名教而任自然」的道路，產生了玄學。以「名教」為標榜的統治集團越虛偽，玄學對知識階層的吸引力就越大。到南北朝時期，佛教大為流行。佛教以其精緻的思辨，吸引了知識階層，

經過幾百年的發展，在隋唐時期達到了高峰。因此魏晉以降的儒家在思想文化領域中，實際上長期處在與釋、道並列競爭的地位。

不過，儒學雖在意識形態領域失去壟斷地位，它對社會的實際支配力卻不斷成長，這體現在法律的儒家化進程上。

法律儒家化始於董仲舒的《春秋》決獄，之後又有一些儒生以經注律，試圖以儒家精神改造法律，但他們的工作對「承秦制」的漢法沒有發生多少實際影響。後來魏明帝命儒生陳群、劉劭在漢《九章律》的基礎上制定《魏律》，將體現儒家精神的「八議」入律，法律的儒家化才進入實際行動。晉武帝令賈充、杜預、裴楷等人編撰的《泰始律》，提出「峻禮教之防，準五服以治罪」，將這個進程大大推進。北魏崔宏、崔浩父子等儒生主持制定的《北魏律》，大規模地將儒家的禮教精神引入法典中，這是法律儒家化的高潮。隋、唐兩代繼承了前朝「援禮入法」的成就，完成了法律儒家化的進程。陳寅恪先生指出：

古代禮律關係密切，而司馬氏以東漢末年之儒學大族創造晉室，統制中國，其所制定之刑律尤為儒家化。既為南朝歷代所因襲，北魏改律復集之，輾轉蛻嬗，經由齊、隋以至於唐，實為華夏刑律不祧之正宗。[152]

這是對此進程的精當概括。可見，漢、唐兩代的儒學倒也沒有宋儒所說的那麼不堪，以至於全是「架漏過日」（朱熹語）。

從唐代中期到五代，是王綱解紐、政治動盪、唯以強權論勝負的時期。為保證社會安定，重整儒家學說成為各方的共識。儒家要想實現傳說中的三代那樣「天理流行」的局面，就必須增強其理論的解釋力，又要對實際政治有指導作用。

儒學的復興是以為宋王朝的合法性辯護開始的，如孫復、石介等對《春秋》尊王攘夷思想的發揮。為了收拾人心，他們還要砥礪名節。朱熹評價他們：

自范文正公以來已有好議論，如山東有孫明復，徂徠有石守道，湖州有胡安定，到後來遂有周子、程子、張子出。故程子平生不敢忘此數公，依舊尊他。……然數人者皆天資高，知尊王黜霸，明義去利，但只是如此便了，於理未見，故不得中。[153]

另一方面，宋代始終處在複雜的國際局勢中，在對外關係中常常處於挨打受欺的尷尬境況中，客觀上也需要務實的、講求功利的理論。這方面就以李覯的政治思想為代表了。

作為一個儒家學者，李覯堅持以禮為核心的儒家價值體系對社會政治的全面統攝。在此基礎上，他再次挑起了義利、王霸之辨，提出了他的功利政治主張，「很光明昭著的提倡著樂利主義」（胡適語）。他批評孟子的義利觀，認為孟子否定利、欲的合理性，是戕害人性的做法，這是世俗不喜儒的原因。他說：

利可言乎？曰：人非利不生，曷為不可言！欲可言乎？曰：欲者人之情，曷為不可言！言而不以禮，是貪與淫，罪矣。不貪不淫曰不可言，無乃賊人之生，反人之情，世俗不喜儒以此。[154]

他認為孟子「何必曰利」的主張過激了：

焉有仁義而不利者乎？其書數稱湯武將以七十里、百里而王天下，利豈小哉？孔子七十，所欲不踰矩，非無欲也。[155]

他否定了後世儒者以孟子的「何必曰利」來否定利的做法，因為孟子說那句話是有其具體語境的，脫離具體語境來談是不對的。李覯指出，孟子追求的是以七十里、百里之地統一天下，這豈止是利，簡直是大利。

王道與霸道是孟子經常拿出來對比的兩種治理國家的方式，他一向是不遺餘力地尊王黜霸，李覯則把王、霸的區別淡化了。他認為，王、霸都行道，只是行道者地位不同而有王霸之稱呼的差別：

皇帝王霸者，其人之號，非其道之目也。自王以上，天子號也。……霸，諸侯號也。霸之為言，伯也，所以長諸侯也。豈天子之所得為哉？道有粹有駁，其人之號不可以易之也。世俗見古之王者粹，則諸侯而粹者亦曰行王道；見古之霸者駁，則天子而駁者亦曰行霸道，悖矣。……所謂王道，則有之矣，安天下也。所謂霸道，則有之矣，尊京師也。非粹與駁之謂也。[156]

正如道學家認為他們在千餘年後得到子思、孟子的真傳，我們也可以說李覯於千載之後接上了荀子思想的理路，在儒家思想體系內重建了功利主義，儘管李覯很少正面談及荀子。至於李覯功利主義政治思想的各方面，以及他和荀子在思想上的傳承關係，前兩章已有分析，茲不再重述。

三、李覯之後儒家功利主義的發展

李覯寄予厚望的慶曆新政失敗了，北宋的社會危機仍舊存在，這是王安石變法的客觀基礎。在變法中，王安石有機會將他和改革派前輩的功利主張付諸實踐，進行檢驗和發展。

王安石之後，陳亮作為南宋事功學派的代表，再次為功利主義申辯。在與朱熹的辯論中，他從理論上發展了儒家功利主義。

（一）王安石與李覯的功利理論之同異

王安石變法是中國古代史上的一件大事。九百多年來，關於王安石和他的新政，一直眾說紛紜，褒貶不一。

熙寧新政開始於熙寧二年（公元一○六九年），上距慶曆新政（公元一○四三年）二十六年。慶曆新政發動時，王安石剛踏上仕途。作為政府官員，王安石目睹了它的發起與失敗，因此慶曆新政對他的影響是肯定的。那麼作為慶曆新政的理論支持者，李覯對王安石有沒有發生影響呢？由於文獻的缺乏，我們無從考證李覯與王安石是否有過直接來往。但對於李覯和王安石在思想方面的承接關係，絕大多數學者都是肯定的[157]，對此筆者就不再贅述了。

與李覯等同時代思想家一樣，王安石也以回復先王之法為改革之號召。他在給仁宗皇帝的上書（即《上皇帝萬言書》）中指出，天下財力困窮、風俗衰壞，有志之士常為天下不久安而擔心，其原因是「方今之法度，多不合乎先王之政故也」[158]。在入對神宗時，他勉勵神宗「當法堯、舜，何以太宗為哉？」[159]

但法先王有「真」、「假」的問題。與張載切切實實要恢復三代之政的主張相比，李覯與王安石都主張「法其意」。李覯批評那些言必復古的「世俗之說者」：

古未易復也。…生乎今之世，反古之道，如此者，災及身者也。[160]

其實從李覯的思想發展來看，他在年輕時應該也曾真誠地相信過復古之道可行。在對世事有了更深刻的認識後，他才說出上面的話。王安石則從未糊塗過。他在早年寫的《上皇帝萬言書》中指出，法先王當法其意：

法其意，則吾所改易更革，不至於傾駭天下之耳目，囂天下之口，而固已合乎先王之政矣。[161]

就是說，「法先王」不過是託古改制，以塞反對派之口而已。這原也是儒家自古以來的拿手好戲。《總目》評論他的《周官新義》：

《周禮》之不可行於後世，微特人人知之，安石亦未嘗不知也。安石之意，本以宋當積弱之後，而欲濟之以富強。又懼富強之說必為儒者所排擊，於是附會《經》義以鉗儒者之口，實非真信《周禮》為可行。[162]

這可謂知論。與李覯號召「治國之實，必本於財用」、「必先富其國」一樣，理財也是王安石治國方略中的核心內容。他把義與理財結合起來，提出「以義理財」的口號：

聚天下之人，不可以無財；理天下之財，不可以無義。夫以義理天下之財，則轉輸之勞逸不可以不均，用度之多寡不可以不通，貨賄之有無不可以不制，而輕重斂散之權不可以無術。[163]

王安石也以《周禮》為依傍，作《周官新義》闡發其理財主張，強調：

理財乃所謂義也，一部《周禮》，理財居其半。[164]

他認為，只要善於理財，多開發生財之道，就不患財用的匱乏：

因天下之力，以生天下之財；取天下之財，以供天下之費。自古治世，未嘗以不足為天下之公患也，患在治財無其道耳。[165]

可見，在理財的問題上，王安石和李覯也是「所見略同」。不過他們對於儒家功利主義的展開，在邏輯進路上有很大的差別。

首先是關於孟、荀的看法。李覯宗荀疑孟，王安石則與之相反，崇孟貶荀。歐陽脩曾寫詩鼓勵王安石「成為」韓愈，王安石在答詩中寫道：

欲傳道義心雖壯，學作文章力已窮。他日若能窺孟子，終身何敢望韓公！[166]

表示孟子才是他的榜樣。他立身行事，以孟子之道自處，如他在給友人的信中說的：

某讀《孟子》，至於「不見諸侯」，然後知士雖厄窮貧賤，而道不少屈於當世，其自信之篤、自待之重也如此。……某嘗守此言，退而甘自處於微賤，夜思晝學，以待當世之求，而未嘗懷一刺、吐一言，以干公卿大夫之間，至於今十年矣。[167]

王安石早年注解過《孟子》，還曾模仿《孟子》寫《淮南雜說》數萬言，當時人們認為他的文章和孟子不相上下。據晁公武說，此書引發「當時天下之士，始原道德之意，規性命之端」[168]。或許後來理學家們熱心探討的道德性命問題，最早還是《淮南雜說》引發的。現遺有《性論》一篇，其文曰：

古之善言性者莫如仲尼；仲尼，聖之粹者也。仲尼而下莫如子思；子思，學仲尼者也。其次莫如孟軻；孟軻，學子思者也。仲尼之言載於《語》，子思、孟軻之言著於《中庸》而明於七篇。然後世之學者見一聖二賢性善之說，終不能一而信之者，何也？豈非惑於《語》所謂『上智下愚』之說歟？噫！以一聖二賢之心推之，則性歸於善而已矣。其所謂愚智不移者，才也，非性也。性者，五常之謂也。[169]

這裡王安石以「性善」說為孔子、子思、孟子一脈相承之教，並標舉出《中庸》、《孟子》，實發後來理學家的先聲。賀麟先生評價此篇論性善，「醇正無疵，不亞於程朱」[170]。

對於荀子，王安石則提出過很多尖銳的批評。如他批評荀子以亂世之事度量聖人，說他「好妄」，稱「後世之士，尊荀子以為大儒而繼孟子者，吾不之信矣」[171]；又批評荀子所記載的孔子之言，「非孔子之言而為荀卿之妄」[172]；等等。

筆者認為，王安石之崇拜孟子，可能是由於他在氣質上較為接近孟子的理想主義，崇拜孟子那種「雖千萬人吾往矣」的大丈夫氣勢。至於在政治實踐中，他也不得不走務實的路線，與李覯一樣，更接近荀子的現實主義。

其次，在解決王霸的問題上，王安石比李覯做得更徹底一些。李覯是透過把王霸虛化，也就是把它們的區別變成稱號上的不同來解決的。王安石則以動機論解決解決王、霸的問題。他指出：

仁義禮信，天下之達道，而王、霸之所同也。夫王之與霸，其所以用者則同，而其所以名者則異，何也？蓋其心異而已矣。[173]

就是說，王與霸所行之事相同，都是「仁義禮信」。但兩者在行仁義禮信之事的時候，所抱的主觀動機不一樣，這就導致了兩者有不同的名號。王者行仁義禮信之事，只不過是在做他們認為應當做的事情而已，無須天下人對他們作出仁義禮信的評價，屬無心而為。霸者行仁義禮信之事則屬有心為之，他們並不認同仁義禮信，

其主觀動機是求私利。只是為遮掩天下人的耳目，他們為自己的求利活動披上仁義禮信的外衣。王安石指出，王道高於霸道：

王者之道，雖不求利，而利之所歸。霸者之道，必主於利，然不假王者之事以接天下，則天下孰與之哉？[174]

王安石試圖以內在的動機論將王霸統一起來，克服王道無力、霸道無義的局面，故其對王霸問題的解決比李覯又深入了一層。這也可作為王安石尊孟抑荀的另一個解釋：他需要孟子的性善論作為調和王霸的理論基礎。

第三，關於王安石的經學成就，亦可引四庫館臣對其《周官新義》的評價：

安石解《經》之說，則與所立新法各為一事。程子取其《易解》，朱子、王應麟均取其《尚書義》，所謂言各有當也。[175]

作者站在程朱的立場，認為「安石以《周禮》亂宋」，但對其經學研究的成就則實事求是地予以了肯定。王安石讀書治學，講求旁學雜收。無論法家還是釋老，均有所涉獵，不拘於一隅，故他和范仲淹一樣不反佛。到了晚年，他不僅與佛教界人士來往密切，還精研佛理，注解過多種佛經。這也是他和李覯的不同之處。

謝善元先生曾對比王安石與李覯關於文明起源的理論，認為王安石的理論分析比較粗略且缺乏推理，跟李覯相比，「王安石是一個比較弱的理論家」[176]。筆者認為，李覯以「禮」，亦即從外王的理路論證其功利主張，王安石則試圖從內聖外王相結合的理路來論證。邏輯進路不同，論述的重點也不同，我們不應以李覯之長和王安石之短相比較。因此，王安石的理論造詣，即使不說比李覯更高，至少也是不相上下的。

（二）以熙寧新政評價李覯的政制主張

慶曆新政與熙寧新政所針對的社會形勢沒有太大變化，因而後者的許多措施是前者的延續和落實。但與慶曆新政以改革官僚機構為主要目標相比，熙寧新政沒有特別強調針對官僚隊伍的改革。王安石僅對政府機構做了一些小的革新，如充實了許多以前被認為是養閒人的機構的職能，如司農寺；裁撤州縣（截至公元一〇八五年，裁撤掉州軍監二十多處，縣一百多處[177]）；調整吏胥和低級官員的薪俸，以保證其

「高薪養廉」主張的落實；為得到足夠的人才參與變法，越次擢拔了一批低級官員和下層士大夫等。

這可能是吸取了慶曆新政的教訓，因為改革直接針對官僚隊伍，會招致更大的反對。王安石的主旨是理財富國：

誠能理財以其道而通其變，……固知增吏祿，不足以傷經費也。[178]

只要有了足夠的收入，即使給更多的官員發更多的錢都不是問題，所以精簡官員不是他主要解決的問題。

范仲淹等人未能將其新政全面推開，王安石則有機會徹底實現其主張。新政推行得越徹底，其負面效應暴露得就越充分。加之新舊黨爭劇烈，也使得新法在推行中走樣。有學者指出：

王安石能把自己的政治主張付諸實行，這是他的大幸，也是他的不幸。[179]

對於李覯的理論，後人只能以其邏輯和立場來評價。有些可能造成負面效應的主張，因純是書生議政，不曾實施，他也不必為此受指責。而王安石則將其主張落實到實際層面、影響到現實民生了，對其理論的評價就不能僅以其立場和邏輯來評價了。這也給筆者一個提示：我們不妨以熙寧新政各項舉措的效果來考量一下李覯的政治制主張之價值。如果我們認為王安石的部分主張來源於李覯的話，那麼對這部分主張的實際效果的評價，自然也可以應用到對李覯的評價上。筆者先將熙寧新政的各項舉措，按照出台時間的順序概括如下。

1. 制置三司條例司

熙寧二年（公元一〇六九年）二月，設「制置三司條例司，掌經畫邦計，議變舊法」[180]，這是熙寧新政開始的標誌。此機構由王安石領導，負責制定新法，權力在兩府三司之上。這是對宋代政治體制的突破。在大臣們的強烈反對下（神宗本人也不無擔憂），次年被罷歸中書，王安石便以司農寺承擔新法議行事務。

2. 均輸法

熙寧二年（公元一〇六九年）七月，立淮、浙、江、湖六路均輸法，主要解決京城物資供應的問題[181]。當時物資供應制度的弊端是，地方上供物資，不了解京城實際需要，發運使只按簿書督促，經常供需脫節。遇有特殊時節需要，則遣使「劃

刷」。地方為不時之需，也多儲藏一些，這樣就增加了民間稅賦。緩急之間，又給富商巨賈造成了機會，「因時乘公私之急，以擅輕重斂散之權」[182]。

前文李覯論泉府之制平抑物價時，已經提到這個問題。王安石以發運使掌控各路稅賦和茶鹽礬專賣收入。他們根據京城所需物資，及時調劑餘缺，按照「徙貴就賤，用近易遠」的原則，「從便變易蓄買」，儲存備用，以節省價款和轉運的勞費。均輸法限制了富商大賈的投機，也稍減輕了許多納稅戶的額外負擔。

與發運使工作相關，王安石還改進了漕運法。由於以往漕運往往有吏卒侵盜貨物，王安石薦薛向主持此事，募客舟與官舟分運，相互檢察，乃去舊弊（李覯在討論榷茶時，也提到過此項弊政）。此雖微末之事，梁啟超先生特地標出，以說明王安石「知人善任綜核名實之效」[183]。

3. 青苗法

熙寧二年（公元一〇六九年）九月，行青苗法。前文述李覯論常平倉時已提到，春夏之間是農民青黃不接的時候，貧戶往往被迫向富戶借糧借款，受到富戶的高利盤剝。青苗法就是針對這個問題而設[184]。

王安石在鄞縣任上曾試行在春夏之交以常平倉的餘糧借給農民，秋收時在讓他們加息償還的做法，在其他一些地方也有過類似實踐。王安石認為這是「先王散惠興利、以為耕斂補助之意」，將這方面的經驗加以總結，並頒行全國。此法的實質是以政府的低息貸款取代民間的高利貸，梁啟超則比之於官辦勸業銀行，指出：

後此有陰竊青苗法之實而陽避其名者，則朱子之社倉是也。[185]

王安石的諸項新政，朱熹僅對此一項給予了肯定，並在小範圍仿行過。

4. 農田水利法

熙寧二年（公元一〇六九年）十一月頒布的農田水利法，又稱農田水利約束，是關於改良農田、興修水利的措施。此項措施又與青苗法、選人才相結合。其具體實施，包括了整治河道湖陂、淤田、墾荒三項[186]。

李覯在論井田制時，也把農政設施建設作為以農業富國的重要內容。此項制度應該是最少爭議的，因為農業生產必然要興修農田水利，故鄧廣銘先生指出，這是最能體現「為天下理財」主張的一項制度。

5. 省兵法

熙寧二年（公元一〇六九年）開始合併軍營。前文已述，宋代的養兵，不僅是國家財政一大負累，也是軍隊戰鬥力差的一個原因。熙寧元年，宋神宗已下令諸路監司考察州兵，不如法者按之，不任禁軍的降為廂軍，不任廂軍的免為民。從熙寧二年開始合併軍營，裁汰老弱之卒。保留下來的士卒，分等第，試武藝，獎優黜劣。從熙寧四年（公元一〇七一年），又裁併廂軍。

這些措施使軍隊數量有較大下降。到公元一〇七五年，禁軍有五十六點八萬餘人，軍隊總額為七十九點六萬餘人；而在英宗時代，這兩個數字分別是六十六點三萬和一百一十六點二萬餘[187]。

6. 將兵法

熙寧三年（公元一〇七〇年）十二月，改革更戍法，使將與兵相熟。從熙寧七年（公元一〇七四年）又推行將兵法，為各路兵設置固定的將、副。到元豐年間，共設了九十二將。所謂將，大致相當於今日集團軍的意思，駐扎在天下各個軍事要地，由有作戰經驗者指揮、訓練士兵。

李覯曾指出，軍隊作戰，須官兵相知。此前宋軍實行兵將分離的制度，雖可預防軍人作亂，結果卻是有百萬軍隊而不能戰勝西夏，不得不以歲幣求安。范仲淹經略西北時曾嘗試過將兵法，置六將，每將三千人，各選將領督促訓練，其效果頗為顯著。至此將其經驗全面鋪開。而靖康之後，軍制亦依此建立，說明其符合軍事建設的規律。

7. 保甲法

熙寧三年（公元一〇七〇年）十二月頒行保甲法。這是李覯曾大力推廣的《周禮》寓兵於民政策的實踐，主要解決鄉村基層治安和鄉兵組織的問題。

宋代地方武裝力量薄弱，前文已論及。保甲法規定[188]，農村住戶，十家為一保，設保長；五十家為一大保，設二大保長；十大保為一都保，設都、副保正。一家有兩丁以上的，出一人為保丁。允許他們自置武器，加以訓練。以大保為單位，保丁夜間輪差巡警，維護治安。此法的用意，一方面是把基層民眾按保甲組織起來，建立治安體系，另一方面是使壯丁接受訓練，改變當時募兵制下兵無訓練的狀況。

8. 貢舉新法

熙寧四年（公元一〇七一年）二月，更定科舉法。新法罷廢詩賦及明經諸科，專以經義、論、策試士。熙寧新政繼續推進了慶曆新政對科舉制的改革，最後確立了以考查義理為主的科舉考試模式；規定考試四場，試本經、試兼經與大義、試論、試時務策；明經諸科名額都改為進士[189]。

9. 太學三舍法

熙寧四年（公元一〇七一年）十月，立太學生三舍法，其法為：太學生先入外舍，優者升入內舍，再入上舍。上舍生考試成績優異者直接授官[190]。這體現了《周禮》以學校育人、取人的設想；對優秀的上舍生的直接任用，也在一定程度上解決了李覯所批評過的「君子之道不逞於童子之雕蟲」的問題。

10. 免役法

免役法，又稱「募役法」，這是王安石最為重視的一項改革措施。此法自熙寧二年（公元一〇六九年）開始醞釀[191]，到熙寧四年（公元一〇七一年）十月正式推行，歷時兩年多時間才全面展開。

宋代農民差役負擔很重，李覯也批評過。他的主張是嚴格限制、減少免役的戶數，以減輕農民的負擔。免役法規定，原來輪流充役的農戶不再直接服役，而代之以役錢，故稱「免役法」；民戶出免役錢後，可以專心務農，政府再招募他人代替服役，故又稱「募役法」；原來享有免役權的人戶也要交納役錢，這實際上減輕了農民負擔，同時又增加了政府收入。梁啟超先生說這相當於人身稅，稱其為「救當時的第一良政」。

王安石對此法頗為自信。後來司馬光罷廢此法時，不僅出乎王安石意外，連司馬光一方的不少人也表示遺憾。

11. 市易法

熙寧五年（公元一〇七二年）三月行市易法[192]，目的是控制操縱市場的豪商大賈。理論依據就是前面李覯說過的《周禮》的司市和漢代的平準官，實踐案例有王韶在秦鳳邊境的嘗試，所以梁啟超說「市易之起，本出於荊公之殖民政策」[193]。

市易法規定，政府出資作為本錢，在開封（後推行到各大城市）設置市易務官，由其根據市場情況，調節物價，收購滯銷貨物，緊缺時賣出；商販也可以向市易務貸款，或賒購貨物，以達到平抑物價、打擊豪商的目的。

市易法的實質，是以豪商巨賈控制市場改為由政府控制市場。不僅打擊了豪商巨賈，也增加了朝廷財政收入。不少論者對這一點給予充分肯定。梁啟超先生認為，這是荊公諸法最不可行的，因為：

現今之經濟社會，唯有聽其供求相劑，而自至於平，所謂自由競爭者，實其不可動之原則也。[194]

當政府變成市場盈利的主體時，其對市場經濟的危害恐怕要大於商人的操控市場，除非保證市易務管理人員道德高尚，自覺地不利用其壟斷權力參與市場逐利。我們知道，這幾乎是不可能的。

12. 保馬法

熙寧五年（公元一〇七二年）五月行保甲養馬法（後又補充戶馬法）。軍隊所需馬匹，原是由政府的養馬監負責，耗費巨大。此法則規定，把官有的馬分派給民戶牧養，實際上是把政府養馬的負擔轉移給了農戶。梁啟超先生說：

諸新法中，其最不衷於學理者，莫如保馬法。[195]

此法確實於民不便，故言新法不便者都先攻之。

13. 方田均稅法

熙寧五年（公元一〇七二年）八月，頒行方田均稅法。方田，即以千步方田法丈量民田[196]。此法意在透過清查土地，以土地核定稅役，是為解決當時大量富戶隱瞞土地，少納租稅和逃避勞役的問題。但在技術上清查土地是一個非常困難的事情，加之朝廷政爭，所以此法僅在個別地方推行。

14. 經義局

熙寧六年（公元一〇七三年）三月，置經義局，由王安石負責組織撰寫《詩》、《書》、《周禮》三經新義[197]。兩年後，《三經新義》頒於學官，作為統一教材。但此項制度，梁啟超先生認為是「荊公政術之最陋者」：

蓋欲社會之進化，在先保其思想之自由，故今世言政治者，無一不以整齊劃一為貴，而獨於學術則反是。[198]

就是說，統一教科書，妨礙思想自由，最終會影響社會進步的。

15. 軍器監

熙寧六年（公元一○七三年）八月，根據王安石的兒子王雱的建議，詔置軍器監，「總內外軍器之政」[199]。設軍器監後，宋軍的武器裝備有了很大的改進。前文已述，武器設備的改進也是李覯所關心的。

以上是筆者對熙寧新政推行的各方面政策的簡要歸納。下面我們就以熙寧新政的實踐為參照，分析一下李覯關於改革的各方面設想的價值及其可能性。

李覯在軍事方面的設想落實得最多，也取得過實效。他主張仿效《周禮》推行寓兵於民的民兵制度，強調加強地方守備，以及改革任將之道、精良軍械製作等。這些觀點，在熙寧新政落實為省兵法、將兵法、保甲法、軍器監法等政策。省兵法以去其冗，將兵法以精其銳，保甲法則可慢慢取消募兵制，再加上保馬法、軍器監法，這是王安石對宋代軍制的大變革。改革後的宋室改變了保守對外的政策，主動出擊，在西北的河湟之役、西南的蠻夷之役、南方交趾之役中，都取得了一些戰果，扭轉了北宋屢戰屢敗的局面。當然，由於宋代的家法，李覯認為對付邊患的上等策略，即實行軍屯是不可能落實的。

李覯關於人才選拔機制的設想，部分在熙寧新政的貢舉新法、三舍法等得到實現。但他設想過的嚴格考核升遷、減少庇蔭、延長官員任期等制度，王安石都主動迴避了。無論如何，推動改革還是要依靠現有的官員隊伍。反對派的不合作就已經使得熙寧新政舉步維艱了，更何況直接侵犯官員既得利益的舉措呢？

關於富國之策，李覯以強本抑末為增加社會財富的原則與途徑。強本是指加大人力投入、充分耕作土地；抑末則是指限制工商業的規模，以及限制奢侈品的生產消費等。

我們知道，振興工商、活躍資本的流動才是真正的生財之道。在今天我們都很難依靠種植農作物增加財富，況且在當時的技術條件下。地種得好，僅免於饑餓而已，怎能生財？鄧廣銘先生稱農田水利法是最能體現為王安石為天下生財的措施，

說明王安石也是主要依靠農業生產來生財。加強農田水利建設當然重要，但其結果無非是多打一些糧食而已，以之生財就不現實了。

與強本抑末之策相關的，還有限占田、驅遊民回鄉等方案。熙寧新政的方田均稅法，僅是實地丈量土地以確定稅額，根本沒有涉及到限田，尚且不能推行，限田那就更是幻想了！至於驅遊民和冗食者回鄉等措施，王安石沒有、也不可能採用，否則必然天下大亂。

李覯反對貧富差距過大，主張抑制兼併。他的策略，除了由政府主持重新分配農村土地、推行限田之法，還要求政府在流通領域採取平糶之法、泉府之法、司市之法等，以行政手段抑制富商。王安石也認為過度兼併導致了民眾生計艱難，提出了為天下理財的主張：

夫合天下之眾者財，理天下之則者法，守天下之法者吏也。吏不良，則有法而莫守；法不善，則有財而莫理。有財而莫理，則阡陌閭巷之賤人，皆能私取予之勢，擅萬物之利，以與人主爭黔首，而放其無窮之欲。非必貴強桀大而後能。如是而天子猶為不失其民者，蓋特號而耳。[200]

李覯的抑兼併的幾項主張，在熙寧新政中落實為青苗法、均輸法、市易法等。這些政策，不僅對市場和商業施以嚴厲管制，還把政府機構變成了經濟活動中的主體，其弊害則有中國以前的計劃經濟體制做參照，無需筆者詳述了。生長在市場比較繁榮的時代、支持工商的明代思想家李贄批評王安石說：

安石欲益反損，欲強反弱，使神宗大有為之志，反成紛更不振之弊。此胡為者哉？是非生財之罪，不知所以生財之罪也！[201]

就是說，他主張生財沒錯，只是方法錯了。那麼如何解釋熙寧新政出現的一度國庫充實的局面呢？或許我們應該考慮一下司馬光對新政的批評：

天地所生財貨百物，不在民，則在官，彼設法奪民，其害乃甚於加賦。[202]

這並非毫無道理的指摘，我們不能盡保守論之。實際上在熙寧新政中，王安石並沒有真正提出很多生財之道，雖然他說過，不加賦也可增加財用：

去重斂，寬農民，庶幾國用可足，而民財不匱。[203]

早年他在度支判官任上，曾參加榷茶的討論，他的立場是廢除榷茶之法：

國家罷榷茶之法,而使民得自販,於方今實為便,於古義實為宜;而有非之者,蓋聚斂之臣將盡財利於毫末之間,而不知「與之為取」之過也。[204]

對於榷鹽之法,他也不支持。在鄞縣任上,浙東轉運使孫司諫下令懸賞告捕私販海鹽者,王安石對此不以為然,勸他收回文書[205]。這與李覯對待榷茶和榷鹽的態度是一樣,主張放開茶鹽的禁榷。

但當他成為實際的主政者後,對茶、鹽等物資的控制毫無減弱。因為新政得以推行,依仗的是希望馬上看見實效的神宗皇帝。在這種情況下,王安石只能首先考慮政府的利益,即國庫的充實。在推行新政時,他身不由己地放棄了早年的惠民主張,最終走上了聚斂之路,進一步加強了國家專賣的力度和範圍。這是他前後不一致之處。梁啟超先生指出,王安石的策略本質上是一種國家主義主張,即由國家控制一切財富並主導財富的生產與分配:

能摧抑兼併者誰乎?則國家而已。荊公欲舉財權悉集於國家,然後由國家酌盈劑虛,以均諸全國之民,使各有所藉以從事於生產。[206]

梁先生擔心這種國家主義道路的危險:

本意欲以摧抑兼併,萬一行之不善,而國家反為兼併之魁,則民何訴焉?而盜臣因緣以自肥,又無論焉。故荊公之政策,其於財政上所收之效雖頗豐,而於國民經濟上所收之效滋嗇,良以此也。[207]

還有財、利集中於國家,由誰來主持分配的問題:

為國家分掌此理財機關之人,甚難其選,而集權既重,弊害易滋,此其著者也。
[208]

這是梁氏寫於公元一九〇八年的文字。回顧百餘年來,中國人為求國家富強與生活幸福所走過的道路,特別是一九七八年前後的兩個三十年間中國人所經受的,不由令人慨嘆萬千。

關於政治體制,李覯呼籲君主強力推行改革,號召君主信任臣下,這是對宋代刻意防範臣下作風的抗議。宋神宗一度對王安石言聽計從,奇蹟般地實現了這一點。但這樣的狀態持續了短短幾年的時間,最終宋神宗還是在群情洶湧中收回了他的信

任，這說明儒家所設想、期待的君臣遇合是一件多麼難得的事情！至於財政管理、後宮管理等方面直接與限制君主權力相關的設想，那就更無緣實施了。

（三）陳亮對儒家功利主義的發展

熙寧新政是對北宋社會、政治、文化諸方面綜合調整的嘗試，對宋代乃至其後中國社會都有很大的影響。

就學術而論，它刺激了宋學中理學一系的形成。在范仲淹等宋學初期人物那裡，學者們的分歧還處在混沌狀態中。但以熙寧新政為分界，思想門派間的睽離更加顯明。如余英時先生所指出的：

理學家在政治上與王安石分裂以後，轉而沉潛於「內聖外王之道」，為秩序重建作更長遠的準備，因為他們始終認定「新法」的失敗，其源在錯誤的「新學」。為了解除上述的疑問，建立更穩固的信仰，他們發展了關於秩序重建的雙重論證。第一是宇宙論、形上學的論證，為人間秩序奠定精神的基礎；第二是歷史的論證，要人相信合理的秩序確已出現過，不是後世儒者的「空言」，而是上古「聖君賢相」所已行之有效的「實事」。[209]

也就是說，王安石變法造成的後果，使得部分儒家學者轉向內在的形而上世界尋求王道政治的實現，即內聖外王之道。

就政治實踐而言，它改變了宋代的政治運轉模式，出現了《朱熹的歷史世界》所揭櫫的權相現象、國是問題等，其影響直接波及到南宋末年。最為突出的是黨爭成為北宋政治生活中的大事。

無論主持變法的王安石還是反對變法的司馬光，都是道德學問超卓的人物，也都真誠地為天下國家著想，他們的爭鬥還算君子之爭。他們離世以後，參與黨爭的人們就多是出於維護自身利益而意氣用事了。北宋的朝政就像翻烙餅一樣，在新舊兩黨的相互攻訐中走向了滅亡。特別是徽宗時代，曾是王安石變法助手的蔡京，打著紹述的旗號為徽宗搜括民財，弄得國是越發不可收拾，終於招致靖康之禍。

南宋誕生於靖康之禍的山河飄搖之際，始終伴隨著巨大的外患。在這種局勢下，一部分渴望振興的人士不斷對朝廷採取的屈辱政策表示抗議，思想家之間也不斷就

朝廷的政策發生辯論。最為激烈的辯論，就發生在陳亮與朱熹之間。在辯論中，陳亮再次推動儒家功利主義的發展。

陳亮[210]的一生都在宋孝宗趙昚（公元一一二七至一一九四年）期間度過。孝宗生長於民間，有志於恢復。隆興元年（公元一一六三年）他即位後，立即平反岳飛冤案，啟用一批被秦檜打壓的主戰派官員。他任命老將張浚主持軍事，當年五月即發動北伐，初獲小勝，旋遭「符離之敗」，不得不向金人求和，次年底簽訂了屈辱的「隆興和議」。在接下來的乾道年間（公元一一六五至一一七三年），孝宗一直積極整頓軍事，希望能北伐[211]。

在這種時代氣氛下，陳亮形成自己的功利主張。乾道五年（公元一一六九年），陳亮參加禮部會試失利，他向孝宗上《中興五論》，勸孝宗北伐，沒有得到回應。於是他「退修於家，學者多歸之，益力學著書者十年」[212]。

陳亮早年受到過理學的影響。最早賞識他的地方官周葵曾「授以《中庸》、《大學》，曰：『讀此可精性命之說。』遂受而盡心焉」[213]。陳亮曾重刊理學家的著作，編訂過理學書籍。在他的《語孟發題》中，有「求正人心之說者，當知其嚴義利之辨於毫釐之際」這樣道學味十足的話。

不過他與理學家不同的是，他比較重視史學。陳亮寫過不少的歷史著作，如《酌古論》、《漢論》、《三國紀年》等。他為學生編訂的教材，以五經為主，也參以史書。可見史學是他的功利主義思想的重要根基。

隨著思考的深入，他與理學家的思想差異逐漸增大。淳熙五年（公元一一七八年），他再次詣闕上書，勸孝宗打破苟安的局面，廢除與金人的和約，變法圖強，收復中原。受到某些大臣的阻撓，陳亮連上三書，終究沒有能面見孝宗，只得回鄉閒居。在這次的上書中，他闡述了自己的為學路徑：

窮天地造化之初，考古今沿革之變，以推及皇帝王伯之道，而得漢魏晉唐長短之由，天人之際昭昭然可考而知也。[214]

說明他是直接從歷史的興亂更替中總結經驗的。與他論辯的朱熹極不贊成他的史學觀：

看史只如看人相打，相打有甚好看處？陳同父一生被史壞了。[215]

也從反面印證了這一點。他在上書中還痛斥當時的理學家，表明他與理學家的分歧：

始悟今日之儒士，自以為得正心誠意之學者，皆風痺不知痛癢之人也。舉一世安於君父之仇，而方低頭拱手以談性命，不知何者謂之性命乎？[216]

不過他並非針對朱熹，這時他們還沒有直接交往。他們兩人都是呂祖謙的朋友，但直到呂祖謙去世的次年即淳熙九年（公元一一八二年）才初次見面。當時朱熹任提舉浙東茶鹽公事，在巡視浙東期間，陳亮趕去與之相見，盤桓十日。後來朱熹也曾到陳亮家拜訪。彼此印象都不錯，朱熹在分開後致陳亮的信中（《寄陳同甫書一》）表達了他的感受。陳亮則在回信中（《壬寅答朱元晦祕書》）提出：

天下，大物也，須是自家氣力可以幹得動，挾得轉，則天下之智無非吾之智力。形同趨而勢同利，雖異類可使不約而從也。若只欲安坐而感動之，向來諸君子固已失之偏矣。[217]

表達了應以共同的利益感召人，而不能僅憑道德感召力的觀念。接著陳亮又致朱熹一信（《又壬寅夏書》），並把自己新做的《雜論》隨信寄給朱熹看。可能朱熹有些不快，在這年七月的回信（《寄陳同甫書·二》）中說：

新論奇偉不常，真所創見，驚魂未定，未敢遽下語。[218]

不置可否，實際上是有了不同的看法。這些書信往來是淳熙九年夏天的事，到了下半年，就發生了朱熹彈劾唐仲友的政治風波。因宰相王淮祖護唐仲友，朱熹只得辭職回家。陳亮與唐仲友有一些親戚關係，所以朱熹可能對陳亮有一些疑竇。淳熙十年（公元一一八三年）秋，陳亮致信朱熹（《又癸卯秋書》）談唐仲友事，表白自己的態度。朱熹當即回復陳亮（《寄陳同甫書·三》）對他表示感謝，也表達了對陳亮思想的一些不同看法。

淳熙十一年（公元一一八四年）春，陳亮因故入獄，到五月才出獄。出獄時，陳亮曾託人帶一短信向朱熹彙報情況。朱熹在接到此信之前已致信一封（《寄陳同甫書·四》），信中說陳亮罹此牢獄之災是因為「平時自處於法度之外，不樂聞儒生禮法之論」，因而勸他：

絀去義利雙行，王霸並用之說，而從事於懲忿窒欲、遷善改過之事，粹然以醇儒之道自律。[219]

接到陳亮出獄的訊息後，朱熹又回信一封（《寄陳同甫書·五》），以「名教中自有樂處」勸導陳亮，叫他走中庸路線，尋一條「平穩正當大路」。陳亮回家看到朱熹這兩封信之後，考慮甚久，回了朱熹一封長信（《又甲辰秋書》）。在這封信中，他針對朱熹勸他「絀去義利雙行，王霸並用之說」，說明了自己對義利王霸的看法。此後兩個人各寫長信就這個問題展開爭論[220]。

在這幾封信中，陳亮在與朱熹的論辯中，比較全面地闡發了他的功利主義主張，大致內容如下：

首先是義與利、王與霸的關係。

陳亮與朱熹在義利、王霸問題上本來就有分歧，但直接促使陳亮就此問題向朱熹發難的是，朱熹勸他「絀去義利雙行，王霸並用之說」。陳亮對此頗不以為然。他回顧了儒家對於義利王霸之辨的認識歷史：

自孟荀論義理王霸，漢唐諸儒未能深明其說。本朝伊洛諸公辨析天理人欲，而王霸義理之說於是大明。

就是說，義利王霸之辨主要是由宋代理學家們分辨清楚的。他指出，理學家們把義與利、王與霸完全對立起來，認為三代以王道、以天理治天下，漢唐以霸道、以智力治天下；認為漢唐人取得治世的成績，只不過是他們偶然與天理契合。當然，這也正是朱熹的看法：

以儒者之學不傳，而堯、舜、禹、湯、文、武以來轉相授受之心不明於天下，故漢唐之君或不能無暗合之時，而其全體卻只在利欲上。[221]

他認為，漢唐諸君以利欲為追求，即使成功了也不是行道的結果，只是偶然暗合於道而已，所以是霸道。

陳亮認為，即使三代的君主推行王道政治，也離不開功利、殺伐的活動：

禹、啟始以天下為一家而自為之。有扈氏不以為是也，啟大戰而後勝之。湯放桀於南巢而為商，武王伐紂，取之而為周。武庚挾管、蔡之隙，求復故業，諸嘗與

武王共事者欲修德以待其自定，而周公違眾議舉兵而後勝之。夏商周之制度定為三家，雖相因而不盡同也。五霸之紛紛，豈無所因而然哉？[222]

這說明古代的王道聖人固然行王道，但他們又都需要霸道的手段才能實現目的。求功利與行仁義並不矛盾，孔子也曾稱許管仲九合諸侯之功。反過來，漢唐的君主們推行霸道，同樣也有其道義的擔當在裡面。他們雖行「禁暴戢亂，愛人利物」的霸道，但也體現了「赤子入井之心」的仁義。陳亮說：

（高祖、太宗）禁暴戢亂，愛人利物而不可掩者，其本領宏大開廓故也。故亮嘗有言：三章之約非蕭、曹之所能教，而定天下之亂又豈劉文靖所能發哉！」此儒者之所謂見赤子入井之心也。其本領開廓，故其發處便可以震動一世，不止如見赤子入井時微渺不易擴耳。[223]

所以漢高祖、唐太宗雖「以位為樂」、「以天下為己物」，追權逐利，客觀上卻是仁政的實現，體現了「仁心」、「德義」的王道：

至於以位為樂，其情猶可以察者，不得其位，則此心何所從發於仁政哉？以天下為己物，其情猶可察哉，不總之於一家，則人心所底止？[224]

可見王道與霸道沒有截然的對立。王道需要霸道的手段輔助，而行霸道能取得成功，必然有符合王道的要求之處。陳亮還從歷史的角度說明，所謂三代天理流行只不過是個傳說：

祕書以為三代以前都無利欲，都無要富貴底人。今《詩》、《書》載得如此淨潔，只此是正大本子。亮以為，才有人心便有許多不淨潔，「革」道止於革面，亦有不盡概聖人之心者。聖賢建立於前，後嗣承庇於後，又經孔子一洗，故得如此淨潔。[225] 三代的歷史看起來如此理想，實際上孔子清洗的結果。從人性上說，不可能有所謂一心只行王道的人。從今天的考古研究來看，陳亮所說三代的情況是真正符合歷史實際。

其次，人與道的關係。兩人關於王霸的爭論又涉及到道的層面。按照朱熹的說法，三代以下，千五百年之間，天地亦是架漏過時，而人心亦是牽補度日，萬物何以阜藩，而道何以常存乎了[226]

陳亮質疑，難道漢唐以來一千五百多年就沒有道的存在麼？他對道的看法是，道不能離開人：

夫心之用不盡而無常泯，法之文有不備而無常廢。人之所以與天地並立而為三者，非天地常獨運而人為有息也。人不立則天地不能獨運，捨天地則無以為道矣。夫「不為堯存，不為桀亡」者，非謂其捨人而為道也。若謂道之存亡非人所能與，則捨人可以為道，而釋氏之言不誣矣。[227]

陳亮認為，「道」的興廢是依賴於「人為」的，若有獨立的道，豈不是和佛教一樣了麼？在此，陳亮，存中了理學的要害：其關於道的思維模式的確是借鑑了佛教理論。

道是永恆之物，三代有，漢唐也有。事功體現的就是「道」。由人可以預道，道不能離人，陳亮推出：

高祖太宗及皇家太祖，蓋天地賴以常運而不息，人紀賴以接續而不墜。而謂道之存亡非人之所能預，則過矣。漢唐之賢君，果無一毫氣力，則所謂卓然不泯滅者，果何物邪？道非賴人以存，則釋氏所謂千劫萬劫者，是真有之矣。

即使漢唐君主主觀上不是行道，客觀上也是做了行道的事情，則應該肯定他們是在行道。這是以客觀效果推定動機的一種思維：由漢唐君主能夠立下大功，可以推知他們是符合道的。尤其不能讓陳亮心服的是，說立下豐功偉績的漢唐君主不知道，而只知讀書講學的理學家們反倒得了道的祕傳心法。陳亮諷刺理學家們：一生辛勤於堯舜相傳之心法，不能點鐵成金，而不免以銀為鐵，使千五百年之間成一大空闕，人道泯息而不害天地之常運，而我（指理學家們）獨卓然而有見，無乃甚高而孤乎！宜亮之不能心服也。對於陳亮的質疑，朱熹指出，道是獨立自存、不依賴人的：

若論道之長存，卻又初非人之所能預，只是此個自是亙古貫今常在不滅之物，雖千五百年被人作壞，終珍滅他不得耳。漢唐所謂賢君，何嘗有一分氣力扶助得他邪？[228]

故聖王行道，則天理流行；漢唐君主不行道，而也不妨道的完整。針對陳亮「捨人不可為道」的觀點，朱熹強調「人」不能「預道」。他說：

天地無心而人有欲，是以天地之運行無窮，而在人者有時而不相似。蓋義理之心頃刻不存則人道息，人道息則天地之用雖未嘗已，而其在我者則固即此而不行矣。不可但見穹然者常運乎上，頹然者常在乎下，便以為人道無時不立，而天地賴之以存之驗也。夫謂道之存亡在人，而不可捨人以為道者，正以道未嘗亡，而人之所以體之者有至有不至耳。非謂苟有是身則道自存，必無是身，然後道乃亡也。[229] 朱熹的意見是，道作為一個高懸的和終極的標準，是具有其獨立價值的。只能以道來評價人世間的事，絕不能以人事去反推道的存在。理學家們以超越現實的、獨立自存的道作為最高標準來評價人物，三代聖王只不過是一種寄託而已。這也是他們不甚看重歷史的原因之一。

第三，醇儒與成人。義利王霸之辨，又涉及到在現實中該如何安身立命的問題，故朱熹勸陳亮學做醇儒。而陳亮自然有不同的見解，他認為做人與做儒不是一回事：

夫人之所以與天地並立而為三者，仁智勇之達德具於一身而無遺也。孟子終日言仁義，而與公孫丑論勇一段如此之詳，又自發為浩然之氣。蓋擔當開廓不去，則亦何有於仁義哉？氣不足以充其所知，才不足以發其所能，守規矩準繩而不敢有一毫走作，傳先民之說而後學有所持循，此子夏所以分出一門而謂之儒也。成人之道宜未盡於此。故後世所謂有才而無德，有智勇而無仁義者，皆出於儒者之口。才德雙行，智勇仁義交出而並見者，豈非諸儒有以引之乎？[230]

陳亮認為做一個堂堂正正、能建功立業的人，比做一個醇儒要重要得多。他對比了做人與作儒在人生境界上的差異，指出儒生的事業只不過是：

研究義理之精微，辨析古今之同異，原心於秒忽，較禮於分寸，以積累為功，以涵養為正，辟面盎背。

對於這樣的「事業」，陳亮明確表示他是做不來的。他渴望做一個能建功立業的英雄人物：

至於堂堂之陣，正正之旗，風雨雲雷交發而並至，龍蛇虎豹變見而出沒，推倒一世之智勇，開拓萬古之心胸。[231]

總之，他認為：

人生只是要做個人⋯⋯管仲盡合有商量處,其見笑於儒家亦多,畢竟總其大體,卻是個人,當得世界輕重、有無,故孔子曰:人也。」亮之不肖,於今世儒者無能為役,其不足論甚矣。然亦自要做個人。[232]

在這場爭論中,陳亮與朱熹有著完全不同的邏輯起點、知識背景及目標。

朱熹的目標是建立一個獨立於政統的道統,故強調道的獨立性,以道來評判三代聖王和漢唐君主的高下。此外,他主張由儒者掌握這個道統,以對抗世俗的君主權力,故勸陳亮學做醇儒。

陳亮則希望在現實世界建功立業,不願以超脫於現實世界的標準來評判政治作為,而注重事功。他強調,道就在事功之中,有了事功便說明道的實現。這正是功利主義價值判斷的模式。

當時另一位學者陳傅良[233] 評價陳亮和朱熹的爭論,以「功到成處,便是有德;事到濟處,便是有理」總結陳亮的觀點,指出這樣一來,「三代聖賢枉作功夫」。又以「功有適成,何必有法;事有偶濟,何必有理」總結朱熹的觀點,指出「如此則漢祖唐宗賢於盜賊不遠」[234]。

兩人的差距是如此之大,基本上是南轅北轍或雞同鴨講,所以朱熹在說明自己的看法後,就不願再回應陳亮了。筆者認為,陳亮與朱熹打了個平手,誰也沒有徹底占得上風,倒是各自更加明晰和堅定了原來的立場。

陳亮之後,人們通常把葉適[235] 作為功利主義的代表人物。葉適在政治上力主抗金,反對和議。開禧北伐(公元一二〇六年)失敗後,葉適主持防禦工作,因軍政措置得宜,屢挫敵軍鋒銳。金兵退後,他被進用為寶文閣待制,兼江淮制置使。曾上堡塢之議,實行屯田,均有利於鞏固邊防,但終因依附韓侂胄被彈劾奪職。

葉適是永嘉學派的代表,他提倡事功之學,反對空談性理,其觀點與朱熹、陸九淵對立。他對宋代的功利主義思想做了正面的評價,對於儒家重義輕利的傳統做了批判。他認為功利與道義是統一的,道義要靠功利來實現。若沒有功利,則道義不過是一句空話:

「仁人正誼不謀利，明道不計功」，此語初看極好，細看全疏闊。古人以利與人，而不自居其功，故道義光明。後世儒者行仲舒之論，既無功利，則道義者，乃無用之虛語爾。然舉者不能勝，行者不能至，而反以為詬於天下矣！[236]

他重視商業，主張提高商人的地位。不過他的功利理論並沒有超出陳亮等前輩學者，儒家功利主義在葉適那裡趨於收斂。他更多的是一個對宋代思想進行總結的人物，對理學內部各派、功利主義學派都做了總結性批判。

宋代以後，理學占據了意識形態的主導位置。不僅王安石的功績被否定，連其人身也被惡毒攻擊，我們翻翻話本小說《喻世明言》裡對王安石的描述[237]就可以知道了。這不是嚴肅學者的著作，恰恰如此我們才知道理學思想影響下的普通民眾是如何看待王安石的了。作為與王安石有著同樣的功利主義取向的李覯，自然也被理學家排斥在儒家先賢名單之外了。

但是，功利主義思想肯定人的合理利欲，追求富國強兵，反對空談，提倡經世致用，自有其不能泯滅的價值。明清之際，儒家功利主義思潮的再次復興說明了這一點。

明清之際的思想家們再次回應儒家功利主義，有兩方面的原因。其一是明末江南地區社會經濟的發展，促使社會風氣的巨大變化。工商業的繁榮，天然促進趨財謀利的觀念，帶來人性的解放。明清之際的啟蒙學者對此在理論上做了說明。

更重要的是，連年不斷的農民起義和滿清入主中原，不僅給當時社會帶來了巨大的衝擊，也強烈地刺激了思想家們對宋明理學流弊的反思，因而在學術上回應、肯定了儒家功利主義傳統，在此就不再展開了。

第三節 李覯政治思想的定位

謝善元先生為評價李覯的思想，構建了一個儒法對立的概念框架（conceptual framework），指出：

公元一〇三八年以前，他主要是一位儒家；一〇三九年以後，他的著作裡逐漸顯現出法家學說對他的影響。[238]

他認為，李覯受到宋與西夏作戰失敗的刺激，迫切希望找到有效的補救辦法，所以「崇高壯麗的觀念」被他暫時推到一邊，而對法家的學說發生了濃厚的興趣，因而他把李覯定位為一個「折衷持論的政治思想家」。

謝先生認為李覯從公元一〇三九年開始思想有所改變，筆者對此深表贊同。但筆者認為，那種改變並不是從「主要是一個儒家」轉向在儒法之間「折衷持論」。從李覯個人成長的角度來講，這種轉變不過是眼界的擴大和思想的充實：此前他是一個純粹書齋裡的書生；在那以後，他更多地關注現實政治。前、後期關注的焦點不同，但李覯始終是一個儒家學者。

為說明這一點，我們應先界定一下儒家的涵義。由於儒家善於學習，善於吸納、整合別家思想，因而在其悠久的歷史發展過程中，思想體系也一直在充實和調整，我們只能透過每個時代的儒家面對的論敵來確定其內涵。

儒家以孔子為起點[239]，其原因一方面是由於孔子博學多能，對以往的文化傳統有全面而深刻的了解，即所謂「集大成」者；另一方面則如胡適先生指出的，他以自己的人格改變了儒的精神面貌，使得儒不僅是文化的承擔者，還是「以天下為己任」、以道來改變天下格局的實踐者。

在孔子時代，儒者對文化的掌握是全面的，在思想領域的地位可以說是獨大的。除了偶爾碰到的幾個隱士外，孔子沒有遇到過像樣的對手[240]，所以作為一個學派之稱的儒家在孔子時代實際上沒有多少意義。反倒是在儒者內部有所分別，如孔子唯一提到「儒」的地方就是：

汝為君子儒，無為小人儒。[241]

儒家碰到的第一個有力的對手是墨子。據說他本「學儒者之業，受孔子之術」，但因「其禮煩擾而不悅，故背周道而用夏政」[242]，另立主張與儒家對抗。墨子批評儒家的學說：

儒之道足以喪天下者，四政焉。儒以天為不明，以鬼為不神，天鬼不說，此足以喪天下。又厚葬久喪，重為棺，多為衣衾，送死若徙，三年哭泣，扶後起，杖後行，耳無聞，目無見，此足以喪天下。又弦歌鼓舞，習為聲樂，此足以喪天下。又以命為有，貧富壽夭，治亂安危有極矣，不可損益也，為上者行之，必不聽治矣；為下者行之，必不從事矣，此足以喪天下。[243]

由於墨家及繼起的其他學派的挑戰，儒家才有了明確的學派意識和內涵界定，真正成為一個學派。在同別家學派的論辯中，產生了孟子和荀子這兩位儒學大師：於威、宣之際，孟子、荀卿之列，咸遵夫子之業而潤色之，以學顯於當世。[244]

孟子的對手主要是楊朱與墨家，其時「天下之言，不歸於楊，則歸墨」[245]。孟子一生事業，則為距楊、墨。此時儒家，可謂反楊、墨之儒。但孟子的學說在當時並沒有產生太大影響，遠不如晚於他的荀子。

荀子曾三為稷下學宮祭酒，又仕為蘭陵令。其生也晚，故能吸收多方面（包括道家、墨家和法家的）思想以壯大儒家之理論武庫，並以「蔽於一曲」批評各家，連同孟子等一些儒家人物也一起批評。因此荀子可謂是儒家學說的第一次大規模「領土擴張」。

到了漢代，雖然董仲舒將陰陽五行以及災異譴告等學說引入儒家思想，為儒學爭得了意識形態的指導地位，儒學集團與體現法家精神的文史集團的較量一直存在，這使得儒家學者不斷發展其理論。漢儒思想建設的成績可以《白虎通義》為其代表。此書在堅持儒家基本立場的同時，吸納、整合了黃老、陰陽五行、方技術數以及法家等學說，可謂儒家的另一次大規模擴張。

魏晉南北朝直至宋初，儒家的勁敵是佛教。前文已述，宋代的儒家以援佛入儒的方式解決了佛家的挑戰，實現了儒家思想的又一次擴張。

總之，儒學是一個不斷擴張的體系。所遇對手的精華，往往被吸收整合到它的體系來。理學家們為建立道統而對孟子以後的儒家進行門戶清理式地排斥，但那只是「人主出奴」式的正統之爭，到了清代就都「恢復名譽」了。

儒家學說經歷了上面所說的幾次大規模的「開疆拓土」後，其內部思想的分歧，可能要比儒家和其他各家的分歧還要深刻。所以筆者認為，以儒法對立的模式來定位李覯的思想，不如以儒家內部理論分歧為依據建立一個概念框架。

馮友蘭先生曾以西方的蘇格拉底、柏拉圖、亞里斯多德對照孔子、孟子、荀子：孔子在中國歷史中之地位，如蘇格拉底之在西洋歷史，孟子在中國歷史中之地位，如柏拉圖之在西洋歷史，其氣象高明尤爽亦似之；荀子在中國歷史之地位，如亞里斯多德之在西洋歷史，其氣象之篤實沈博亦似之。[246]

正如歐洲哲學史以柏拉圖代表理想主義、神祕主義傾向，由亞里斯多德代表實證主義、經驗主義傾向一樣，在儒家的歷史發展中，孟子和荀子也分處在道德理想主義與功利現實主義的兩端。

孟子主性善，談仁義、心性多，而不甚重視（非完全不談）外在的制度建設。他談政治建設，翻來覆去就是「五畝之宅」、「井田制」那麼幾點；談政治合法性（仁）多，而談具體治國方略（禮）少，彷彿治國者只要發其仁心，行其仁政，便可以無敵於天下。而荀子主性惡，認為人心並無道德之端，為善在於學習，故其論學最多；倡禮治，重制度，追求富國強兵，處處與孟子對立。

他們如此針鋒相對，而又俱歸儒家，這不光是因為他們在形式上都「遊文於六經之中，留意於仁義之際，祖述堯舜，憲章文武，宗師仲尼」（見上文注引章太炎語），他們的思想傾向也都可以在孔子那裡找到源頭。如孔子重禮，一生都在為恢復周禮而努力。周禮本是周代的文物典章、政治制度以及人倫風俗，包羅了社會各個領域的行為規範。孔子所言之禮，不僅是外部規範，也有道德含義，即仁。如他說的：

禮，與其奢也寧儉。[247]

禮云禮云，玉帛云乎哉？樂云樂云，鐘鼓云乎哉。[248]

人而不仁如禮何？人而不仁如樂何。[249]

這就開啟了內聖化的理路。在孔子的弟子中，也有重外與重內的區別，如有若對孔子的理解重在禮，重外部規範；而曾參對孔子的理解重點在仁，重內省修養[250]。這兩種取向，內聖一路由孟子推進，而外王一路，則由荀子光大。子夏也是一個重外在規範的學者，故推廣之便啟發了法家李悝等人。

上文已講過，宋代儒學復興是儒家思想的全面復興，思孟一系和荀子一系的都有接續。理學家們推重思孟一系，是對內聖一路的選擇；而李覯與王安石（其在個別問題上也接續孟子）、陳亮等人接續了荀子的外王一路。

從另一個角度來講，李覯對儒家的貢獻，則主要是遙承荀子的理路，重建了儒家功利主義的傳統。蕭公權先生曾概括宋代以前儒學發展之大要：

先秦漢唐之儒，多注重仁民愛物，休養生息之治術，一遇富強之言，即斥為申商之霸術，不以聖人之徒相許。……積極有為之治術，固未嘗為其想像之所及。至兩宋諸子乃公然大闡功利學說，以與仁義相抗衡，相表裡。[251]

他指出，這也是儒家思想的一場巨變，其價值和「理學家之陰奉佛老者」一樣，同為儒學之「革命運動」。

總之，李覯堅持把禮作為其政治思想的最終依據，以之對儒家核心價值體系進行新的梳理，並在此大框架下展開其功利主義政治主張，因此他並沒有遊離於儒家思想陣營之外。

註釋

[1] 《宋史·范忠宣傳》。

[2] 孫復（992-1057），字明復，晉州平陽（今山西臨汾）人。因客居泰山講學多年，學者稱其為「泰山先生」。孫復家世及早年經歷，史書記載不詳。我們知道的關於他的一些典故，有些純屬小說家言，學者辨之甚明（方健先生在《范仲淹傳》第四章中，辯關於孫復的史事不確者有：孫復在睢陽學舍向范仲淹乞錢；孫復、胡瑗在太學交惡；張堯封之女張貴妃致意孫復；孫復、胡瑗、石介三人在泰山十年同讀）。景祐元年（1034 年），43 歲的孫復第四次落第。在此次科舉中認識了士建中，士又介紹他認識了石介。石介為孫復的學識所折服，遂在泰山為其築室講學，並拜其為師。從景祐二年（1035 年）起，孫復在泰山講學七年。慶曆二年（1042 年），石介任國子監直講後，便大力宣傳孫復，並鼓動范仲淹、富弼等人推薦別、復。於是當年十一月，孫復也被調到國子監任直講。孫復為人比較低調，故雖與范仲淹等人關係密切，並未受慶曆新政失敗的影響。不幸的是，慶曆五年（1045 年）孔直溫謀反，在孔家搜出了有孫復名字的詩，孫復由此被貶職到了地方任職。十年後（即至和二年，1055 年），他又經人推薦回到太學任直講，兩年後便去世了。除石介外，寫《易數鉤隱圖》的劉牧、李覯的朋友祖無擇都是別、復的弟子。

[3] 《宋元學案·泰山學案》。

[4] 《四庫全書總目》，第 214 頁。

[5] 《四庫全書總目》，第 214 頁。

[6] 孫復：《孫明復小集》，臺灣商務印書館，影印文淵閣四庫全書第 1090 冊，1986 年版，第 160 頁。

[7] 《宋元學案·泰山學案》。

[8] 孫復：《春秋尊王發微》，第 3 頁。

[9] 《四庫全書總目》，第 214 頁。

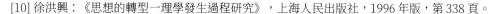

[10] 徐洪興：《思想的轉型一理學發生過程研究》，上海人民出版社，1996 年版，第 338 頁。

[11] 《孟子·滕文公下》。

[12] 孫復：《孫明復小集》，第 160 頁。

[13] 孫復：《孫明復小集》，第 162 頁。

[14] 孫復：《孫明復小集》，第 176 頁。

[15] 孫復：《孫明復小集》，第 177 頁。

[16] 孫復：《孫明復小集》，第 177 頁。

[17] 孫復：《孫明復小集》，第 175 頁。

[18] 孫復：《孫明復小集》，臺灣商務印書館，影印文淵閣四庫全書第 1090 冊，1986 年版，第 168 頁。

[19] 《四庫全書總目》，第 1312 頁。

[20] 歐陽脩：《孫明復先生墓誌銘》，《歐陽脩全集》，第 194 頁。

[21] 胡瑗（993-1059），字翼之，泰州如皋（一說海陵）人。因祖居陝西路安定堡，故世稱安定先生。胡瑗早年事跡不詳，《宋元學案·安定學案》說他「七歲善屬文，十三通五經，即以聖賢自期許」，並有「鄰父見而異之」，頗類傳統的小說家言。他與孫復、石介在泰山十年攻讀之事亦當屬附會。我們能確定的他最早的行跡，是他久試不第，「以經術教吳中」。景佑元年（1034 年），他遇到范仲淹。范一見即愛而敬之，聘他到蘇州府學教授。胡瑗精於音樂，故景祐二年（1035 年）朝廷更定新樂，經范仲淹推薦，以白衣入朝參與此事。寶元三年（1040 年），西夏戰事起，范又推薦其為丹州軍事推官。幾個月後遭父喪，胡瑗只好結束這段短暫的從軍生涯，回家守孝。慶曆二年（1042 年）除服，胡瑗受范的友人滕宗諒（即「謫守巴陵郡」的滕子京）的聘請，執教湖州府學。皇祐二年（1050 年），胡瑗再次入朝參與制樂之事。皇祐四年（1052 年），胡瑗被授予光祿寺臣、國子監直講，執教太學，後來升為太學的主管，直到嘉祐四年（1059 年）去世前不久才辭職。方健先生在《范仲淹傳》中辨正關於胡瑗的史事，除上文所言與孫復有關的外，「詔下蘇、湖取其法，著為令於太學」一事也被看做可疑。又辯胡瑗未參與慶曆新政，僅是因病在家，非政見不合。

[22] 《宋元學案·安定學案》。

[23] 《宋史·胡瑗傳》。

[24] 《宋元學案·定學案》。

[25] 《宋元學案·安定學案》

[26] 《宋元學案·安定學案》。

[27] 《周易口義提要》，載《四庫全書》第 8 冊，第 169-170 頁。

[28] 程頤：《回禮部取問狀》，《河南程氏文集·卷七》。

[29] 《朱子語類·卷一二九·本朝三》。

[30]《周易口義提要》，載《四庫全書》第 8 冊，169-170 頁。

[31]《宋元學案·安定學案》。

[32]《宋元學案·安定學案》。

[33]《宋史·胡瑗傳》。

[34]《宋元學案·安定學案》。

[35] 程頤：《顏子所好何學論》，《河南程氏文集·卷八》。

[36]《宋元學案·安定學案》。

[37] 李之亮：《歐陽脩集編年箋注》第二冊，成都：巴蜀書社，2007 年版，第 341 頁。

[38] 石介（1005-1045），字守道，兗州奉符人。因曾在家鄉徂徠山下講學，所以後人稱他「徂徠先生」。他於天聖八年（1030 年）進士及第，與歐陽脩同榜，交往亦密。《宋元學案》將他列為范仲淹門人，但沒有切實的資料證明石曾學於范。陳植鍔先生認為他在范仲淹主睢陽學舍期間求學，但方健在《范仲淹傳》中對此提出反對意見：如果那時相識，則後來孫復就不必專門向范仲淹介紹他了。見陳植鍔校對《徂徠石先生文集·序》，第 2 頁；方健：《范仲淹傳》，第 347 頁。

[39] 陳振孫：《直齋書錄解題》，第 11 頁。

[40] 石介：《錄蠹書魚詞》，《徂徠石先生文集》，北京：中華書局，1984 年版，第 81 頁。

[41] 石介：《二大典》，《徂徠石先生文集》，第 77 頁。

[42] 石介：《辨易》，《徂徠石先生文集》，第 78 頁。

[43] 石介：《上蔡副樞書》，《徂徠石先生文集》，第 144 頁。

[44] 石介：《復古制》，《徂徠石先生文集》，第 69 頁。

[45] 石介：《救說》，《徂徠石先生文集》，第 84 頁。

[46] 石介：《尊韓》，《徂徠石先生文集》，第 79 頁。

[47]《宋史·孫復傳》。

[48]《宋史·石介傳》。

[49] 石介：《根本》，《徂徠石先生文集》，第 248 頁。

[50] 石介：《復古制》，《徂徠石先生文集》，第 69 頁。

[51] 石介：《兵制》，《徂徠石先生文集》，第 102 頁。

[52] 石介：《過魏東郊》，《徂徠石先生文集》，第 20 頁。

[53] 石介：《擊蛇笏銘》，《徂徠石先生文集》，第 72 頁。

[54] 錢穆：《宋明理學概述》，《全集》第 9 冊，第 9 頁。

[55] 張載（1020-1078），字子厚，祖籍大梁，家於鳳翔府橫渠鎮（今陝西眉縣）。因長期在橫渠鎮講學，學者稱其為橫渠先生。據史載，他「少喜談兵。至欲結客取洮西之地。年二十一，以書謁范仲淹，一見知其遠器，乃警之曰：『儒者自有名教可樂，何事用兵！』」嘉祐二年（1057 年），張載登進士第，授祈州司法參軍之職，累遷至崇文院校書（熙寧二年，1069 年）。王安石此年開始推行新政，他既不支持也甚不反對，但他弟弟張戩與王安石發生了激烈衝突。張載懼受牽連，辭職回橫渠鎮專事講學。熙寧十年（1077 年），經呂大防推薦，張載被任命為同知太常之職。因與有司議禮不合，加之病重，辭歸故里，行至臨潼而逝。張載的哲學思想以《正蒙》、《易說》為代表，其論政則多見於《經學理窟》等。

[56] 方健：《范仲淹評傳》，第 349 頁。

[57] 見方健《范仲淹評傳》，第 359-370 頁。

[58] 范仲淹：《易義》，《范仲淹全集》，南京：鳳凰出版社，2004 年版，第 119 頁。

[59] 范仲淹：《南京府學生朱從道名述》，《范仲淹全集》，南京：鳳凰出版社，2004 年版，第 151 頁。

[60] 《宋史·道學傳·張載傳》。

[61] 王夫之：《張子正蒙注序論》，《張載集》，第 409 頁。

[62] 呂大臨：《橫渠先生行狀》，《張載集》，第 381 頁。

[63] 張載：《經學理窟·周禮》，《張載集》，第 28 頁。

[64] 張載：《經學理窟·禮樂》，《張載集》，第 264 頁。

[65] 張載：《語錄下》，《張載集》，第 325 頁。

[66] 張載：《語錄下》，《張載集》，第 327 頁。

[67] 呂大臨：《橫渠先生行狀》，《張載集》，第 382 頁。

[68] 張載：《經學理窟·周禮》，《張載集》，第 28 頁。

[69] 李蕉：《張載政治思想研究》，第 107 頁。

[70] 張載：《經學理窟·周禮》，《張載集》，第 29 頁。

[71] 張載：《經學理窟·周禮》，《張載集》，第 29 頁。

[72] 張載：《經學理窟·周禮》，《張載集》，第 29 頁。

[73] 《朱子語類·卷九十八·張子之書》。

[74] 《朱子語類·卷九十八·張子之書》。

[75] 張載：《經學理窟·周禮》，《張載集》，第 251 頁。

[76] 張載：《經學理窟·周禮》，《張載集》，第 251 頁。

[77] 張載：《經學理窟·周禮》，《張載集》，第 251 頁。

[78] 張載：《經學理窟·周禮》，《張載集》，第 258 頁。

[79] 張載：《經學理窟·宗法》，《張載集》，第 259 頁。

[80] 李覯：《五宗圖序》，《李覯集》，第 13 頁。

[81] 錢穆：《國史大綱》，北京：商務印書館，1996 年版，第 560 頁。

[82] 何兆武：《從宋初三先生看理學的經院哲學實質》，《晉陽學刊》，1989 年，第 6 期，第 52 頁。

[83] 對此何兆武先生在《從宋初三先生看理學的經院哲學實質》一文中進行了詳細考察。

[84] 【英】大衛·米勒、維儂·博格丹諾：《布萊克維爾政治學百科全書》，鄧正來等譯，中國政法大學出版社，1992 年版，第 531 頁。

[85] 韓冬雪、曹海軍：《功利主義研究》，吉林人民出版社，2004 年版，第 29 頁。

[86] 歷代官修書志都把《管子》記在管仲的名下，晉代以前的學者一般也都認為《管子》是管仲本人所做。西晉的傅玄最早對此表示了懷疑，認為「管仲之書，過半便是後之好事者所加」（王應麟：《困學紀聞》卷十）。朱熹也提出：「仲當時任齊國之政，事甚多，稍閒時，又有三歸之溺，絕不是閒功夫著書的人。著書者是不見用之人也。」（《朱子語類·卷第一百三十七·戰國漢唐諸子》）這是一個深諳中國傳統文化底蘊之人的話。作為掌握了齊國行政大權、地位顯赫的「仲父」管仲的確不需要像諸子百家那樣精心論證自己的主張。他只管提出政策來實施即可，因此著書的可能性不大。此外，《管子》書的內容龐雜，涉及道家、黃老、法家、儒家、兵家、陰陽五行等思想，很多內容決非管仲時代所應有，故張蔭麟先生認為：「他（管仲）成為中國改革派的先河，也使他成為戰國時政治改革傳說的箭垛，於是許多政治理論，和許多富國強兵的善策、奇策、謬策，都堆在他的名下，這些理論和方策的總結，構成現存管子書的主要部分。」（轉引自韋政通：《中國思想史》（上），吉林出版集團有限公司，2009 年版，第 38 頁）。不過該書成書也不會太晚，韓非子稱：「今境內之民皆言治，藏商、管之法者有之。」《韓非子·五蠹》）說明戰國末年就有比較成熟的《管子》書流傳。這當然不會是今人所見的版本，今天的版本是劉向刪定的。筆者認為，管仲著書立說的可能性不大，不過作為一個成功的政治家，他必有一套成熟的執政理念。他長期身居要職，即使不著書，史官也有充足的機會把他的言論、行動較為全面地記載下來。可能這些記載構成了《管子》一書的雛形，在傳承中又不斷被後人充實和深化，這就形成了我們今天看到的內容龐雜《管子》。

[87] 《管子·大匡》。

[88] 《管子·牧民》。

[89] 《管子·牧民》。

[90] 《管子·牧民》。

[91] 《管子·牧民》。

[92] 《管子·小匡》。參其國：「制國以為二十一鄉：商工之鄉六，士農之鄉十五。公帥十一鄉，高子帥五鄉，國子帥五鄉。參國故為三軍。」伍其鄙：「制五家為軌，軌有長。六軌為邑，邑有司。十邑為率，率有長。十率為鄉，鄉有良人。三鄉為屬，屬有大夫。五屬五大夫。」

[93]《管子·小匡》。

[94]《國語·齊語》載其法為：「五家為軌，軌為之長；十軌為里，里有司；四里為連，連為之長；十連為鄉，鄉有良人焉。以為軍令：五家為軌，故五人為伍，軌長帥之；十軌為裡，故五十人為小戎，裡有司帥之；四裡為連，故二百人為卒，連長帥之；十連為鄉，故二千人為旅，鄉良人帥之；五鄉一帥，故萬人為一軍，五鄉之帥帥之。三軍，故有中軍之鼓，有國子之鼓，有高子之鼓。春以蒐振旅，秋以獼治兵。是故卒伍整於裡，軍旅整於郊。」

[95]《史記·齊太公世家》。

[96]「義」是指正當的行為，如《中庸》以「義者，宜也」解釋「義」孟子將「義」定義為「人之正路也」（《孟子·婁離上》）。利，即功利，有時指個人利益（私利），有時指集體利益（公利）。所謂義利之辨，辨的是行為之正當與利益獲取的關係。

[97] 義、利的問題在諸子之前的典籍中即有體現，如《國語》中提到：「夫義，所以生利也。」（《國語·周語上》）「言義必及利。」（《國語·周語下》）《左傳》中也有關於義、利的論述，如：「德、義，利之本也。」（《左傳·僖公二十七年》）「禮以行義，義以生利，利以平民，政之大節也。」（《左傳·成公二年》）「正德、利用、厚生，謂之三事。義而行之，謂之德、禮。」《左傳·文公七年》）在這些記載中，義、利是統一的，並無孰輕孰重的問題。

[98]《論語·里仁》。

[99]《論語·述而》。

[100]《論語·顏淵》。

[101]《論語·堯曰》。

[102]《論語·八佾》。

[103]《論語·憲問》。

[104]《論語·憲問》。

[105]《墨子·貴義》。

[106]《墨子·經說上》。

[107]《墨子·非命上》。

[108]《墨子·兼愛中》。

[109]《墨子·兼愛中》。

[110]《墨子·兼愛中》。

[111]《墨子·兼愛中》。

[112]《墨子·節葬下》。

[113]《墨子·節用中》。

[114]《墨子·非樂上》。

[115] 《孟子·梁惠王上》。

[116] 《墨子·兼愛中》。

[117] 《孟子·盡心上》。

[118] 馮友蘭：《中國哲學史》（上），第327頁。

[119] 馮友蘭：《中國哲學史》（上），第328頁。

[120] 《史記·商鞅列傳》。

[121] 《韓非子·外儲說左上》。

[122] 《韓非子·問辯》。

[123] 《韓非子·外儲說右下》。

[124] 《慎子·威德》。

[125] 《大體》。

[126] 《商君書·君臣》。

[127] 《韓非子·外儲說左上》。

[128] 《韓非子·詭使》。

[129] 《商君書·靳令》。

[130] 《商君書·賞刑》。

[131] 《韓非子·五蠹》。

[132] 《商君書·更法》。

[133] 《史記·太史公自序》。

[134] 《孟子·梁惠王上》。

[135] 《孟子·梁惠王上》。

[136] 《孟子·公孫丑上》。

[137] 《孟子·告子上》。

[138] 《孟子·梁惠王上》。

[139] 《荀子·大略》。

[140] 《荀子·王霸》。

[141] 《荀子·解蔽》。

[142] 《荀子·富國》。

[143] 《史記·秦始皇本紀》載李斯語曰：「臣請史官非秦記皆燒之。非博士官所職，天下敢有藏詩、書、百家語者，悉詣守、尉雜燒之。有敢偶語詩書者棄市。以古非今者族。吏見知不

舉者與同罪。今下三十日不燒，黥為城旦。所不去者，醫藥卜筮種樹之書。若欲有學法令，以吏為師。」這被稱為「挾書令」漢惠帝四年（前 191 年）朝廷才正式廢除。

[144]《漢書·董仲舒傳》。

[145]《漢書·武帝紀》。

[146] 司馬光：《司馬溫公文集》，卷十二。

[147]《漢書·元帝紀》。

[148]《論衡·程材》。

[149]《論衡·程材》。

[150]《新書·過秦下》。

[151]《漢書·董仲舒傳》。

[152] 陳寅恪：《隋唐制度淵源略論稿》，上海古籍出版社，1982 年版，第 100 頁。

[153]《朱子語類·卷一百二十九·本朝三》。

[154] 李覯：《雜文》，《李覯集》，第 326 頁。

[155] 李覯：《雜文》，《李覯集》，第 326 頁。

[156] 李覯：《常語》，《李覯集》，第 372 頁。

[157] 胡適先生《記李覯的學說》直指李覯是「王安石的先導」謝善元先生在《李覯之生平與思想》一書的第八章中，比較了李覯與王安石在文明演進論、儒法折衷傾向、社會批評、政治改革主張等方面的相似之處後，認為雖然沒有任何文字證據從正面證明兩者曾經見過面，但「有強烈的理由推論，他們之間一定有意見上的溝通」因為他們有范仲淹、余靖、祖無擇這三位共同的朋友。姜國柱先生在《李覯評傳》第十章裡，對兩人的關係作了一番考證，指出：「李覯的改革思想為王安石提供了理論借鑑、思想前導，所以李覯是王安石變法的先導。」夏長樸《李覯與王安石》一書中有《李覯與王安石的關係》一文，也持肯定意見。另外還有諸多的論文和思想通史著作，都對此做過討論。就筆者所見，否定李、王關係的，只有漆俠先生一家。在寫於特殊年代的《王安石變法》一書中，他批評了胡適先生的推論，否定李、王在思想上的繼受關係，對此姜國柱先生在《李覯評傳》中辨疏甚明。因此，李、王之間的思想關係是目前學界較為一致的結論。

[158] 王安石：《上皇帝萬言書》，《王安石全集》第 1 卷，上海古籍出版社，1999 年版，第 1 頁。

[159]《宋史·王安石傳》。

[160] 李覯：《常語》，《李覯集》，第 377 頁。

[161] 王安石：《上皇帝萬言書》，《王安石全集》，第 1 頁。

[162]《四庫全書總目》，第 150 頁。

[163] 王安石：《乞制置三司條例》，《王臨川集》，第 70 卷。

[164] 王安石：《答曾公立書》，《王安石全集》，第 73 頁。

[165] 王安石：《上皇帝萬言書》，《王安石全集》，第 8 頁。

[166] 王安石：《奉酬永叔見贈》，《王安石全集》，第 449 頁。

[167] 王安石：《上龔舍人書》，《王安石全集》，第 2 頁。

[168] 晁公武：《郡齋讀書志》卷 4 下，《王介甫臨川集》；《郡齋讀書後志》卷 2，《王氏雜說》。

[169] 王安石：《性論》，轉引自賀麟：《文化與人生》，北京：商務印書館，2005 年版，第 297 頁。

[170] 賀麟：《王安石的哲學思想》，《文化與人生》，第 297 頁。

[171] 王安石：《周公》，《王安石全集》，第 225 頁。

[172] 王安石：《荀卿》，《王安石全集》，第 229 頁。

[173] 王安石：《王霸》，《王安石全集》，第 23 頁。

[174] 王安石：《王霸》，《王安石全集》，第 29 頁。

[175] 《四庫全書總目》，第 150 頁。

[176] 謝善元：《李覯之生平及思想》，第 160 頁。

[177] 漆俠：《王安石變法》，上海：上海人民出版社，1959 年版，第 102 頁。

[178] 王安石：《上皇帝萬言書》，《王安石全集》，第 8 頁。

[179] 張祥浩、魏福明：《王安石評傳》，第 386 頁。

[180] 《宋史紀事本末·卷三十七》。

[181] 王安石《請制置三司條例司疏》指出：「今天下財用窘急無餘，典領之官拘於弊法，內外不以相知，盈虛不以相補。諸路上供，歲有定額，豐年便道，可以多致，而不敢不贏；年儉物貴，難於供備，而不敢不足。遠方有倍蓰之輸，中都有半價之鬻。三司發運使按簿書、促期會而已，無所可否增損於其間。至遇軍國郊祀之大費，則遣使鑱刷，殆無餘藏，諸司財用事往往為伏匿不敢實言，以備緩急。又憂年計之不足，則多為支移折變，以取之民，納租稅數至或倍其本數。而朝廷所用之物多求於不產，貴於非時，富商大賈因時乘公私之急，以擅輕重斂散之權。」

[182] 《請制置三司條例司疏》：「臣等以謂發運使擄六路之賦入，而其職以制置茶鹽礬稅為事，軍儲國用多所仰給，宜假以錢貨，繼其用之不給，使周知六路財賦之有無而移用之。凡糴買稅斂上供之物，皆得徙貴就賤，用近易遠，令在京庫藏年支見在之定數所當供辦者得以從便變賣，以待上令。稍收輕重斂散之權，歸之公上，而制其有無，以便轉輸，省勞費，去重斂，寬農民，庶幾國用可足，民財不匱矣。」

[183] 梁啟超：《王荊公》，載《飲冰室合集》第七冊，中華書局，1989 年版，第 89 頁。

[184]《宋史·食貨志上四》：「依陝西青苗錢例，願預借者給之，隨稅輸納斛鬥，半為夏料，半為秋料，內有請本色或納時價貴願納錢者，皆從其便。如遇災傷，許展至次料豐熟日納。非唯足以待凶荒之患，民既受貸，則兼併之家不得乘新陳不接以邀倍息。又常平、廣惠之物，收藏積滯，必待年儉物貴然後出糶，所及者不過城市遊手之人。今通一路有無，貴發賤斂，以廣蓄積，平物價，使農人有以赴時趨事，而兼併不得乘其急。凡此皆以為民，而公家無所利其入，是亦先王散惠興利、以為耕斂補助之意也。」

[185] 梁啟超：《王荊公》，第 74 頁。

[186] 張祥浩、魏福明：《王安石評傳》，第 221 頁。

[187] 案《宋史·兵志》：「蓋治平（英宗）之兵一百十六萬二千，而禁軍馬步六十六萬三千。」，「蓋熙寧之籍，天下禁軍凡五十六萬八千六百八十八人；元豐之籍，六十一萬二千二百四十三人。」

[188] 見《長編》卷 218，文長不引。

[189] 據《宋史·選舉制》：熙寧新政還「立新科明法，試律令、《刑統》，大義、斷按，所以待諸科之不能業進士者。未幾，選人、任子，亦試律令始出官。又詔進士自第三人以下試法。」

[190]《宋史·選舉制》載：「神宗尤垂意儒學，自京師至郡縣，既皆有學。歲時月各有試，程其藝能，以差次升舍，其最優者為上舍，免發解及禮部試而特賜之第。遂專以此取士。太學生員，……生員釐為三等：始入學為外舍，初不限員，後定額七百人；外舍升內舍，員二百；內舍升上舍，員百。各執一經，從所講官受學，月考試其業，優等上之中書。其正、錄、學諭，以上舍生為之，經各二員；學行卓異者，主判、直講復薦之中書，奏除官。」州縣一級的學校也進行了類似的改革。

[191]《長編》卷 227，條例司向神宗提出立免役法的建議。

[192]《宋史食貨志下八》載：「五年，遂詔出內帑錢帛，置市易務於京師。先是，有魏繼宗者，自稱草澤，上言：『京師百貨無常價，貴賤相傾，富能奪，貧能與，乃可以為天下。今富人大姓，乘民之亟，牟利數倍，財既偏聚，國用亦屈。請假榷貨務錢，置常平市易司，擇通財之官任其責，求良賈為之轉易。使審知市物之價，賤則增價市之，貴則損價糶之，因收餘息，以給公上。』於是中書奏在京置市易務官。凡貨之可市及滯於民而不售者，平其價市之，願以易官物者聽。若欲市於官，則度其抵而貸之錢，責期使償，半歲輸息十一，及歲倍之。凡諸司配率，並仰給焉。以呂嘉問為提舉，賜內庫錢百萬緡、京東路錢八十七萬緡為本。」

[193] 梁啟超：《王荊公》，第 77 頁。

[194] 梁啟超：《王荊公》，第 79 頁。

[195] 梁啟超：《王荊公》，第 110 頁。

[196]《長編》第 237 卷載：「以東西南北各千步，當四十一頃六十六畝一百六十步為一方。」又規定縣官、縣佐每年九月丈量土地，檢驗土地肥瘠，分為五等，規定稅額。丈量後，到次

年三月分發土地帳帖，作為「地符」。分家析產、典賣割移，都以現在丈量的田畝為準，由官府登記，發給契書，以限制官僚地主兼併土地，隱瞞田產和人口。

[197]《宋史·選舉制》載：「帝嘗謂王安石曰：今談經者人人殊，何以一道德？卿所著經，其以頒行，使學者歸一。」八年，頒王安石《書》、《詩》、《周禮義》於學官，是名《三經新義》。

[198] 梁啟超：《王荊公》，第114頁。

[199]《長編》，卷245。

[200] 王安石：《度支副使廳壁題名記》，《王安石全集》，第309頁。

[201] 李贄：《藏書·富國名臣總論》，卷十七。

[202]《宋史·司馬光傳》。

[203] 王安石：《乞制置三司條例》，《王臨川集》，第70卷。

[204] 王安石：《議茶法》，《王安石全集》，第274頁。

[205] 王安石：《上運使孫司諫書》，《王安石全集》，第33頁。

[206] 梁啟超：《王荊公》，第66頁。

[207] 梁啟超：《王荊公》，第66頁。

[208] 梁啟超：《王荊公》，第66頁。

[209] 余英時：《朱熹的歷史世界》（上冊），第121頁。

[210] 陳亮（1143-1194）字同父，婺州永康人。《宋史·陳亮傳》說他「生而目光有芒，為人才氣超邁，喜談兵，論議風生，下筆數千言立就。嘗考古人用兵成敗之跡，著《酌古論》。郡守周葵得之，相與論難，奇之，曰：『他日國士也。』請為上客。及葵為執政，朝士白事，必指令揖亮，因得交一時豪俊，盡其議論。」他的生平和李覯在某種程度上有些相似。如他們都出身於貧寒之家，卻都有一個可疑的偉大祖先：陳亮自稱祖上是陳霸先（據說李覯的祖先是李淵）。他們都是自學成才，早立文名，但科場不順，生平大多數時間都是在教書、著作中度過。陳亮的家庭也屢遭不幸，也曾遭受過短期的牢獄之災。他們都以平民身分受知於當朝高官，也都是在生命的最後一段時間達到人生的頂點便戛然而止。陳亮在50歲（1193年）那年中了狀元，但次年便猝然而逝，僅比李覯多活了1歲。

[211] 但他在位的大部分時間都受制於太上皇趙構（趙構做了24年太上皇），未能有所作為。淳熙十四年（1187年）趙構去世，垂垂老矣的孝宗也以守喪名義退位，禪位於光宗趙惇。

[212]《宋史·陳亮傳》。

[213]《宋史·陳亮傳》。

[214] 陳亮：《上孝宗皇帝第一書》，《陳亮集》，北京：中華書局，1987年版，第9頁。

[215]《朱子語類·卷一百二十三·陳君舉》。

[216] 陳亮：《上孝宗皇帝第一書》，《陳亮集》，第9頁。

[217] 陳亮：《壬寅答朱元晦祕書》，《陳亮集》，第 334 頁。

[218] 朱熹：《寄陳同甫書·二》，《陳亮集》，第 357 頁。

[219] 朱熹：《寄陳同甫書·四》，《陳亮集》，第 359 頁。

[220] 本文以鄧廣銘先生校點、中華書局 1987 年版《陳亮集》（增訂本）所收錄文本為準。涉及這個問題的信件包括：1184 年，陳亮致朱熹《又甲辰秋書》，朱熹回《寄陳同甫書·六》。1185 年春，陳亮致《又乙巳春書之一》，朱熹回《寄陳同甫書·七、八》（此兩信當是一信）陳亮致《又乙巳春書之二》，朱熹回《寄陳同甫書·九》；陳亮致《又乙巳秋書》，朱熹回《寄陳同甫書·十一》。1186 年，陳亮又致《丙午復朱元晦祕書書》，繼續討論，而朱熹回《寄陳同甫書·十》，認為「區區愚見，前書固已盡之矣」，不願就這個問題再討論下去。以後兩人尚有不少書信來往，就與此話題無關了。

[221] 朱熹：《寄陳同甫書·八》，《陳亮集》，第 366 頁。

[222] 陳亮：《又乙巳春書之一》，《陳亮集》，第 344 頁。

[223] 陳亮：《又乙巳春書之一》，《陳亮集》，第 345-346 頁。

[224] 陳亮：《又乙巳春書之一》，《陳亮集》，第 345-346 頁。

[225] 陳亮：《又乙巳秋書》，《陳亮集》，第 32 頁。

[226] 陳亮：《又甲辰書》，《陳亮集》，第 30 頁。

[227] 陳亮：《又乙巳春書之一》，《陳亮集》，第 345 頁。

[228] 朱熹：《寄陳同甫書·六》，《陳亮集》，第 361 頁。

[229] 朱熹：《寄陳同甫書·八》，《陳亮集》，第 365 頁。

[230] 陳亮：《又甲辰秋書》，《陳亮集》，第 31 頁。

[231] 陳亮：《又甲辰秋書》，《陳亮集》，第 39 頁。

[232] 陳亮：《又乙巳春書之一》，《陳亮集》，第 345-346 頁。

[233] 陳傅良（1137-1203），字君舉，號止齋先生，浙江溫州瑞安人。乾道八年進士，官至寶謨閣侍制。陳傅良是永嘉學派的主要代表之一，為學主「經世致用」，反對性理空談，與陳亮接近。

[234] 陳傅良：《致陳同甫書》，《陳亮集》，第 393 頁。

[235] 葉適（1150-1223），字正則，號水心。浙江瑞安人。淳熙五年（1178）進士第二名（榜眼）。歷仕於孝宗、光宗、寧宗三朝，官至權工部侍郎、吏部侍郎兼直學士院。後因依附韓侂胄被彈劾奪職。卒謚忠定。

[236] 《習學記言·卷二三》。

[237] 參見馮夢龍：《喻世明言》卷四，《王安石辭相歸隱金陵城拗相公謝世飲恨半山堂》。

[238] 謝善元：《李覯之生平及思想》，第 83 頁。

[239] 在孔子之前儒的起源，現代重要學者如章太炎、胡適、郭沫若、馮友蘭、錢穆等都有探討。章太炎先生最早指出儒的含義是有變化的，有「達名」之儒：「儒者，術士也。……『儒』之名蓋出於『需』。需者，雲上於天，而儒亦知天文、識旱潦」；有「類名」之儒：「儒者知禮樂射御書數」；有「私名」之儒，他引《七略》的說法，指出「儒家者流，蓋出於司徒之官，助人君順陰陽、明教化者也。遊文於六經之中，留意於仁義之際，祖述堯舜，憲章文武，宗師仲尼，以重其言，於道為最高」（參見章太炎：《國故論衡·原儒》）。胡適先生受此啟發作《說儒》，認為儒者實際上是殷的遺民，「靠他們的禮教的知識為衣食之端，他們都是殷民族的祖先教的教士，行的是殷禮，穿的是殷衣冠」。在經歷了幾百年的殷、周文化融合、發展後，儒者就發展成為全社會的教師。在孔子的時代，儒者是「各種方面的教師與顧問。喪禮是他們的專門，樂舞是他們的長技，教學時他們的職業，而鄉人打鬼，國君求雨，他們也都有事，——他們真的要無所不知無所不能了」。之後，胡適先生竟仿效聖經所載猶太民族復興的預言，把孔子塑造成殷民族復興預言的一個如耶穌一樣的承擔者了。（胡適：《說儒》，載《胡適文集》第五冊，北京：北京大學出版社，1998年版，第23頁）郭沫若先生、馮友蘭先生、錢穆先生都對此文做出了回應。晚近說儒源流者則以徐中舒先生的《甲骨文所見的儒》為代表，直接考其字源以明之。陳來先生綜合各家說法後指出，近代學者對此問題的研究，所用方法大致可歸為傅斯年所說的「語學的」和「史學的」這兩類，其說法則不外乎史官、術士、職業、地官這四種。他認為，探討儒的職業來源並不能真正說明儒家思想的發生。他借助現代考古成果，重新考察了《周禮》和《禮記》所載的關於西周時代的教化、教育制度，指出《周禮》所載的各類與教化有關的職官的功能所構成的西周行政教化傳統就是儒家思想的來源的一部分。他特別根據《禮記》、《周禮》關於國子教育體系及其職官師、保的職掌指出：儒家思想的來源與基礎，則由整個西周國學鄉學的教育傳統與鄉政的教化傳統可見一斑。」（陳來：《古代宗教與倫理》，北京：三聯書店，2009年版，第384頁）茲不具論。

[240] 關於孔子與老子的關係，學界論說未定。孔子從未就《老子》之理論主張發言，則《老子》一書似未必與孔子同時，至少未在此時發生影響。

[241] 《論語·雍也》。據陳來先生說，這也是儒字最早出現的文獻。

[242] 《淮南鴻烈·要略》。

[243] 《墨子·公孟第四十八》。

[244] 《史記·卷一百二十一·儒林傳》。

[245] 《孟子·滕文公下》。

[246] 馮友蘭：《中國哲學史》（上），第347頁。

[247] 《論語·八佾》。

[248] 《論語·陽貨》。

[249] 《論語．八佾》。

[250] 參見張豈之主編：《中國思想學說史·先秦卷》，第21頁。

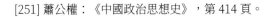

[251] 蕭公權：《中國政治思想史》，第 414 頁。

第七章 李覯政治思想的現代價值

　　作為生活在古代農業社會和君主政體下的儒家學者，李覯提出的許多政治改革措施，都是針對當時社會問題的。時過境遷，他殫心竭慮構想出來的許多政治措施，已不可能施用於當代社會。但這是否就意味著，研究李覯的思想僅具有思想史和學術史上的意義呢？當然不是。

　　到公元二〇一一年，辛亥革命已走過百年路。百年多來，中華民族經歷了一系列激進的社會、政治、文化革命，拋棄傳統是中國在過去百年間的主調。但實際上，在反傳統最激烈的新文化運動時期，第一代新儒家就已經走上了歷史舞台，為傳統文化申辯。不過即使沒有他們的捍衛，傳統 [1] 的力量也足以自存。儘管我們一直在努力拋棄傳統，也曾以為我們已經完全拋棄傳統了。比如說，我們在某個特殊的年代聲稱打爛舊世界，與傳統做最徹底的決裂。今天我們則可以恰當地指出，正是傳統中最為落後的一些東西支配了那時人們的思維。美國社會學家 E·希爾斯曾說過：

　　（人們）對傳統的反應帶有選擇性。即使那些自認為正在接受或抵制「全部內容」的人，也是有選擇地接受或進行抵制的。……即使那些宣稱要與自己社會的過去做徹底決裂的革命者，也難逃過去的手心。[2]

　　中華民族傳統文化，歷數千年演化而不絕。對當今中國人的思維模式，它仍然發揮著巨大的支配作用。如果我們承認傳統的存在及其巨大的支配力量的話，那麼對它的每一個組成部分，當然也應該給予足夠的重視。

　　按照希爾斯的說法，傳統是「合理反思的經驗之積累」[3]。先賢們所曾面對的社會問題，我們仍然會碰到。他們在時代的種種制約下所作的思考，無疑是他們遺留給我們的寶貴思想財富。對於我們應對當代的社會問題，自然也有著重要的借鑑意義。

　　傳統還是「新信仰和行為規範的出發點以及組成要素」[4]。中華民族的偉大復興，必然以民族文化傳統為基礎，即陳寅恪先生所說的「新宋學」的建立。外來的思想若要在我們的社會文化土壤中扎根，必須首先進入、融入我們源遠流長的傳統中來，而不是取代或排斥傳統。

　　知往鑑今，以下是筆者在李覯研究中所體會幾點啟示。

一、「救弊之術，莫大乎通變」

論證、呼籲變革是李覯著述的主旋律，因此他的思想對當代社會的啟示，首先便是勇於變革。

回顧一下王朝興替的歷史，我們就會看到，每個朝代的創立者都會殫精竭慮地設計出一些制度，以保證江山永固。但歷史的經驗也告訴我們，每一個「祖宗之法」都有其弊端，把「祖宗之法」固化起來是有危險的。即使在設立之初合於時世需要的近乎完美的制度，隨著時過境遷也會變得不合時宜。因此一個健康的社會必須擁有糾錯機制，能夠隨著不斷變化的社會形勢，及時調整、變革其制度。

一九七八年以來，中國大陸經歷了三十多年的經濟高速成長。單從經濟的角度看，國力強盛，民族自信心也隨之高漲。有學者稱，中國現在的制度是世界歷史上從未有過的好制度；有些學者提出了「中國模式」，認為可與西方社會發展模式相媲美。作為學者，提出見仁見智的學術觀點，是應該受到保護和鼓勵的。但我們也注意到，有些人正是在這些現象和理論的支持下，企圖將目前的社會體制固定化，反對進一步的改革，這就很危險了。這些人，就如我們在歷史上見慣了的那些聲稱「祖宗之法不可變」的論者一樣，表現出來的是對國家、民族長遠發展的不負責任。

毋庸諱言，當代中國在經濟高速發展的同時，也積累了大量的問題，如官員腐敗和權力尋租、利益集團對社會資源的壟斷、貧富差距拉大、地域發展不平衡、生態環境破壞、群體性事件多發等等。這些問題如果不能得到及時的解決，都會給我們的社會發展帶來嚴重的破壞。

正如李覯所言，「救弊之術，莫大乎通變」，我們必須透過堅定不移地深化改革來解決這些問題。具體來講，就要以科學發展觀為指導，轉變發展模式，透過經濟、政治、文化等方面的體制創新，解決上述種種發展中的問題。

二、富國與富民

前章已述，李覯堅持民本立場。無論他的改革策略是否有效，其制度設計的出發點，則毫無疑問是以民眾利益為依歸的。

　　從今人的視角來看，儒家的民本主張無非是要求統治者保障好民眾的生計，不要對民眾徵斂過度、過於苛刻等。它既非要求政府權力來自民眾授與，也非主張民眾監督政府。對於暴君暴政，除了改朝換代，也沒有提出更好的解決辦法。

　　從某種程度上說，民本主張的論敵只是法家的君本主張。作為儒家思想體系的核心命題之一，自秦以後我們就很難找到一個思想家或政治家不把以民為本掛在嘴上、寫在紙上的。因此幾乎所有能在思想史上正面介紹的思想家，都可以算作民本思想者。

　　民本思想不僅是學者批評社會的理論依據，也充當了歷代統治者的理論裝潢。

　　至於在客觀上是否做到，那就很難說了。這不光是因為是否能採取、採取何種對民有利的措施，完全取決於統治者，對「民」一詞的理解也是因人而異的。即使政治家真誠地實踐民本主張，也會得到不同的結果。

　　以李覯、司馬光、王安石三人為例。司馬光主張藏富於民，堅決反對王安石的富國之策，認為所謂「善理財者，不過頭會箕斂爾」[5]。但他所說的民，是除了政府以外的一切人。至於民間兼併嚴重、貧富差距過大的問題，就不是他主要考慮的了。李覯與王安石看到了貧富差距的問題，他們站在平民的立場上，主張抑兼併。不過他們的措施，如青苗法、平糴法等，基本上是要透過政府的管控來達到的。

　　由於時勢所限，熙寧新政的實施，在客觀上產生了一些與他們期望相反的後果。無論我們怎樣為王安石辯護，都不能迴避這一點：熙寧新政在實施中確實出現了傷害民眾利益的事情，也確實出現了把財富從民間集中到了政府手裡的現象。儘管新政的目的是富國與富民同步，但民眾在改革中獲得的利益，確實不如他們所期望的那樣顯著。因此，熙寧新政既受到了保守官僚集團的反對，也遭到普通民眾的抱怨，儘管這個改革的初衷是為了維護普通民眾的利益。

　　這就給了我們一個啟示：社會改革一定要切實照顧到民眾利益。我們知道，從一九七八年以來的三十年，中國 GDP 有了巨大的成長，國力增強，國庫充盈。但近年來，中國人對於改革的共識反不如當初那麼明確了。因為既得利益集團對於社會發展成果的壟斷越來越強，底層民眾對社會發展的分享越來越少。貧富差距逐漸擴大，為數不少的人在社會財富急劇擴大之餘，生活陷入貧困。從絕對數量的角度看，

即使貧困人群的生活也比一九七八年前有所改善。但橫向比較而言，貧富差距擴大帶來的心理上的挫折感，反而比在普遍貧窮狀況下更嚴重。

又如教育、醫療、住房等方面的改革失當，在使得相關部門、行業收入大增的同時，又成了壓在廣大民眾頭上的「三座大山」。在「GDP主義」的指揮下，許多地方政府以房地產為拉動GDP成長的主要手段，賣地生財，強拆百姓家園，一再發生的民眾自焚都不能抵禦強拆的腳步。目前，頻發的群體性事件成為中國社會治理的一個嚴重問題。

在今後的發展中，我們必須實施富民措施，改變片面的唯以GDP論發展的政策，要「更加注重社會公平」，讓更多的民眾分享社會發展的成果。

三、義利統一，義利並行

在資料綜述中，筆者介紹了臺灣魏明政先生在《李覯非孟思想中的義利問題》中對李覯「不恥言利」的批評。魏先生認為「重利輕義」是臺灣社會出現的種種亂象的價值根源，並反問這是不是「李覯所追求的理想生活」。

這當然不是李覯所追求的生活。或許魏先生和歷史上的許多理學家一樣，誤解了李覯的思想。李覯的確「不恥言利」，但不恥言利只是對重義非利的一種糾正，李覯主張的是義利並重。從本文以上的分析來看，李覯始終是在儒家的倫理道德體系下展開他的政治思想的。如果說極端的理學家提倡重義非利，法家的極端功利主義提倡的是重利非義的話，李覯為代表的儒家功利主義所提倡的，恰恰是義利並重。因此以當代社會的種種亂象來批評李覯的主張，顯然是打錯了板子。

其實在大陸，也可以有這樣強烈的感受。整個社會在經濟快速發展同時，出現了許多令人不安的道德滑坡現象。且不說官場的貪腐盛行、各個領域潛規則橫行無忌，就連大眾認為不應該出現問題的領域，近年來也是醜聞不斷。如食品市場上品類齊全、層出不窮的有毒食品；建築市場上一再出現的垮橋、垮樓事故；黑磚窯奴役勞工的醜聞尚未遠走，又爆出了奴役智能障礙人士的醜聞；在學術界，這個大家都認為是最神聖的領域，抄襲、造假盛行。社會道德的底線一降再降，「後果不堪設想」的事情一再成為的現實。最令中國人震驚的是，公元二〇〇九年十月，數名大學生英勇救人，犧牲在長江裡，他們的遺體竟成了某些人敲詐勒索錢財的工具。人們驚呼，我們的社會道德底線到底在哪？

或許南京那起著名的彭宇案對中國社會的道德狀況更具標本意義。在這個案例中，中國的司法機關——這是社會正義的最後防線——出面肯定，助人為樂不僅是不可能的，也是不應該的。它以官方權威的身分，顛覆了幾千年來社會大眾對於助人為樂、善有善報等基本道德的信念。筆者只能慶幸中國的法律體系不是判例法，否則在此案例的約束下，社會不知還會產生多少醜聞！

重建社會道德是當下我們社會最為重大的任務。但該怎樣重建呢？我們既不能取消人們正當求利的願望與活動，妄圖建設一個如《鏡花緣》裡的君子國那樣的道德烏托邦；但也不能容忍「見利忘義」之風的蔓延。我們必須遵循「義利統一」、「義利並行」的主張，謀求社會的公平正義和經濟發展同步進行，只有這樣才能保證社會走向和諧，使其良性發展。

四、既得利益集團問題

改革就是對現有利益格局的調整，因此改革必然會觸動現有體制的既得利益集團（或階層）的利益，必然會受到他們的反對。李覯在他的社會改革設想中，曾以工商業者和冗食者為打擊對象。他批評工商階層製作和買賣奢侈品，造成社會的奢華之風，導致了社會財富的浪費；批評冗食者階層，包括釋老、冗吏、巫醫卜筮以及娛樂業的從業者等，不事生產，消耗財富，無益於社會。作為平土策的重要組成部分，李覯主張抑工商、驅遊民，基本取消了這兩個階層的存在。這個設想不僅對這兩個階層不公平，也是不現實的，前文已討論過。

事實上，真正應該受到抨擊的不是這兩個階層，而是保守官僚集團。與李覯相關的兩次改革，都是因為保守官僚集團的阻撓、反對而失敗的。根據余英時先生考證，以朱熹為代表的理學集團曾想依托宋孝宗發動一場變革，也是遭到曾經扼殺了慶曆新政、熙寧新政的保守官僚集團的狙擊而無聲息地失敗了。因此保守官僚集團才是最應受指責的、阻礙社會進步的「既得利益集團」。

「利益集團」是西方社會學、經濟學的一個分析工具，本是個中性詞。因為任何社會群體都有自己合理的利益需求，正常運轉的社會應保證不同群體權利和利益的實現。這裡所說的群體，既包括階級、階層，也包括由社會、職業分工形成的利益共同體。社會制度的建構，就是在不同利益集團的博弈中達成的。

　　正如「橘逾淮而北為枳」，到了中國，「利益集團」的涵義就改變了。一方面，工人、農民、民工等底層民眾形成不了自己的「利益集團」，很難表達和維護自己的利益。另一方面，越是受到國家政策嚴密保護的階層、行業，越能憑藉著和政府的特殊關係維護自己的利益。如原先由政府直接經營的石油、電力、民航、銀行、鐵路、電信、外貿、菸草等壟斷性行業，名義上轉變為獨立經營的市場主體。但這些本來就有著高額利潤的行業，又憑藉著政府的支持，進行壟斷經營。近年來在富豪榜上迅速崛起的房地產集團、煤老闆集團等，也都和政府及其官員有著密切利益紐帶。因此我們不得不給「利益集團」加上個「既得」或「特殊」的帽子（本文對這兩個詞彙的使用不加區別）。在某些地方，官員腐敗越來越集團化，如屢屢出現的腐敗「窩案」所體現的，在一定程度上說，這些腐敗官員也是特殊利益集團。

　　在當代中國，政治權力的獨大和缺少制約，導致了各種利益主體之間不是透過博弈，而是透過與政府及其官員的結盟來達到目的；官員的權力尋租與利益交換，也為特殊利益集團的鞏固提供了條件。這些特殊（既得）利益集團成為當代中國社會改革的最大障礙。他們憑藉所掌握的社會資源，不動聲色地使改革，特別是政治體制改革，基本停滯下來。

　　因此，為了長遠發展，我們應堅決衝破既得（或特殊）利益集團的阻撓，以高度的責任感推動改革的深入發展。

註釋

[1] 此處筆者採用美國社會學家 E·希爾斯在《論傳統》一書中界定的傳統的涵義。他認為，傳統是「世代相傳的東西，即任何從過去延傳至今或相傳至今的東西……是人類行為、思想和想像的產物」（P15），「包括物質實體，包括人們對各種事物的信仰，關於人和事件的形象，也包括慣例和制度」（P16），成為傳統的條件是「行動所隱含或外顯的範型和關於行動的形象」（P16），「信仰或行動範型要成為傳統，至少需要三代人的兩次延傳」（P20），「傳統具有規範性力量，傳統的規範性是慣性力量，在其支配下，社會長期保持著特定形式」（P32）。見 E·希爾斯：《論傳統》，上海：上海人民出版社，1991 年版。

[2] E. 希爾斯：《論傳統》，第 60 頁。

[3] E·希爾斯：《論傳統》，第 20 頁。

[4] E·希爾斯：《論傳統》，第 58 頁。

[5]《宋史·司馬光傳》。

第八章 結語

　　李覯出身貧寒，命運多舛，但他透過自己的艱苦努力，成為了那個時代學識淵博、具有廣泛影響的學者。他雖未能透過科舉踏上仕途，但一直胸懷天下，密切關注時代命運，並以自己的理論參與推動社會進步。他的才華受到了范仲淹等名公巨卿的關注與賞識。在這些人的推動下，李覯晚年被任命為當時的最高學術機構——太學的主管。也就是說，他的學術水準在當時就得到了人們的肯定。

　　宋代以後，儒學的發展以宋明理學為主導。李覯的思想與理學大異其趣，故長久以來聲名不彰。從上個世紀初，越來越多的學者開始關注、研究李覯。但人們通常以今人的視角和理論來分析、評價李覯的思想，缺少以社會史、思想史、學術史等為視角的研究，對於李覯在儒學發展史上所起到的重要作用認識不夠，這也影響了對李覯思想的準確評價與定位。

　　本文全面考察了李覯所處時代的社會狀況，深入分析了李覯思想的歷史淵源，認真梳理了他的思想主張，並從縱橫兩個方面，把他和同時代的儒家學者，以及同一流派不同時代的儒家學者分別進行了對比，對李覯的政治思想做了較為綜合的分析。

　　李覯生活在宋朝「祖宗之制」的弊端完全暴露、朝政內外交困的時代。他與范仲淹等改革派一道，積極呼籲進行政治改革，以挽救時代危機。他深入挖掘儒學經典，尋覓治國的良策，並建立起自己的政治思想體系。

　　李覯的政治主張可以歸結為「一本於禮」而「天下大和」。他的思想體系的哲學基礎是唯物主義天道觀和人性三品五類說，而以經他獨具一格地闡發過的禮的概念為核心。李覯以禮囊括、整合了儒家道德倫理體系，作為重建社會秩序的標準，並據之考察了當時政治制度的弊端，提出了一整套的改革主張。因此對李覯政治思想的評價，最廣為人知的是他為改革派提供了理論支持。筆者認為，李覯的理論工作在以下幾個方面的重要價值被人們忽略了。

　　首先，他的學術實踐推動了宋學的興起。李覯所著的《禮論》、《易論》、《周禮致太平論》等著作，一改漢唐諸儒刻板、繁瑣的章句訓詁之學，以「議論解經」的方法從事經學研究，直接發掘儒學義理以指導社會實踐。他對於儒家經典《孟子》

採取的「疑經」態度，也是宋代儒者「疑經」思潮的一個重要案例。李覯的這些學術活動，都在一定程度上引領了宋代學術思潮的發展、創新。

其次，對於儒家排佛的最後成功，李覯也起到了重要的作用。儒家排佛鬥爭由來已久，但在儒學理論沒有發展的情況下，排佛不可能成功。李覯是宋代排佛代表人物。他提出對佛教不僅要從外部進行批判，更重要的是返回儒家經典，挖掘自家的理論資源，強化自身的理論建設。這是儒家排佛策略的重要轉向，而他的政治思想體系也可以看作是強化儒家理論建設的一個努力。

最後，也是最重要的，李覯在千餘年之後，遙承荀子的理路，重建了儒家功利主義傳統。在儒家思想史上，荀子最早建立了儒家功利學派，但未能傳承下來。漢代以後的儒家學者，高揚儒家道德理想主義精神，以談功利、霸道、富國強兵為恥。在北宋初期，儒家學者囿於傳統的影響，於社會危機重重之際，仍然「貴義賤利」，非道德教化的高調不談。在這種情況下，李覯既堅持儒家道德倫理體系，又大膽地打破俗論，提倡功利、王霸之說，探求富國、強兵之道。雖然他的主張還要到幾十年之後透過王安石之手得到部分的實現，但他的政治思想體系為儒家功利主義傳統奠定了堅實的理論基礎，並由後世務實的政治家、思想家所繼承和發揚。

宋代以後，儒學的發展以宋明理學為主導，儒家功利學派長期處於邊緣化的境遇。連荀子都被排斥在儒家門庭之外，更不用說李覯了。但在今天，我們對於儒家的認識應有一種更為寬廣的視野，這樣才能更確切的認識儒學發展史。

李覯的政治思想對於當代中國特色社會主義的發展創新也有著重要的啟示意義。如他呼籲統治階級要勇於變革，強調「救弊之術，莫大乎通變」；他的關於防止既得利益集團的思考、他的富民主張，尤其是他的「義利統一」的立場，都對當代中國社會的建設有著重要的啟示意義。

綜上所述，筆者認為，李覯無愧於「傑出思想家」的稱號，雖然實事求是地講，他思想成就並不像胡適先生所說的那樣，「在北宋沒有一個對手」。但可以肯定的是，他在思想史上有一個非常牢固的位置。

後記

本書是在博士論文的基礎上修改而成。在修改、校對的過程中，不斷回想起在埋頭圖書館奮發寫作的情景。這段坐擁書城、不食人間煙火的日子，是我人生收獲最豐富、精神體驗最美好的日子。

感謝我的導師曹德本先生！在他的精心指導下，我得以初窺學術門徑。曹師治學嚴謹，待人熱誠，處世淡泊，言談舉止間所流露出來的古代士大夫的儒雅、超然風範，為我樹立了一個高不可及的人格榜樣。

中華書局的王國軒先生、輔仁大學的胡文豐先生，他們對我的寫作提供了熱心幫助，在此表示誠摯感謝。

在此向一直支持我求學的妻子和在我求學期間替我照顧妻女的父母說聲感謝，絕不是多餘的。父母老矣，我不能常在他們膝下盡孝，反要靠他們幫我照顧妻女，心下甚為愧疚；妻子在家培養女兒，所受艱辛、委屈亦非止一端；十年前負笈北京時，女兒還在幼稚園，現在已是國中生，未能伴她成長也是我的一大遺憾。一個業已中年的人，為了自己的夢想，拋家捨業，千里之外重拾學生生涯，全賴他們含辛茹苦為我建立了一個鞏固的「大後方」，使我心無旁鶩地攻讀。我所取得的成績，理所當然地要歸功於他們。

一路走來，所受諸位師友、親人的恩情，豈是區區一篇致謝所能表達？唯有在今後的人生路上，更加努力地奮鬥，以更好的成績向他們彙報。

國家圖書館出版品預行編目（CIP）資料

李覯政治思想研究：儒家功利學派在宋代的發展 / 張春貴 編著．
-- 第一版 . -- 臺北市：崧燁文化，2019.11
　　面；　　公分
POD 版

ISBN 978-986-516-090-6(平裝)

1.(宋) 李覯 2. 政治思想 3. 儒學

125.11　　　　　　　　　　　　　　　108018212

書　　　名：李覯政治思想研究：儒家功利學派在宋代的發展

作　　　者：張春貴 編著

發 行 人：黃振庭

出 版 者：崧燁文化事業有限公司

發 行 者：崧燁文化事業有限公司

E - m a i l：sonbookservice@gmail.com

粉 絲 頁：　　　　　　　網 址：

地　　　址：台北市中正區重慶南路一段六十一號八樓 815 室

8F.-815, No.61, Sec. 1, Chongqing S. Rd., Zhongzheng

Dist., Taipei City 100, Taiwan (R.O.C.)

電　　　話：(02)2370-3310 傳　真：(02) 2388-1990

總 經 銷：紅螞蟻圖書有限公司

地　　　址：台北市內湖區舊宗路二段 121 巷 19 號

電　　　話：02-2795-3656 傳真：02-2795-4100　　　網址：

印　　　刷：京峯彩色印刷有限公司（京峰數位）

　　本書版權為千華駐科技出版社所有授權崧博出版事業有限公司獨家發行電子書
　　及繁體書繁體字版。若有其他相關權利及授權需求請與本公司聯繫。

定　　　價：500 元

發行日期：2019 年 11 月第一版

◎ 本書以 POD 印製發行